课题类别：全国教育科学“十二五”规划2015年度国家一般项目
课题名称：高校智库参与决策咨询的制度设计研究
课题批准号：BIA150095

# 我国高校智库参与决策咨询的制度设计研究

汪锋　著

WUHAN UNIVERSITY PRESS
武汉大学出版社

**图书在版编目(CIP)数据**

我国高校智库参与决策咨询的制度设计研究/汪锋著．—武汉：武汉大学出版社，2019.9

ISBN 978-7-307-21035-6

Ⅰ.我…　Ⅱ.汪…　Ⅲ.高等学校—咨询服务—研究—中国
Ⅳ.G649.2

中国版本图书馆 CIP 数据核字(2019)第 147033 号

责任编辑：韩秋婷　　　责任校对：李孟潇　　　整体设计：马　佳

---

出版发行：**武汉大学出版社**　（430072　武昌　珞珈山）

（电子邮箱：cbs22@ whu.edu.cn　网址：www.wdp. com.cn）

印刷：武汉中科兴业印务有限公司

开本：720×1000　1/16　印张：16.75　字数：241 千字　插页：1

版次：2019 年 9 月第 1 版　　2019 年 9 月第 1 次印刷

ISBN 978-7-307-21035-6　　定价：58. 00 元

---

# 目　　录

# 第一章

# 我国大学智库发展的历史源流与逻辑主线

大学起源于西方，从其产生至今已有上千年的历史。当代中国是在明末清初“西学东渐”的过程中，才逐步在晚清时期真正产生了具有现代意义的大学。① 如果我们对大学的本质作广义的解读，将其视为一种培养知识精英的学术组织，那么我国古代在春秋战国时期诞生的稷下学宫、太学，直至后来的国子监、翰林院、学士院，都能够称为当时的最高学府。同时，这一类高等学府在职能定位上与现代大学具有某种程度的一致性，即人才培养、科学研究与社会服务，只不过在人才培养上更侧重为统治阶级培养与输送治国

① “大学”的起源在中西方都有着悠久的历史，一般是指传承知识、研究学问的教学科研组织。在现当代教育学的话语体系中，大学又被称为普通高等学校（简称高校），是与义务教育、中等教育相对应的概念。因此，“大学”与“高校”这两个概念在大多数情形下是可以通用的。但是，当运用这一概念进行历史分析时，使用“大学”一词更加准确。因此，本书在涉及历史分析时，使用“大学”“大学智库”的概念，其他部分则使用“高校”“高校智库”的概念。

理政的人才，在科学研究上更侧重对儒学的解读与运用，在社会服务上更侧重为君王提供决策咨询服务。

需要强调的是，上述最高学府都属于官学性质，是知识精英参与国家治理的体制内途径或平台。而除此之外，我国几千年来，尤其是进入封建社会时期以来，在政治、文化和教育发展的历史进程中，还有一些带有非官方、民间性的制度形态也具有一定的智库或准智库功能，即书院和幕府。在体制内参与政治的途径较窄、机会较少的特定时代背景下，它们为大量优秀的知识分子从事学术研究、时政评议、决策咨询提供了平台，有些还在特定的历史时期对国家与地方重大政治决策产生了重要影响。

## 第一节 我国古代大学智库的萌芽与雏形

### 一、稷下学宫：大学智库的起源

“士”排在我国传统奴隶制度与封建制度社会阶层的首位，也是当时高等学府人才的主要来源。“士”最早是指西周时期具有贵族身份的武士，武士在练习武术的同时也学习文化。但西周以降，随着贵族人口的繁衍，社会上出现了一大批失去贵族身份而又脱离劳动的读书人。随着当时私学的兴起，也有一部分庶民通过学习而成为“士”，进一步扩大了“士”这一阶层。

春秋战国时期，随着当时国与国军事、政治、经济、文化竞争的空前激烈，对人才的争夺也引起了各国的高度重视。很多胸怀大志的君王、诸侯都礼贤下士，大胆任用人才，养士之风渐浓，“学成文武艺、货与帝王家”的“士”——这一特殊阶层也迎来了发展的春天。在这一时代背景下，齐国开办的稷下学宫应运而生。它是世界上第一所由官方创办、私家主持的高等学府，与差不多同一时期出现在雅典的希腊学园一起，被誉为人类早期文明史的智慧之光。希腊学园的诞生及其影响力的扩展主要是源于当时许多著名的先哲，如亚里士多德、柏拉图、苏格拉底。在这个学园里，这些著名的思想家按照他们的政治哲学培养有智慧、有美德、有治国能力的哲学王(从政者)和优秀公民，使学园不仅成为事实上的"政治训练班"，而且成为人本主义、民主科学精神的源头。

而在稷下学宫存续的150多年间，也吸引、孕育了许多中国古代著名的思想家，如孟子、荀子、管子等名家大师。比较而言，希腊学园对西方哲学思想的传播、自然科学的进步起到了极其重要的促进作用；而稷下学宫则对中国古代民主政治的发展、东方文化思想的传播产生了非常深远的影响。

稷下学宫因位于当时齐国都城临淄城的一个城门(稷门)附近而得名，在其间讲学、游学、著述的学者通常被称为稷下先生。它产生于齐桓公田午时期，后经过了六代王朝，历时140多年。由于齐国当时采取兼容并包、百家争鸣的教育政策，大办稷下之学，当时各国的饱学之士纷纷来到稷下学宫，使其成为战国时期文化教育的中心和百家争鸣的场所。①

齐威王在即位时，曾下诏全国，提出"能面刺寡人之过者，受上赏；上书谏寡人者，受中赏；能谤讥于市朝，闻寡人之耳者，受下赏"(《战国策·齐策一》)。齐威王所具有的这种既豁达大度又虚心求治的精神，为学术思想和政治思想的互动发展营造了宽松的人文环境与活跃的学术气氛，开创了稷下学宫良好的学风。据史料记载，齐威王时期稷下学宫规模宏大，"为开第康庄之衢，高门大屋"(《史记·孟子荀卿列传》)，广招天下贤士荟萃于此，"自如邹衍、淳于髡、田骈、接子、慎到、环渊之徒七十六人，皆赐列第，为上大夫。不治而议论"(《史记·世家田敬仲完》)。

在齐宣王时期，稷下学宫更是达到了发展的鼎盛时期，来此游学者规模空前。据称："齐宣王褒儒尊学，孟轲、淳于髡之徒，受上大夫之禄，不任职而论国事，盖齐稷下先生千有余人"(《盐铁论·论儒》)。在这些人中，"自邹衍与齐之稷下先生，如淳于髡、慎到、环渊、接子、田骈、邹奭之徒，各著书言治乱之事，以干世主"(《史记·孟子荀卿列传》)。

---

① 王志民：《稷下学宫：文明史上的奇观》，《光明日报》2015年9月17日。

作为各种思想文化汇集与争锋的场所，稷下学宫具有今天研究院的特质与功能，如稷下学宫的主要活动方式有：期会、讲说、议论、研讨、诘难、争辩，这些方式都非常有利于学术的探究和深化。另外，稷下先生大多为诸子百家学派的学者，他们为后世留下了大量经典的学术著作。更为重要的是，稷下学宫具有鲜明的政治功能，其知识精英群体深度参与当时的政治决策，并因其一流的决策咨询质量而得到了统治阶层长期的信任。在这一问题上，国内著名稷下学研究专家王志民教授认为，当时的稷下先生主要扮演了“谋士”“谏臣”“外交家”的三重角色。在“谋士”一角上，稷下先生常常将自己或本学派政治主张的推行与议政建言相结合，因而其议政往往具有宏观性、指向性、理论性和政策性。孟子向齐宣王建议实行“仁政”，既是治国方略，又是统一天下之术，有明确主张，有系统论述，有清晰蓝图，有具体措施，充分体现了稷下先生的议政特色。① 在“谏臣”一角上，敢于针砭时弊、直言进谏是稷下先生的主要特点。如当时著名的学士淳于髡就曾当面批评齐宣王热衷声色犬马而不尊重士人。他尖锐地批评齐宣王：“古者好马，王亦好马；古者好味，王亦好味；古者好色，王亦好色；古者好士，王独不好。”(《说苑·卷八·尊贤》)而针对齐宣王的辩解“国无士耳。有则寡人亦悦之矣”，淳于髡又一针见血地指出：“古者骅骝骐骥，今无有，王选于众，王好马矣；古者有豹象之胎，今无有，王选于众，王好味矣；古者有毛嫱、西施，今无有，王选于众，王好色矣。王必将待尧舜禹汤之士而后好之，则禹汤之士亦不好王矣”，而齐宣王则“嘿然无以应”。在“外交家”一角上，一些稷下先生更是活跃在当时战国风云际会的外交舞台上，不仅代表君王出使其他国家，而且广为宣传自己的学术见解与政治主张。如著名的阴阳家邹衍就曾多次代表齐王出使赵、燕等国，其主要学术思想“五德终始说”“五行相生说”以及相关的政治主张，更是广为传播，为当时的各国国君所推崇。

---

① 王志民：《稷下学宫：文明史上的奇观》，《光明日报》2015 年 9 月 17 日。

总体来说，稷下学宫可以说是我国乃至世界文明史中第一个既具有人才培养、科学研究，又具有决策咨询功能的学术组织，可以说是现代大学和大学智库的滥觞。同时，稷下学宫这三重功能是紧密联系与良性互动的，其人才培养和学术研究有着鲜明的政治目的，而其政治主张的形成、发展和传播，又以人才培养和学术研究为支撑，是当之无愧的思想库、智囊团和人才库，在当时的齐国，乃至整个战国的政治、经济、文化、军事、外交格局中扮演着极其重要的角色。

## 二、“博士官”议政：大学智库的雏形

秦统一中国后，政治上推行以皇权为核心的中央集权制度，并逐步建立了一整套与之相适应的官僚制度。秦代官僚制度由中央和地方两个系统组成，其中，中央官僚主要由“三公九卿”组成。“三公”即丞相、太尉、御史大夫，“九卿”包括奉常、卫尉、郎中令等，多是皇帝或皇室服务，少数承担公共职能。除此之外，还有一些重要官职地位等同于“九卿”，如五官中郎将、太子太傅、博士官。其中，博士官制度在很大程度上沿用了齐国稷下学宫的传统，从本质上说仍然是知识精英群体与统治阶层在国家与社会治理上的一种对话与沟通机制。

秦代的博士官虽无职权，但博古通今，能够担任皇帝的“智囊团”，尤其是在众大臣对某一重大决策争执不下时，这些博士官往往能够通过“辩于然否”，为皇帝决策提供最优选择方案。在参与决策咨询的具体途径上，当时的秦代设有“朝议”制度，皇帝在对某些重大事项做出决定之前，先交丞相、御史大夫、廷尉、博士官等朝廷官员集议，如议君主名号、王位继承、封建礼仪，以及应对紧急事件，等等。对于群臣的议论，皇帝只用来参考，也有根据议论对议者实行赏罚甚至治罪的。如秦代有一个著名的博士官叔孙通，开始仅仅是待诏博士，但有一次，当秦二世胡亥听到陈胜、吴广起义的消息后，召集博士、儒生进行议论，而诸生或言反，或言盗，于是“二世怒，作色”，而只有叔孙通答道：“生言皆非。夫天下为一家，毁郡县城，铄其兵，视天下弗复用。且明主在上，法令

县于下，吏人人奉职，四方辐辏，安有反者！此特鼠窃狗盗，何足置齿牙间哉？郡守尉今捕诛，何足忧？”这次朝议的结果是，“诸生中凡是言盗者皆罢之，乃赐通帛二十匹，衣一袭，拜为博士”。(《汉书·叔孙通传》)

在秦代，除朝议制度外，还设有言谏制度，与博士官制度配合使用，在具体的议事中承担着审议和监督的义务。言谏官的主要职责是对国家施政得失、皇帝诏令进行评议、规劝、封驳，言谏形式有议事制度和上书言事谏议制度。需要指出的是，秦代虽然形式上建立了类似稷下学宫的知识精英与统治阶层的对话机制，但随着秦中央集权制的建立，政治上的极权主义、专制主义兴起，其结果是导致了知识精英与统治阶层的对话机制阻断，统治阶层开始禁锢言路，因言获罪甚至丢掉性命者比比皆是，直至焚书坑儒，而这种极权主义也最终成为秦二世而亡的深层次原因之一。如当时曾做过齐国博士、秦朝仆射的淳于越就向秦始皇进谏“师古”、推行“分封制”，但遭到丞相李斯的驳斥，并最终因直言进谏而导致杀身之祸。

汉代以降，儒家思想逐步成为官方的意识形态，为了达到教化于民、巩固政权的需要，我国历史上首次出现了官办的最高学府——太学，这是我国历史上有文献记载的正式大学的滥觞，其规模之大、人数之多，在世界教育史上也是罕见的。

从制度变迁的角度来看，这一制度的产生既继承了“稷下学宫”尊师重教、广开言路的传统，也吸纳了秦代博士官制度的某些特点。这一重大变化始于公元前 124 年，当时，汉武帝接受董仲舒“兴太学、置明师，以养天下之士”的建议，开始在都城长安修筑校舍，创办太学。太学的教师称为太学博士，在当时拥有很高的政治与经济待遇，属于“高官厚禄”之爵。尤其是在政治待遇上，太学博士享有议政、制礼、藏书、教授、试策、出使六项职能。① 所谓议政，就是参议朝政和做顾问。两汉时期，太学博士议政的范围

---

① 肖东发：《教化于民：太学文化与私塾文化》，现代出版社 2015 年版，第 37 页。

相当广泛，包括内外政策、刑法、教育、宗庙等，甚至参与处罚大臣、废立诸侯王以及废立皇帝等大事。① 从上述六项职能的构成来看，太学博士的政治地位较之稷下学宫时期的博士更高，因为除了议政、出使职能之外，其他四项职能在当朝的政治生活中也具有十分重要的作用。如制礼是维护封建皇权的重要手段，而汉代礼仪最早就是由曾先后担任秦、西汉博士官的叔孙通制定的；藏书是指负责掌管国家的图书资料，拥有这一权力意味着对国家治理中许多重大的问题，尤其是需要寻求历史、学术或法律上的依据时，太学博士具有解释权，进而在某种程度上掌握了话语权；教授是指知识的传授，太学博士不仅教授太学生，而且经常被选做太子甚至是皇帝的教师，如当时的博士韦贤、张禹就曾做过汉昭帝、汉成帝的教师；试策更是事关高级官吏选择的重要职能，在当时的官吏选拔机制之下，各地举荐到朝廷的候选人才，都要经过试策之后才能正式任职，而试策的出题、阅卷一般都是由博士主持的。从这些职能的构成来看，作为知识精英代表的太学博士所拥有的决策咨询功能更加丰富，更加全方位地参与到了当时的政治生活之中，很多太学博士后来都出仕担任了重要官职，所具有的决策影响力也相当大。这一点与现代英美等大学智库比较发达的国家所倡导与推行的“旋转门”制度非常相似。最典型的就是儒学大学董仲舒，其提出的“罢黜百家、独尊儒术”“天人三策”，对当时乃至后世的思想文化、政治格局产生了极其深远的影响。

在太学初创时期，仅有几十名弟子，但自汉武帝诏令天下郡国设立学校官与中央太学相对应以来，太学的规模逐步扩大，到汉成帝时已经达到 3000 多人，王莽时期更是超过万人。东汉时期，汉顺帝对太学进行了大规模的扩建，使当时太学生的规模达到了 3 万多人。汉末董卓之乱时，太学被毁，到两晋及南北朝时期，虽然太学在晋武帝、北魏孝文帝时期有过短暂的复兴，并出现了与太学并立的国子学，但由于政权更迭与战乱频繁，太学总体来说处于衰落状态。

---

① 张荣芳：《论汉代太学的学风》，载《中山大学学报》1998 年第 1 期。

在太学制度逐步发展完善的同时，汉代以后的言谏制度也有了一定程度的进步与发展，这与汉高祖刘邦“闻过则改、从谏如流”的政治风格具有很大的关系。如司马光的《资治通鉴》就曾评价刘邦“性明达，善谋能听，自监门戍卒见之如旧”。与秦时的朝议制度相比，汉代的言谏议事制度进一步细化为廷议、朝议与中朝议等形式。廷议为外朝官议政会议，由丞相和御史大夫主持，并将议事结果上奏皇帝；朝议是皇帝与群臣议政的会议；中朝议则是由内朝首脑大司马主持的议政会议。三种形式所议均为军国大事，皇帝可以在兼听各方面意见的基础上最后做出决策。① 而这三种议政形式，太学博士都能够参与其中，发表议政言论。

在太学与谏议制度逐步发展完善的同时，秦汉之际，最早因军事需要而产生的幕府制度也逐步发展起来。作为对封建政治管理制度的一种补充，幕府是各级权臣武将延揽人才、辅助决策的一种非正式制度，幕府中往往汇聚了大量才华出众的文人、学士。尽管它在地方军事、行政事务决策中具有重要作用，但始终未纳入正规的官僚体制之内，幕僚的身份从本质上说属于一种“私臣”，具有私人性、平等性、佐治性、隐蔽性，因此在民间也有“幕客”“智囊”“幕友”“宾师”“师爷”等多种称谓。从幕府制度发展的历史进程来看，大体上可分为传统幕府、明清幕府、晚清幕府、民国幕府四种形态，其中，以晚清幕府最为完备。

幕府制度萌芽于战国时期，当时将军受命出征，所在为治，往往需要军事方面的参谋助手来协助处理军政事务，在随军官吏难以胜任的情形下，常常临时招揽人才参与军谋与决策，但通常是军行而设、军返则撤，是一种具有灵活性、辅助性的非正式制度。但从秦汉时期开始，尤其是随着汉代分封制的实行，加之允许中央与地方官吏自辟僚属，幕府制度开始逐步由军事领域向行政领域延伸，很多诸侯国与地方官开始设置幕府，延揽人才，参与资政决策。这就使得随军而设的幕府功能发生了重大变化。同时，入幕的幕僚虽

① 徐颂陶、徐理明：《走向卓越的中国公共行政》，中国人事出版社 1996 年版，第 159 页。

然是私臣身份，但经由幕主举荐，通常也能够顺利进入朝廷公府。因此，从汉代开始，幕府逐步成为士人学子入仕的一条重要途径。及至魏晋南北朝时期，幕府制度已经定型，幕府有了自己的系列僚佐，出现了“资议”“长史”“参军”“记室”“军师”等多种称谓。

东汉汉明帝对当时的骠骑将军东平王刘苍十分信赖，委以军政要务。为不负皇帝重托，刘苍开设幕府，广揽人才，协助他处理军政要务。对此，东汉史学家班固在《奏记东平王苍》中明确记载：“窃见幕府新开，广延群俊，四方之士，颠倒衣裳。将军宜详唐、殷之举，审伊、皋之荐，令远近无偏，幽隐必达，期于总览贤才，收集明智，为国得人，以宁本朝。”在这段记载中，班固把刘苍比作周公、召公，对他新开设幕府、四方贤士竞相来投的盛况大加赞赏，同时希望他能效仿尧举荐皋陶、汤举荐伊尹，为朝廷选才、储才、用才。正是由于幕府这种独特的人才库、智囊团的作用，纵观整个秦汉时期，隐身于各级幕府的幕僚群体在当时的军事、政治、文化领域发挥了巨大的作用。秦汉之际的名士张良、萧何、范曾都曾有过入幕的经历。对此，清代学者袁枚曾感叹道：“古名士半从幕府出。”

例如，有“天下第一劝降书”之称的《与陈伯之书》的作者丘迟，就曾是南朝时梁朝临川王萧宏幕府的一名咨议参军兼记室，出幕后担任过梁朝的司徒从事中郎等职务。这篇千古传诵的佳作写于梁武帝天监四年，即公元 505 年。当时，中军将军临川王萧宏奉梁武帝之命北伐，陈伯之率北魏军抵抗。陈伯之原是齐国大将，先后背齐归梁、叛梁降魏，对于这样一名反复无常的武将，丘迟以私人身份修书劝降，难度之大可想而知。但丘迟在《与陈伯之书》中，通过对陈伯之性格的透彻了解，对其心理的准确把握，以及对时代大势的精妙判断，运用高超的说服技巧、优美动人的文辞，最终打动了陈伯之，使其主动率八千部众归梁。这篇劝降书虽然篇幅不长，但综合运用了政治学、军事学、心理学等多学科知识，完美展示了一名杰出的谋士如何凭借知识、谋略，兵不血刃地降服近万敌军的风采，可以说是古代知识分子“知识报国”的一个典型案例。

## 第二节　我国古代大学智库的发展与分化

### 一、翰林辅政：少数人的权利

公元6世纪以来，隋朝的统一结束了中国历史上长期南北分治、战乱不休的分裂局面，出于为新王朝培养高级人才的需要，作为当时国家最高教育机构的太学也逐步恢复。隋炀帝即位后，改太学为国子学，作为中央最高学府与教育管理机构，并把这一时期逐步发展起来的其他教育组织统一纳入国子学的管辖之下，逐步形成了较为成熟的官学教育行政管理体制。在此后的1600多年中，这一制度一直延绵存续，直到清光绪三十二年(1906年)才废止，并入新设立的学部。国子学下辖的教育组织有以“六学”为主体，专门以高级统治者的子弟为教育对象的国子学；有以庶族子弟为教育对象、主要修习“五经”的四门学；有属于大理寺管辖，主要修习法令的律学；有研习书法，主要教授“汉字”的“六书八体”的书学；有研习天文、历法、财务、工程、数学等知识的算学；有负责收藏和校理书籍的弘文馆和崇文馆，而这些学馆也兼收生徒，专门收皇亲国戚和宰相等高级官僚的子弟。这些学校各有博士、助教多人，从事具体的教学活动。唐贞观元年，唐太宗改国子学为国子监，在功能上与现在的教育部很相似，其负责人称为国子祭酒，能够担任这一官职的都是当代学行卓异之名儒，如孔颖达，宋讷、孔尚任，唐代的大文学家、政治家韩愈也曾担任国子祭酒，著名的《进学解》就是他在担任国子监博士时所著。国子监管辖的官学规模在明朝中期达到鼎盛，尤其是明成祖朱棣时期，国子监学生规模近万人。作为选拔官员的主要渠道之一，作为士人阶层的监生，待遇也较为优厚，由政府赐给钱粮养家，但与此同时，对监生的考核、管理与监督也十分严格，其主要意图是通过系统的教育，将这些学子驯化为完全服从、服务于统治阶级意志的各级官僚，为加强和巩固皇权奠定坚实的基础。

正因为如此，唐代以降，太学、国子学曾经具有的决策咨询、参政议政功能逐步被遏制甚至是禁绝。例如，在清代顺治皇帝时期，为国子监制定的教条既要学生忠于朝廷，又不许他们干涉现实政治；既要学生做“忠臣清官”，“凡利国爱民之事，更要留心”，又不许他们对军民一切利病上书陈言，“如有一言建白，以违制论，黜革治罪”①。

国子监制度的形成与发展是中国古代教育体系逐步完善的一个重要标志，但与此同时，这一制度的存在也大大阻隔和弱化了太学以及太学博士曾级具有的决策咨询功能。尤其是随着隋朝时期科举制度的产生，太学的功能逐步被局限在人才培养方面，它与科举制度紧密结合在一起，成为替统治阶层培养和输送各级官员的主要渠道。

在这一制度变迁的过程中，太学以及太学博士的决策咨询功能逐步被另一种新的制度所替代，即发源和创设于唐朝初年的翰林院制度。

唐太宗是一个十分开明的君主，在历史上以广开言路、虚心纳谏闻名，他与魏征共创的“贞观之治”更是成为千古佳话。在未当皇帝时，他就继承了春秋战国时期的养士之风，延揽文学之士，形成了一个智囊团。即位后，更是从当时的饱学之士中选拔良才，而这成为翰林院制度的发端。到唐玄宗时，开元二十六年(公元738年)，设立了翰林院，其后又改称学士院，选拔“忠贤文章之士”作为翰林待诏，掌内廷，作为皇帝的近侍和顾问。最开始主要是差遣职位，其职能主要是备皇帝咨询，并起草拟定诏书，有“天子私臣”之称。安史之乱后，其决策咨询功能日益重要，甚至有“深谋密诏，皆从中出”之说。对此，《新唐书·百官志》中记载：“学士之职本以文学语言被顾问，出入侍从，因得参谋议，纳谏诤，其礼尤宠”，“玄宗初，置‘翰林待诏’，以张说、陆坚、张九龄等为之，掌四方表疏批答，应和文章；……开元二十六年，又改翰林供奉为学士，别置学士院，专掌内命。凡拜免将相、号令征伐，皆用白麻。其后，选用益重，而礼遇益亲，至号为‘内相’，又以为天子

① 引自清代顺治九年顺治皇帝题准刊立的卧碑《学校条规》。

私人。”需要强调的是，在唐朝时期，虽然翰林院制度非常重要，翰林学士的地位也十分尊崇，但它并不是一种正式的中央中枢机构，更类似官僚体制内决策体系的一种辅助和补充，是一种非正式的制度安排。但是，它作为一种替代性的制度安排，保留和沿袭了知识精英群体与统治阶级对话与交流的传统制度安排。

至宋代时，文官制度在很大程度上继承了唐朝的旧制，但翰林院开始成为正式的宫廷机构，其职责与功能也进一步拓展到科举选士、储备人才、培养皇子、登进高官、修撰国史、探讨学术、决策咨询等各个方面。同时，翰林学士的政治地位也大为提高，如翰林院内的属官包括翰林学士承旨、翰林学士、知制诰、翰林权直等多个官级，其中，翰林学士承旨、翰林学士同为正三品，俸禄优厚。翰林学士在政治生活中的地位使得他们的参政意识更加强烈和自觉，举凡财政、国防、教育、吏治、礼制等政治问题，莫不在其论奏的范围。① 与两汉时期太学学士“学而优则仕”相似，宋代翰林学士与科举制度接轨后，也逐步成为培养高级文官的摇篮，一旦遇到合适的政治气候，一些翰林学士就会从幕后走向台前，对政局产生重要影响。如北宋时期的大文学家苏轼就曾感叹翰林学士：“非徒翰墨之选，乃是将相之储”②。在翰林学士参政议政方面，最为典型的就是北宋时期的“熙宁变法”。宋神宗熙宁时期，北宋日益尖锐的民族矛盾、阶级矛盾逐渐显露，社会变革迫在眉睫，但欧阳修等股肱旧臣因循守旧、不思变法。在这一时代背景下，被称为“内相”的翰林学士登上政治舞台，其代表人物分别是担任过翰林学士的王安石与司马光，二人在变革现实这一点上具有共同性，但王安石主张彻底的变革，而司马光则认为变革应当在遵循旧规的前提下进行。在这两大代表人物及其阵营的政治斗争中，很多翰林学士都参与其中，并对宋神宗时期的政局走向产生了极其重要的影响。

---

① 陈元峰：《北宋翰林学士与诗史演进》，载《文学遗产》2009 年第 4 期。

② 孙凡礼点校：《苏轼文集》，《谢宣召入院状》卷二三，中华书局 1986 年版，第 665 页。

两宋时期，尽管由于国子监制度的建立、官学的发展及其与科举制度的结合，使古代高等教育机构的参政议政功能、知识分子参知政事的渠道受到遏制，但发源于唐代的书院教育，即私学在民间蓬勃发展起来。相对于官学来说，书院相对独立，不是科学制度的附庸，知识分子能够相对自由地进行学术探索、文化传播、论辩讲学和民间议政，因而它不仅对古代中国的文化史、教育史产生了深远的影响，而且对当时的政治格局也产生了深远的影响。如相对于墨守成规的官学来说，书院所进行的思想与文化传播更加自由，也更具群众基础，往往能够得到更广泛的价值认同，而这种学术影响力与社会影响力，往往能够最终为统治阶层所关注、接纳、改造、吸收，进而产生政治影响力。如著名的“程朱理学”就是经由书院教育广为传播，并逐步演变为封建统治阶级官方意识形态的。

自唐代开始，幕府制度因藩镇割据局面的形成而得到进一步巩固和加强。唐玄宗时期，为戡平安史之乱，各地设置了 40 多个方镇，后来发展为节度使。节度使享有地方军政大权，为应对繁杂的地方军政事务，往往以地方长官的名义开设幕府，延揽人才。与魏晋南北朝时期相比，唐朝幕府的辟署制与荐举制更加紧密地结合在一起，得到了法定认可，成为官方铨选官员制度的重要补充。优秀的幕僚经由幕府的历练和迁转后，往往能够顺利入仕甚至位极人臣。因此，对士人学子的吸引力也大大增强。“大凡才能之士，名位未达，多在方镇”(《旧唐书・赵憬传・卷一百三十八》)。唐代著名的政治家、文学家权德舆也曾感叹道：“令名卿贤大夫，由参佐而升者十七八，盖刷羽幕廷，而翰飞天朝”(《送李十史判官赴黔中序》)。在幕府中历练，待羽翼丰满后一飞冲天，在更广阔的天地施展抱负。这就为这一时期的知识分子，尤其是难以通过体制内狭窄的科举制、铨选制通道入仕者提供了一条脱颖而出的捷径。如唐代著名的文学家、政治家韩愈便是如此。作为当时的少年英才，韩愈十九岁时就以才学闻名，但屡次科考失败，“四举于礼部乃一得，三选于吏部卒无成”，十年未能得官。在难以通过“正途”入仕的情形下，韩愈选择了“去京师东归，图幕府一席”。

但是，随着赵宋政权的建立，唐末五代以来幕主延揽人才、割据一方，坐大后对抗中央的政治风险也日益引起了统治阶层的警惕。因此，宋朝进一步加强了封建集权制度，对幕府制度进行了削弱和改革。其主要措施之一是规定幕僚的聘用由幕主自辟改由中央任命；二是将一些承担重要职责的幕僚纳入体制内的官僚系统，如签书判官厅公事、节度掌书记等，这些幕僚官的身份事实上已经由私臣转变为官吏，直接对中央负责，在服务幕主的同时也承接着监督幕主的重要职能；三是进一步完善科举与选官制度，大大拓宽了知识分子晋升、做官渠道，改变了唐朝时期大量士人学子因上升渠道狭窄而入幕的状况。据记载，两宋300多年间，共通过贡举、制举、武举等各种途径取士11.5万人，年均约360人。与唐朝科举年取士不足百人相比，其规模已经是大大增加了。① 同时，唐朝的科举及第后，还需要通过吏部的考试后方可选官，且初任官级比较低微。而宋代贡举登科后，往往可以不通过吏部的铨选而直接任职，且初任官级较之唐朝时要优厚很多，“朝为田舍郎，暮登天子堂”不再是遥不可及的梦想，而是士人学子晋升仕途、知识报国的一条坦途与正道。在这一时代背景下，幕府对知识分子的吸引力、汇聚力自然就大大下降了。

## 二、内阁登顶：“大学智库”功能的弱化

元代的翰林院设立于元世祖初年(公元1261年)，基本上承继了唐宋时期的体制，但也有一些变化。其中，最重要的变化是为了巩固蒙古族贵族统治的需要，另外设立了蒙古翰林院，承袭旧制的翰林院与国史馆合为一体，成为翰林国史院。同时，其主要职能范围较唐宋时期有所减少，基本职能是纂修国史、典制诰、备顾问。至元二十年，曾一度把职掌提调学校、征求隐逸、召集贤良的集贤院与翰林国史院合并为翰林国史集贤院，增加了培养、招揽人才功能，使翰林院职能逐步扩展到参与礼仪活动、出任使节，以及为元

① 刘秋根、周国平：《论中国古代幕府在宋代的转型》，载《宋史研究论丛》2005年第6期。

廷举荐、储备人才。总体来说，整个元代，尤其是在元代初期，翰林院所具有的决策咨询功能并未减弱，反而有一定程度的加强。元史所记载翰林院参政议政，对军国大事、政治改革产生重要影响的案例比比皆是。如元世祖时，启用当时著名的文学家、汉人程钜夫担任翰林学士，并对他十分信任，曾言"自今国家政事得失，及朝廷邪正，宜皆为朕言之"(《元史·程钜夫传》，卷172)。程钜夫也积极参政议政，向元世祖忽必烈提出了很多好的资政建议，并得到了采纳，如南人出仕、礼贤好士、兴儒重文、恢复科举，等等，这些建议采纳与实施对稳定元初的政治格局，尤其是缓和蒙汉民族矛盾、阶级矛盾发挥了重要作用。

同时，作为一名具有远见卓识的政治家，为了争取汉族士人学子、缓和民族矛盾，元世祖忽必烈十分重视保护和发展宋代书院，早在宋元改朝换代之际，就曾批示南进元军"勿得滋扰亵渎书院"。元朝建立后，又通过多种措施积极引导和支持书院发展，使得南北书院的数量、学生人数较两宋时期有了较大增长。但与此同时，从元朝中后期开始，为了加强意识形态管控，统治者开始较深地介入到书院的设置、管理与运行，如实行严格的书院审批制度，将书院负责人纳入地方官员系统，直接创办官办书院，等等，使得书院在思想、文化领域的自由和独立性受到很大遏制，其政治影响力自然也变得较为低下。

明代是翰林院制度改革、调整和分化的重要时期。朱元璋虽然出身贫苦农民，但取得政权后，正是依靠大量吸纳地主阶级知识分子才全面恢复和稳定了封建秩序。因此，朱元璋十分注重选拔和任用贤能之士，并承继唐宋元以来的旧制，进一步丰富和发展了翰林院制度。其中，最为重要的制度创新就是庶吉士制度的创立。这一制度创立于明成祖永乐二年(1404年)，其主要目的是从新科进士中选拔优秀者直接或经过系统培养后进入翰林院，这一制度大大拓宽了翰林学士的来源，纵观整个明代，内阁宰辅十之八九出自翰林院庶吉士。从某种程度上说，这一高级官吏的产生和选拔机制，使得翰林院制度与科举制度、文官选任制度的联系更加紧密，并最终形成了"非进士不入翰林，非翰林不入内阁"这一特殊的"学而优则入阁”的特殊政治格局，为高级知识分子进入核心决策层、参政议政辅政奠定了良好的制度基础。但是，翰林院制度的设立，也使得参政议政成为经过科举制筛选的少数人的权利，知识分子群体的参政议政渠道变得十分狭窄。

需要强调的是，翰林学士以“辅臣”的身份进入核心决策层的原因是多方面的，如果说庶吉士制度是其外因，那么，明代皇权专制主义的形成以及宰相制度的取消则是其深层次的内部动因。明太祖时期，为进一步强化皇权，朱元璋取消了中国历史上延绵千年的宰相制度。但是，在这种威权体制之下，皇帝对于扮演决策咨询角色的辅臣的需求也非常迫切。为此，朱元璋曾下诏：“天下甫定，朕愿与诸儒讲明治道。有能辅朕济民者，有司礼遣。”(《明史·太祖纪二》)最开始，朱元璋仅仅是从翰林学士中选调个别人入职文渊阁，帮助皇帝阅看奏章、处理文书、草拟诏书，不得平章政事。但作为经过系统培养的饱学之士，加之长期在皇帝身边担任机要秘书，这些人对军国大事自然有自己独到的见解，而这些见解对于皇帝的决策来说常常是大有裨益的。因此，到明成祖时期，永乐皇帝开始主动招纳一些极具政治智慧和治国理政才能的翰林学士入职文渊阁参与政务。对此，《明史》曾记载，“成祖即位，特简解缙、胡广、杨荣等直文渊阁，参预机务。阁臣之预务自此始”，“以其授餐大内，常侍天子殿阁之下，避宰相之名，又名内阁”(《明史·职官志一》)，这也是明代内阁制度的雏形。同时，为鼓励翰林学士直言进谏，明成祖朱棣曾说：“朕以一人之智，处万机之繁，岂能一一记忆不忘？一一处置不误？拾遗补过，近待之职。自今事之丛脞者，尔等当悉记之，以备顾问”(《翰林记》卷8《责尽言》)。正在这一时代背景下，作为高级知识分子的少数翰林学士开始登顶政治舞台，并最终促进了内阁制度的形成，内阁成为皇帝选才、育才、用才的重要平台。

到明仁宗以后，内阁制度逐步形成并固定下来，且权位渐高，入阁学士承担了旧体制下的部分宰相职能，首席学士通常称为首辅或元辅，在权力鼎盛时期与旧体制下的宰相极其相似。但是，在少数翰林官员入阁辅政的同时，绝大部分翰林学士仍遵循既有职责从事编修等工作，并无参政议政辅政的机会。到明英宗正统七年(1442年)，这种翰林学士群体之间的分化最终以制度的形式固定下来。这一时期，新建的翰林院与内阁正式实现了分设，翰林院正式成为外朝官署，一般的翰林学士不能再自由出入文渊阁，其原有的备顾问功能也逐步转移至内阁。从制度变迁的角度来看，翰林院作为智库功能的弱化与进入核心决策层的少数翰林学士的智囊功能的强化是同步进行的，这与整个明代皇权专制主义的政治价值取向是高度一致的，因此也是一种必然的制度演化结果。即一方面，皇权专制主义具有堵塞言路的倾向，而另一方面，繁杂的国家治理又需要学士能人辅政，优化决策，巩固政权。

从幕府制度的变迁来看，元明时期基本沿袭了宋朝的做法，纳入中央政府编制内的幕僚官逐步固化为官僚体系的一个组成部分。在这一制度之下，幕主与幕僚纯粹是一种公务协作关系，而不再是幕主的私臣，其曾经具有的为幕主提供决策咨询的功能也趋于弱化，逐步沦为官阶低下、俸禄轻微、可有可无的事务性官吏。从官制来看，甚至看不出它与一般的从事文案、刑名、钱粮的官吏有何区别。从这个角度来看，在这一时期，幕府制度演变的趋势是走向被同化甚至消亡。但是，从明朝中期开始，政治、经济、文化环境的变化又使幕府制度获得了新生，当然，在制度内涵上呈现出新的形态。具体来说，原因主要有三点，其一是科举制度的兴盛使“万般皆下品，唯有读书高”的价值观深入人心，“虽有他途进者，终不得于科第出身者相比”。而在八股取士的制度构架之下，士人学子只知皓首穷经、高谈阔论，而很少学习其他学问或关注社会民生。清代学者孙鼎臣曾辛辣地讽刺这一现象：“道德性命之理，古今治乱之体，朝廷礼乐之治，兵刑、财赋、河渠、边塞之利病，皆以为无与于己，而漠不关其心。”从这个角度来看，通过科举取士选拔的各级官僚在知识结构、理政能力上普遍存在较大缺陷，不得不需要幕僚来佐治。其二，地方官僚体制不健全，地方实行行政长官负责制，对属地范围内的一应事务负总责，常常需要事必躬亲，而官僚体制内的佐杂属员数量又很少，如果不在编制外再聘请一些幕友，很难胜任地方行政事务的需要。其三，士与吏历来是中国古代选官的两大来源，其政治地位、俸禄待遇也大致相近。但自明成祖朱棣严格限制吏员任官资格、实行"重士轻吏"政策以来，吏员的政治地位、俸禄待遇都大为下降。在待遇微薄、晋升困难的情形下，很多吏员转向擅权腐败、欺上瞒下，导致了日益严重的吏弊，而朝廷层面整顿吏治的措施难以见到成效。许多地方官不得不延聘幕友，作为官与吏之间的"防火墙"，其既能够辅政，也可以监督约束各级吏员。

在这一时代背景下，从明代中期开始，幕府又开始逐步兴盛与发展起来。但与传统幕府相比，在制度内涵与形式上都具有很大的不同。这主要表现在以下三个方面，一是称谓和性质的变化，传统幕府经由宋代纳入正式官僚体制之后，幕僚实际上成为一种官职名称，而这一时期入幕的士人学子被称为幕友，既非公职人员，也不像春秋战国时期的门客、家臣一样与幕主存在人身依附关系，幕友与幕主之间是一种相对平等的朋友和同事关系。二是职责和地位的变化。传统幕府时期，幕僚的主要功能是为幕主提供决策咨询，甚至代表幕主履行一些外交与行政事务，往往具有较高的影响力与政治地位。而幕友则是在传统幕府制度演进受到诸多限制的间隙产生的一种非正式制度，其功能是"佐官而治"，主要承担一些具体的、琐碎的行政事务，兼有为幕主出谋划策的职能，且往往隐身在幕后，默默无闻。三是职业稳定性与发展前景的变化。传统幕府制度之下幕主与幕僚的关系相对稳定，往往是一荣俱荣、一损俱损，因此职业稳定性也较高。同时，传统幕府的政治地位决定了它往往是高级官僚过渡和迁转的重要平台，入幕往往意味着能够凭借幕主的影响力而入仕和飞黄腾达。而幕友与幕主则是一种相对平等的主客关系，合则相处、不合则走，职业流动性很大。幕友很难通过这一渠道跻身官场，职业发展前景较为黯淡，甚至终生隐于幕后。

如果说太学博士、翰林学士、在府幕僚的参政议政是一种体制内的决策咨询模式，中国古代还有一种同样旨在品评治道得失、校正治道运行的体制外的文人清议传统，即以儒家知识分子为主体的社会民众，对国家政治得失发表意见，形成舆论，以期治理者改进治理活动、形成善治局面。① 如早在东汉末年，为反对宦官专权，众多儒家知识分子就通过“清议”“月旦评”等方式发表政见、引导舆论、影响时局。而这种体制外的参政议政方式在明代时达到鼎盛，尤其是晚明时期，在阉宦弄权、吏治腐败、社会矛盾激化，而体制内言谏失声的时代背景下，曾经产生重要政治影响的书院成为文人清议的重要场所，其中以东林书院最为有名。在当时的东林书院里，汇聚了许多著名的文人士大夫，他们在讲学之余，往往讽议朝政、裁量人物，对当时的政治时局产生了重要影响。明末清初的大思想家黄宗羲曾高度评价这种清议现象，他认为：“清议者，天下之坊也，夫子之议臧氏之窃位，议季氏之旅泰山，独非清议乎？清议息，而后有美新之上言，媚阉之红本。故小人之恶清议，犹黄河之阻砥柱也。”

但是，这种体制外的清议缺乏制度保障，且具有道德泛化、宏大叙事的空谈倾向，加之在后期转化为“党争”，在经历了一个短暂的高潮后，很快因受到统治阶级的残酷打压而湮没。

## 第三节　我国近代大学智库的调整与转型

### 一、“庙堂”言路阻塞与“江湖”幕府勃兴

清代的翰林院基本上承继明代体制，仍作为一个与科举制度关系密切的中央机构存在，但在职能定位与制度设计上又有着显著差异。清顺治元年，正式设立翰林院，设满汉掌院学士各一名，其后，虽然翰林院在名称、职能上有过多次变更，但其体制与职能逐步稳定下来。

在清代翰林院设立之初，承继了明代后期翰林院与内阁的关系模式，即翰林院专司教育、文化功能，普通翰林不参与平章政事。但在满汉文化交融的过程中，尤其是在翰林学士筵席侍讲的过程

① 吴欢：《安身立命：传统中国国宪的形态与运行——宪法学视角的阐释》，中国政法大学出版社2013年版，第285页。

中，对皇帝、储君的思想文化、执政理念的影响是巨大的，进而使最高统治者对翰林学士的参政议政辅政能力有了新的认识，认为“学问政事原无二途”，康熙也曾有谕：“国家设立翰林院衙门，原以储养人才，娴习文学，以备顾问编纂之用。必淹贯经史，博极群书，方克谙练体裁，洞悉今古，敷词命意，典赡弘通，悉登著作之林，用佐右文之治，始为称职。”(《清圣祖实录》卷一一九)在这一思想的影响下，自康熙时期开始，普通翰林学士不得参与平章政事的原则逐步松动，翰林学士群体的参政议政辅政功能得到尊重和强化。翰林院不仅成为培养和输送高级官吏的重要场所，而且因其与内阁甚至皇帝本人的密切互动关系，在清代初期、中期的政治舞台上发挥着重要作用。同时，由于“学而优则仕”的官员选任理念得到高度的重视，除了翰林学士之外，翰林出身的高级官员也逐步占据了从中央到地方、从内阁到外朝官署的各个重要岗位，并逐步形成了一个包含高级知识分子与官员在内的特殊精英群体，对清代政治格局的形成与发展产生了重要影响。如清康熙年间的名相、以恪慎清勤闻名的陈廷敬，就曾先后担任翰林院侍讲学士、掌院学士，其因才华出众而被康熙帝誉为“完人”，后升任文渊阁大学士兼吏部尚书。

但是，从清代中后期开始，皇权专制主义出现进一步加强的倾向，尤其是雍正七年以来，随着军机处的设置，内阁与翰林院的辅政功能逐步弱化。尤其是翰林院曾有的辅政议政、决策咨询功能逐步丧失，政治地位一落千丈，成了文学侍从之所。从这一时期开始，封建皇权专制主义达到了顶峰，军国大事皆由皇帝一人乾纲独断，从民间到体制内的言路皆不畅通，在治国理政上不能够再充分吸纳各方尤其是高级知识分子的意见与建议。从这个角度来看，清代中后期以后，在中央层面，高级知识分子参与决策咨询的路径和渠道日益狭窄和闭塞。与此同时，经过1000多年来科举制度的浸润与熏陶，从整体上说，中国知识分子文化视野狭窄、思想独立性差、缺乏批判与创新精神的性格与能力缺陷已经暴露无遗，其作为一个阶层和群体的决策咨询能力也比较低下。像黄爵滋、林则徐这样的谏臣能臣、高级知识分子可谓凤毛麟角，而这也是清王朝逐步走向衰败、灭亡的重要原因。

在这一时代背景下，清代中叶以后，从明代开始恢复的幕府制度逐步发展成熟起来，并形成了独具特色的晚清幕府制度形态。当时，吏治腐败所造成的社会危机日益深重，而与此同时，传统科举取士、选官制度的积弊也发展到了顶峰。科举考试的内容往往只限于对“四书五经”的释义与解读，甚至只选取一两句经言为题目，如“潜龙在田”“维民所止”，等等，且“许言前代，不及本朝”，完全把天下读书人、未来治国理政的官僚禁锢在经书之中，金榜题名的人往往对经世致用之道、社会治理之法一窍不通。这就造成了当时清王朝空前的人才危机。一方面，科举“正途”培养出了大量的庸才，难以胜任国家与地方治理的需要；而另一方面，真正优秀的人才又难以通过体制内途径进入正式的官僚体系。

这种情形下，很多科举失败或不屑于走科举道路的士人学子开始把目标转向幕府，寻求新的施展抱负、知识报国的途径。而幕府作为一种体制外的参政议政途径，也因此成为吸纳知识分子中能人志士的重要组织，发挥了重要的求才、育才、荐才功能，并逐步形成完备的幕府制度体系。尤其是清代后期，六部九卿以至府、州、县的主管官员无不聘有幕僚，协助各级官僚处理刑名、钱粮等重要事务，甚至有“无幕不成衙”之说。由于浙江绍兴从事这一行业的人较多，逐渐形成了历史上著名的“绍兴师爷”群体，专门研究如何当好幕友的“幕学”也开始兴起，曾经当过30多年幕宾的清代人汪辉祖所著《佐治药言》就是“幕学”的经典著作，成为准备入幕的士人学子的必读书。

在晚清幕府发展的过程中，以一些地方监抚大员所创设的幕府规模较大，影响也较为深远。最为著名有四大幕府，即陶澍幕府、曾国藩幕府、李鸿章幕府、袁世凯幕府。其中，曾国藩的幕府被誉为晚清时期最大的人才库，其幕府先后存续了20多年，吸纳和汇聚了400多名优秀的政治人才、外交人才、科技人才、文化人才，很多优秀的幕僚“出幕”后迅速成长为清朝政府中的军政要员。如李鸿章就曾在曾国藩的幕府历练过，后来自己也创建了幕府。李鸿章与他的幕僚群体结成了紧密的政治关系，不仅对其个人事业发展，而且对晚清的军事、政治、经济与文化格局都产生了深远的影响。

## 二、“西学东渐”与现代大学智库的诞生

19世纪末以来，在船坚炮利的西方列强的入侵下，风雨飘摇的中国逐步沦为半封建半殖民地国家。在内外交困的压力之下，腐朽的清王朝不得不尝试进行社会改革。与此同时，在“西学东渐”的过程中，西方先进的科学、民主、法治思想也极大地影响了中国知识分子，从主张“师夷长技以制夷”、编写《海国图志》的魏源，到提出“西体中用”的洋务派，再到推动“戊戌变法”的康有为、梁启超，率先觉醒的中国知识分子开始逐步打破封建皇权专制主义的思想桎梏，积极对事关民族与国家的重大决策发声。当然，由于清末以来言路的阻塞，这种发声的形式与路径也是很特殊的，如著名的“公车上书”就是采取了联名上书的形式。

1895年春，中日签订了丧权辱国的《马关条约》，割让台湾及澎湖列岛的消息传至国内，正在北平应试的举人群情激奋，康有为等联合全国1300多名举人上书光绪皇帝，请求与日本议和，要求变法图强。“公车上书”事件是近代中国知识分子群体在国家与民族面临生死存亡时刻，社会责任意识、参政议政意识觉醒，爱国主义、民族主义精神迸发的重要标志，也成为资产阶级改良主义思潮的发端。自此开始，近代中国一系列重大的社会改良革命或革命运动，基本上是由爱国知识分子推动的，如1898年的“戊戌变法”，推动这一运动的就是谭嗣同、康广仁等维新派知识分子。

需要强调的是，尽管清末以来中国知识分子的集体觉醒在很大程度上是受到“西学东渐”的影响，但与当时高等教育领域所进行的改革也是密不可分的。清末“洋务运动”以来，洋务派兴办了大批的外国语学堂、军事学堂、专业技术学堂，虽然这些学堂并不是严格意义上的高等学校，但却极大地冲击了腐朽的科举制度，为中国高等教育的变革奠定了坚实的基础。在这一过程中，最重要的标志性事件就是京师大学堂的成立。1898年，作为“百日维新”的新政之一，京师大学堂在北京成立，并颁布了《京师大学堂章程》，

明确它既是全国的最高学府，也是全国教育的最高行政管理机关，在某种程度上承继了国子监的功能。京师大学堂的成立开辟了举办新式大学堂的先河，它在成立之初的学科设置就相当完备，有政治科、商务科、农业科、格致科、医学科等，具有现代综合性大学的雏形。随后，1904 年，清朝政府颁布了《奏定学堂章程》，全国各省也纷纷将原来的书院改为高等学堂，如湖南大学堂、山西大学堂，成为中国近代高等教育的发端。随着清政府于 1905 年正式取消沿袭了 1000 多年的科举制度，新式大学堂更是进入了蓬勃发展时期。据不完全统计，截至 1909 年，当时全国的官立高等学校已经达到 120 多所，包括国立、省立大学堂和高等专科学校①。

1912 年辛亥革命以后，这些新式大学堂开始借鉴日本、欧美大学治理模式，积极探索融汇中西的近代大学制度。而在这一过程中，发端于美国的"大学服务社会"的"威斯康星思想"也开始影响到中国近代大学制度的建立，从而为知识分子参与政治、服务国家与社会提供了全新的理论基础、制度基础。如民国政府成立后颁布的《大学令》就明确规定大学以"教授高深学问、养成硕学闳材、应国家需要为宗旨"，而不再强调传统的以忠君、孝亲为本的儒家经史教育。这一功能定位与现代大学职能所强调的"教学、科研、社会服务"具有高度的一致性。事实上，在中国近代大学创立、形成与发展的过程中，一些著名的大学也确实在参与政治、服务国家及社会方面做出了积极的探索和一定的贡献，如前身为三江师范学堂的"国立中央大学"，在创办之初就将学校办学目标明确定位为"复兴民族的参谋本部"。还有些大学成立了直接服务政府决策的研究机构，可以说是我国近现代以来大学智库的发端。如清华大学就设置了多个服务政府决策的研究机构，其中，1938 年成立的国情普查研究所就是一个典型的具有决策咨询功能的智库组织。根据清华大学校史记载，国情普查研究所设立的主要目标是："试验并采用比较科学及比较经济之方法，搜集并整理人口及相关问题之材料，推广上述工作，以期全国可以采用此方法，研究及发表相关成果，

① 陈景磐：《中国近代教育史》，人民教育出版社 1981 年版，第 182 页。

以期对于政府及社会科学工作，有所贡献。”①为实现这一目标，国情普查研究所选取云南省为样本，在当时国民党政府内政部、社会部以及云南省政府的密切配合下，克服了战时的重重困难，开展了大量的户籍普查、人事登记、社会行政调查工作，留下了很多珍贵的史料。

当时的南开大学也在高校如何服务国家、服务社会方面做出了积极的探索。其第一任校长张伯苓曾于 1929 年前后赴欧美考察高等教育，对欧美发达国家大学在促进经济社会发展中的重要作用留下了深刻的印象。在借鉴西方的基础上，他率先为当时的南开大学提出了“知中国、服务中国”的特色办学理念，并先后创立了东北研究会、经济研究所等具有智库功能的研究院所。其中，东北研究会针对当时日本帝国主义觊觎和吞并东北的野心和行径，专题研究了当时东北的铁路系统、航运干线、财政金融、移民、教育等问题。1927—1929 年的 3 年间，东北研究会先后组织了多次大规模的东北实地调查，撰写了一系列数据翔实的调研报告，并据此为当时的国民政府应对东北问题，乃至后来的抗日战争提出了政策建议。

需要指出的是，由于近代大学是在救亡图存的特殊历史背景下萌芽、产生和发展起来的，作为当时国家的最高学府，大学及其科研院所也不可避免地承担着振兴科技的职责，因此，自 1929 年国民政府《大学组织法》规定“大学得设研究院”以来，各个大学设立的科研院所基本上是理工学科、农业科技、医学等为主的，类似上述东北研究院——以服务政府决策咨询为目标的人文社会科学类研究院所较少。因此，从总体来说，这一时期大学及其科研机构在智库功能发挥上因客观条件受到很大的限制，但其服务国家的价值追求、问题导向的鲜明特色、扎根实践的研究方式，以及科研与人才培养相结合的运行模式，为中华人民共和国成立后大学智库的建设提供了宝贵的历史经验。

---

① 张思敬等：《国立西南联合大学史料》(三)，云南教育出版社 1998 年版，第 697 页。

# 第四节　我国大学智库制度变迁的逻辑主线

回顾我国古代与近现代大学智库发展变迁的历史进程，从不同的角度来看，可以发现不同的逻辑主线。同时，这几个方面的逻辑主线并不是孤立、封闭运行的，而是彼此交织在一起，共同主导、推动着大学智库的制度演变。

## 一、国家治理知识的供给与需求

在以“君权神授、世袭罔替”为特点的传统政治体制下，核心统治阶层并不具备完善的国家治理知识，往往需要凭借外部的知识供给来辅助决策。这种辅政需求既可以通过贤臣良将来实现，也可以依赖于士人学子的建言献策。而从我国传统知识体系的发展演变来看，尤其是在儒家思想占据意识形态主导地位后，崇尚“立德立功立言”的价值追求一直都是其核心理念，“为国立言”成为士人学子的最高人生理想。

但是，由于传统政治体制从本质上说是一种“人治”，而非“法治”，这种国家治理知识供给与需求结构的形成在很大程度上取决于君主个人的执政理念、风格与偏好。也正因为如此，纵观历史，这种国家治理知识供给与需求结构变化并未呈现出由低向高、由劣向优的线性趋势，而是在核心统治阶层的影响下，交替呈现出四种状态：

### （一）强需求、强供给

春秋战国是中国历史上最为典型的关于国家治理知识的“强需求、强供给”时期。一方面，在大一统的中央集权国家尚未形成的时代背景下，各个诸侯国都在寻求能够迅速壮大自身实力、巩固政权的治理知识，对那些依据不同理论学说、开出“悬壶济世”药方的知识分子的尊重达到了无以复加的地步，而这也正是我国古代大学智库雏形“稷下学宫”得以兴盛的重要原因；另一方面，这一时期的社会大变革以及“百家争鸣”局面的形成，促成了一个激烈竞争的、关于国家治理知识的思想市场。各种思想流派的代表人物竞相提出国家治理主张，并在各国进行游说，如战国时期著名的“合纵连横”思想，就在张仪等纵横家的游说下广泛运用于各国的军事、外交实践。

在上述各种国家治理思想的交锋中，秦国凭借法家思想迅速崛起，建立了大一统的中央集权国家，这也标志着这一时期思想市场的竞争以法家学说的胜利而告终，统治阶层对国家治理知识的需求趋于弱化。随着西汉时期“罢黜百家、独尊儒术”，以及儒家思想作为官方意识形态地位的形成，这种需求进一步弱化。

但是，这并不意味着在其后的时期统治阶层对国家治理知识的需求不再强烈，只不过开始转变为重视儒家思想体系内部的创新程度。尤其是在各个朝代更替的转折点上，新任君主出于对前朝灭亡的反思，往往需要广开言路，广泛听取各方尤其是知识分子对于如何吸取前朝教训、更好地实现国家治理的意见和建议。与此同时，如果这一时期的思想市场十分活跃，知识分子们既具强烈的参政议政愿望，也拥有较强的参政议政能力，就会形成国家治理知识的“强需求、强供给”局面。如唐太宗时期，李世民虚心纳谏，而作为“智囊团”的翰林院人才济济；宋太祖时期，在赵匡胤虚心纳谏的同时，翰林院制度的进一步完善，科举制度的扩大，书院与幕府的兴盛，更使得思想和人才市场呈现出欣欣向荣的局面。

（二）强需求、弱供给

虽然传统统治阶层对国家治理知识的需求程度具有时代性、阶段性特点，但强需求与强供给仅仅是一种理想状态。当国家治理知识面临强需求时，思想与人才市场的兴盛程度决定了这种知识供给的强弱与质量。而从后者来看，这主要取决于两个因素：

第一个因素是国家治理知识体系的成熟程度。当这一知识体系已经相当完备，且统治者已经据此建立了完善的制度体系、行为规范时，知识分子对于国家治理知识的理论贡献被限制在一个狭窄的空间内，很难有所创新，更多的是一种解释与宣传功能。因此，即使统治阶层有着国家治理知识的强烈需求，知识分子群体也很难提供有效的供给。事实上，我国古代乃至近现代在国家治理方面的主流理论是儒家思想，经过几千年一代代儒学大师的阐释与发展，及至宋代时期，已经逐步趋于成熟，甚至有“半部论语治天下”之说。从其核心价值理念来看，主要包括：大一统的国家观念，以仁王天下，以德治国，君主民本，人治观念，改革变通思想等内涵。它是中国多元复合体政治文化的主体，具有重民、以民为贵，亲亲与尊尊同体并用，着眼伦理本位，强调对封建统治者权力加以约束等特征。① 这些成熟的执政理念、制度体系形成了强大的体制惯性，一旦有其他的知识体系试图改革它、超越它，就必然会面临强大的阻力，如中国历史上几次著名的变法都以失败而告终。在北宋年间的“熙宁变法”中，王安石旗帜鲜明地提出了“三不足”，即天命不足畏、人言不足恤、祖宗不足法，并在军事、政治、经济领域推行了一系列重大的改革，但最终因受到了保守势力的强烈反对而失败。正因为如此，有很多国内外学者都认为中国传统社会是一种超稳定的社会结构，英国著名的历史学家汤因比就曾说：“就中国人来说，几千年来，比世界任何民族都成功地把几亿民众从政治文化上团结起来，他们显示出这种在政治、文化上统一的本领，具有无与伦比的成功经验。”而究其根本，以儒家思想为价值内核的国家治理知识体系的完备性是深层次原因。

第二个因素是知识分子参政议政的能力与渠道。在国子监制度建立之前，参与国家治理决策咨询的主要是具有博士、太学生身份的高级知识分子，这一群体本身就受过系统的儒家治国理政思想教化，加上他们身处上层建筑的顶端，谏言渠道相对畅通，能力与渠道方面都没有问题。而随着国子监制度以及科举制度的建立，士人学子的思想越来越被限制在“四书五经”的桎梏中，既很难产生治国理政的创新思维，又对政情世态缺乏了解。同时，随着明朝时期中央集权的进一步加强，一般学子士人建言献策的渠道也变得十分狭窄。

在这种情形下，在某个历史时期，尤其是在内患外乱交织、迫切需要国家治理模式改革时，尽管统治阶层会产生强烈的国家治理

① 蔡方鹿：《儒家的治国理政思想及其特征》，载《华南师范大学学报》(社会科学版)2011年第6期。

知识需求，但知识分子群体所能提供和创造的只是一种弱供给。

（三）弱需求、强供给

从政治学的角度来看，民主是科学决策的重要前提。从中国历史社会制度演变，尤其是封建社会朝代更替的规律来看，但凡国力强盛、人民安居乐业的时期，也是政治上比较民主、言路比较畅通的时期，尽管这种谏言可能只是在主流意识形态领域内的一种改良或局部创新。反之，但凡内外交困、国力衰微、人民颠沛流离的时期，也是政治专制、言路闭塞的时期。而恰恰是在这样的历史时期，统治阶层对国家治理知识的需求通常会较弱，即使有“熙宁变法”那样特殊的时期，也会因既得利益群体的反对而在历史长河中昙花一现。

但是，对于深处苦难之中的普罗大众，包括知识分子群体来说，越是在这样特殊的时代背景下，越是能够激发他们对滞后的国家治理理论、不合理的政治秩序的怀疑和挑战，当官方言路不畅通，对民众思想严格禁锢时，这些基于怀疑和反思的、创新的国家治理知识就会通过民间渠道而释放出来。如明末时期，政治上的专制，加之阉党篡权，大明王朝由盛转衰，社会动荡不安，人民生活困苦。由于朝廷言路不畅，一些知识分子以东林书院为阵地，把讲学、议政与救世结合起来，挑战“生员不得妄议朝政”的旧规，发出了“天下公议”的政治主张，其后有越来越多的知识分子加入东林议政。需要强调的是，东林党人虽然秉承了儒家议政的传统，但在政治主张与价值追求上却具有了现代民主政治的萌芽。如对于当时国家治理的乱象，东林党人开出的药方并非传统的以道匡君、寻求明君贤相，而是明确提出了“以众论定国是”、以道德是非为政治清明之保障的政治主张，深刻地反映了中国传统知识分子在治学、为政和救世之间的价值追求和立场选择。虽然东林党人的政治主张未必是治世良方，其执政后的一些政治举措也对明朝的灭亡负有一定责任，但是，也正是这一知识分子群体，在国家与民族危亡、国家治理理论急需创新的特殊时间节点上，勇敢地提出了天下公议、道德救世的政治主张。

在中国历史上，在国家治理知识方面类似这样“弱需求、强供给”的现象并非孤例。如早在东汉时期，在朝纲腐败、宦官专权、言路闭塞的情形下，一些才华出众而又不甘心同流合污的士人学子不畏强权，激烈地抨击朝政，提出救世良方，并形成了一股极有影响力的社会舆论，后世称之为“清议之风”。尽管这一时期清议的政治主张仍然遵循了传统儒家“圣主明君”的思想，但仍然被当权者以“结党为乱”之名进行了残酷镇压。在清末时期，尽管腐败无能的清政府实行严酷的“文字狱”政策，仍有很多知识分子敢于进谏，抨击时政、呼吁改革。如光绪年间，在中国面临“数千年未有之危局”时，一些翰林学士挺身而出，在清廷内外评议时政、上书言事，弹劾权贵、指斥弊政，对外倡言学习西方军事技术、反对侵略，对内要求整顿纲纪、启用贤士，吸引了众多的知识分子参与进来。这使得当时的朝廷内外出现“台谏生风，争相搏击”的局面，其代表人物主要有翰林院侍讲张之洞、张佩纶、陈宝琛、黄体芳等，其中以张之洞、张佩纶两人最为有名。尽管这一时期的“清流之风”存在好为空谈、不识时务的弊端，甚至被当时的洋务派贬之以“清流误国”，但其忧国忧民、清廉为政、自强图存的精神风貌无疑为当时腐朽的政局注入了积极的正能量。虽然他们提出的区别于洋务派、保守派的政治主张最终也以失败而告终，但至少是对当时迫切需要变革的国家治理知识体系进行了一定程度的创新。

(四)弱需求、弱供给

回溯中国的政治思想史，当皇权专制主义达到顶峰，以儒家思想为核心的国家治理知识体系臻于成熟，且政治、经济、社会、军事矛盾相对缓和时期，往往是国家治理知识“弱需求、弱供给”的时期。统治阶层依赖于传统的国家治理知识、完善的国家治理制度，就能够阶段性地驾驭和掌控内政外交大局。而绝大部分知识分子在科举制的“指挥棒”下，只知皓首穷经，在故纸堆里做学问，对现行的国家治理理论或是论证与解释，或是修补与改良，很难为国家治理知识的创新与发展作出理论贡献。整个社会处在一个政治稳定、经济繁荣，但思想文化封闭保守的特殊时期。纵观中国历史，这种国家治理知识上的“弱需求、弱供给”最为典型的有两个时期。

其一是寻求苟安但仍存续了150多年的南宋政权时期。北宋灭亡后，南渡的宋朝皇室建立了苟安江南的小朝廷。在政治上，南宋继承北宋“强干弱枝、重文抑武”的格局，进一步加强了中央集权，推行文官政治，以政权的维持为首要政治目标。在经济上，南宋时期，全国的经济发展重心开始由黄河流域转向长江流域，商业经济开始萌芽，长江流域是当时世界上影响力最为深远的几大贸易圈之一。在文化方面，南宋时期兴起的“程朱理学”对儒家思想进行了改造，提出了“存天理、灭人欲”“正心诚意”“恤民”等政治主张。从逻辑内涵来看，这一时期的理学思想既吸纳了道家、佛家思想的精华，体现了底层人民休养生息的诉求，也通过理性思辨的方式对传统的封建伦常秩序进行了进一步的论证和强固。就其理论本质来说，仍属于儒家思想的范畴，因此逐步被南宋统治阶层所接受，进而成为当时乃至后世700多年间权威的官方政治哲学。范文澜先生曾说：“理学供给统治阶级更精妙的压迫工具，比汉学讲礼讲阴阳五行精妙得多。”①

其二是清朝中后期所谓的康乾盛世时期。从17世纪中后期到18世纪末的100多年间，在经历了明末清初长时期的战乱后，清朝的社会生产开始逐步恢复，加之这一时期的统治阶层实施了相对缓和的民族政策、经济政策，国家疆域逐步扩大，经济日益繁荣，社会人口规模激增，逐步在政治、经济等诸多方面将中国的传统社会推向了一个新的高峰，史称“康乾盛世”。但是，与这一时期经济社会的繁荣形成鲜明对比的是政治思想上的专制以及国家治理知识上的保守。

为巩固满清王朝的统治，清朝时期不仅实施了高度的中央集权，而且大兴“文字狱”，甚至借编纂《四库全书》之际，篡改、删除和销毁了大量不符合统治阶级需要的书籍和史料，整个国家都变得万马齐喑，失去了思想活力与创造精神。而当清朝专制政权拒绝变革、闭关锁国，整日陶醉在“怀柔远人，外夷归附，宣扬恩德”

① 范文澜：《范文澜历史论文选集》，中国社会科学出版社1979年版，第289页。

的政治幻梦中时，西方已经由文艺复兴时期发展到思想启蒙时期，自然科学也迎来了蓬勃发展，逐步完成了向现代工业社会的转型。

对此，马克思曾一针见血地指出：“一个人口几乎占人类三分之一的大帝国，不顾时势，安于现状，人为地隔绝于世，并因此竭力以天朝尽善尽美的幻想自欺。这样一个帝国注定最后要在一场殊死的战斗中被打垮。”①

正因为如此，在这一历史时期，尽管诞生了以顾炎武思想为代表的民主思想萌芽，以及反对君主专制的思潮，但从世界范围内来看，近代工业化、现代化道路，西方资产阶级革命，以及民主法治精神，都注定无法在已经体系化、封闭化的封建制度中产生与破局。

## 二、高等教育制度的发展与变迁

大学或类似高等教育组织是知识分子参与国家治理、决策咨询的重要依托，因此，中国传统高等教育制度的发展与变迁在很大程度上影响甚至是决定了大学智库发展与变迁的规律与轨迹。尤其是作为传统高等教育核心的太学制度、科举制度、书院制度等，更是对大学智库的发展与变迁具有极其深远的影响。

### （一）太学制度与大学智库

作为中国古代教育体系中的最高学府，太学的称谓最早始于汉代。从汉代一直到隋朝国子监制度建立的六七百年间，太学作为中央官学一直在传统政治生活和国家治理中发挥着重要作用。太学博士、太学生不仅在太学中从事教学活动，而且能够参政议政。尤其是作为太学教师的太学博士，更是核心统治阶层的“高级参谋”与“智囊”，学术地位与政治地位都十分尊崇，优秀的太学博士可转任谏议大夫，甚至位列公卿。

但是，在古代教育体系中，对于普通的士人学子来说，能够有机会跻身太学甚至成为太学博士的仅仅是极少数权贵子弟。如在东汉的汉质帝时期，自大将军至六百石官吏方可送子弟入太学；西晋

① 《马克思恩格斯文集》（第2卷），人民出版社2009年版，第632页。

时期也规定五品以上官员的子弟才可入太学。汉武帝时期的太学博士仅设 7 人，汉宣帝时增至 12 人。① 太学生的规模最初也很小，仅有几十人，至汉元帝时，规模才逐步增加至上万人。但相对同一时期的士人学子群体来说，数量仍非常少。从这个角度来看，这一时期的太学尽管在形式与功能上初步具备了大学以及大学智库的一些特点，但其普遍性、代表性不强，参政议政仍然是少数出身权贵的知识分子及其子弟的一种特权，其智库功能自然也就受到很大的限制。

在稷下学宫、太学、国子监，直到翰林院的制度演变过程中，尽管其间历经曲折，我国古代士人学子参与国家决策咨询的制度形式始终是存在的。同时，如前文所述，从历史规律来看，凡是制度形式较为理性和民主、言路比较畅通的时期，也是历史上政治比较清明、国力较为强盛的时期，反之亦然。但是，就庞大的士人学子阶层来说，能够顺利进入官学最高学府、官方智囊团的仅仅是极少数，能够通过科举制度进入官僚阶层的也是极少数。在这两个极少数之外，其他的士人学子要参与决策咨询，还有另外一条重要的渠道，即发源于春秋时期的“养士”“门客”“幕府”等制度，其中，幕府制度形成于汉代，兴盛于唐代，一直延续到清代。有很多出身贫寒的知识分子选择通过上述体制外渠道参与决策咨询，施展政治抱负，虽然他们参与和影响的不是国家层面的治理，但却通过幕主的施政行为间接参与和影响着国家治理。

从《大学》所提出的教育理念来看，知识报国是中国传统知识分子的最高道德理想，即“格物、致知、诚意、正心、修身、齐家、治国、平天下”。在这一历史时期，传统知识分子参与国家治理的理想不是通过作为官学机构的太学，就是通过军政大员的幕府。当太学蓬勃发展、规模不断扩大时，其大学智库功能的发挥也较好。而当幕府兴盛时，也吸纳了大量优秀的知识分子以“幕后英雄”的方式参与国家治理，使幕府具有了“准大学智库”功能。

---

① 吴圣苓：《师典》，上海人民出版社 2004 年版，第 355 页。

### (二)科举制度与大学智库

中国的科举制度始于隋，完备于唐宋，终于清，这一制度之所以能够延续1300多年，而且能够被当时世界上的很多国家学习与借鉴，主要原因在于它在一定程度上的政治民主、公平选才的价值理念，这对于促进传统社会的公平竞争、阶层流动、文化普及，提升行政效率、巩固统治地位都具有十分重要的意义。更为重要的是，它将“学而优则仕”的价值取向与制度逻辑深刻烙印在中国传统知识分子的心中，深刻改变了知识分子群体的精神品格、道德理想与行为模式，对这一时期具备大学智库功能的学术组织的制度演化更是产生了决定性的影响。

科举制度与国子监制度都是在隋朝时期建立起来的。从隋朝一直到明朝中晚期，科举制度体系的不断完善在很大程度上导致了大学智库功能的逐步弱化。国子监设立后，承担了国家教育行政主管部门与高等教育学府的双重职责，太学的角色和功能逐步被国子监替代，其后历代沿袭设置，直到晚清设立学部。在国子监兴盛时期，北京、南京两地的国子监学生规模近万人。但与此同时，受科举制度的影响，国子监并未继承与发展太学曾有的参政议政功能，反而大大弱化。究其原因，主要有三点：

其一，太学是一种基于权贵身份世袭的精英高等教育模式，靠近国家治理的核心阶层，无论在政治地位还是决策影响力上，都高于国子监；而国子监生的来源相对较广，既有权贵子弟，也有出身贫寒的庶族子弟，甚至还有靠世袭或钱财的捐监生和荫监生。从二者在国家教育体系中的地位来看，太学类似于今天公办的一流大学，而国子监则类似于今天从事大学预科教育的学术组织。

其二，科举制度以儒家治国理政思想为考试内容，主要涉及哲学、伦理学、文学、政治学等人文社会科学知识，士人学子只有深刻修习和领会这些指定的知识体系，才有可能在考试中胜出。这一指挥棒将天下学子的求知与学习导向了功利化、狭隘化、庸俗化，在事实上成为服务和巩固统治阶级利益的工具。另外，随着国家统一教育管理制度的建立，国子监教师、国子监生的体制内身份与角色进一步加强，国子监教师本身就进入了正式的官职序列，国子监生的角色也很类似于今天的“准公务员”。如据史料记载，明朝时期，国子监生在科举考试中所取得的成绩非常突出。从永乐四年(1406年)到万历三年(1575年)共举办了57届科举考试，其中有25届监生考中进士的比例超过50%，比例最高的是成化二十年(1484年)，竟达到93%。还出现过状元、榜眼、探花都是国子监生的盛况。① “食君之禄，忠君之事”，其参政议政地位自然也不再像隋朝之前太学博士、太学生那样相对超脱。

其三，明太祖朱元璋时期，为统一政治思想、避免党争，明确规定“一切军民利病，农工商贾皆可言之，唯生员不可建言”。这里所提的“生员”，特指经过各级考试入府、州、县学生，包括国子监生，亦称秀才、诸生。及至清顺治时期，进一步规定，“军民一切利病，不许生员上书陈言，如有一言建白，以违制论，黜革治罪”。这在事实上剥夺了生员参政议政的权利。尤其是从明朝中晚期开始，随着科举晋升成为正途，国子监制度日益衰落。但是，在中国的政治文化中，贤明的君主在治国理政上虚心听取道德与文章俱佳的鸿学大儒们的意见和建议，已经成了一种根深蒂固的政治传统。因此，尽管在科举制度演进的历史过程中，国子监的准大学智库功能逐步被弱化，但另一种替代制度，即产生于唐朝初年的翰林院制度诞生了，并成为高级知识分子参政议政的一条重要体制内渠道。尽管只有极少数才学与资历最深者才能被授予”翰林学士“的称号，其数量相对于庞大的知识分子群体来说也仅仅是凤毛麟角，但由于翰林学士靠近核心决策层，甚至直接参与决策的制定、发布与实施，其对于国家治理的决策影响力还是十分重要的。换言之，在相当长的一个历史时期内，在国子监“准大学智库”功能弱化的同时，翰林院扮演了“高端大学智库”的角色，在传统政治格局中发挥了重要作用。一直到清朝中后期，随着军机处制度的建立，翰林院的参政议政功能也逐步弱化。

(三)书院制度与大学智库

如果说太学、国子监、翰林院等是代表传统中国官方的高等教

---

① 吴志友:《国子监街》，北京出版社2015年版，第6页。

育机构，书院则主要是一种民办或公私合营性质的高等教育组织。它萌芽于唐宋，形成于五代，兴盛于两宋，存续了 1000 多年，在中国乃至世界教育史上都具有重要地位。从元代开始，书院开始呈现官学化的趋势；明代书院受党争等政治斗争的影响，屡有兴废；清代时期，书院的官学化程度进一步提高，逐渐沦为科举制的附庸，并在清末的教育大变革中逐步被新式学堂取代。

尽管在制度创立上较西方现代大学早了近 300 年，但中国传统书院无论是在制度设计、教育方法、人才规模、教学管理，还是文化传承、社会影响等方面，都足以与之相提并论。尤其是在价值取向与功能定位上，二者都体现出了高等教育组织所特有的开放性、独立性与研究性。从这个角度来看，中国的传统书院，尤其是办学水平较高、人才培养规模较大的书院，如岳麓书院、白鹿洞书院、应天府书院，在典型特征上非常类似今天的研究型大学或研究院。也正因为如此，在科举制度逐步占据垄断地位、官学不断式微、官方大学智库功能趋向弱化的时代变迁中，书院从以下三个方面发挥了重要的制度替代作用，与翰林院制度遥相呼应，从庙堂与江湖两个层面共同推动着大学智库的制度演进。

其一，有力推动了国家治理思想的研究、创新、传播、教育与传承。书院在创立之初，主要是以系统阐释儒家的道德人格理论、治国理政思想为主要目标。由于其自身所具有的民间私学性质，书院在教学内容、理论探讨方面较之官学要宽松与自由得多。因此，随着书院的发展壮大，越来越多的知识分子加入，传统儒家思想逐步在这片沃土上得到了传承、发展与创新。尽管这些理论的发展创新仅仅是一种既定理论框架内的局部创新，但由于会对统治阶层的既得利益产生冲击，也可能会受到打压。而历史证明，那些经历过种种打压而又顽强存续下来，并最终为统治阶层所接受的书院，纳入官方意识形态的理论，往往是更有利于统治阶层进行国家治理的理论体系。如理学在创设之初，一度被当时的统治者视为“伪学”，理学大师朱熹在生前受到了官方的残酷打压，去世后，其弟子送葬都被禁止。

其二，促进了知识分子群体参政议政形式的多元化。书院是在官学式微与私学发展的历史条件下成长起来的。相对官学来说，书院从事教育与研究的自由度较高，尤其鼓励不同学术观点的自由辩论，并形成了书院史上著名的讲会制度，这些制度对于今天的高等教育仍然具有宝贵的借鉴意义。所谓讲会，是指针对某一领域争议较多的学术问题，由书院举办者或著名学者定期或不定期举办的研讨会，最早的是由朱熹在岳麓书院举办的有关《中庸》之义的争辩。这种讲会制度极大地推动了不同学术流派、观点之间的相互交流，有力地促进了当时的学术民主与学术繁荣，可以说是在传统集权统治体制下悄然绽放的文化之花。尤其是南宋时期，在当时理学各派林立、各执己见的时代背景下，讲会制度促进了不同学派的融合，为理学最终形成相对统一并为官方所认可的理论体系奠定了制度基础。例如，历史著名的“鹅湖之会”，就是指当时著名的理学大师陆九渊到朱熹主持的白鹿洞书院，双方围绕“为学之方”开讲与辩论，并留下了著名的《白鹿洞书院论语讲义》。需要强调的是，书院讲会所体现出来的学术自由与思想自由是有限度的，即都是在儒家思想理论体系内的局部创新，这些不同流派的学术观点尽管表面上看起来有很大的分歧，但在本质上却往往是“同植纲常，同扶名教，同宗孔孟”(《宋元学案》)。

在书院的教学上，朱熹倡导“为已之学”，鼓励“质疑问难”，推行启发式教育，反对制定严苛的学规来约束学生的思想与行为，他拟定的著名的”为学之序“要求学生“博学之，审问之，慎思之，明辨之，笃行之”。虽然到书院制度发展的中后期，也设有考课，学生也参加科举考试，但与官学相比，更强调学生独立思考的能力以及道德人格的养成。

由于书院在教学与研究上所具有的鲜明特色，极大地促进了中国传统知识分子参政议政形式的多元化。官方大学智库的知识分子通常具有平章政事的特权，可以通过口头或书面的形式向核心统治阶层建言献策，少数翰林学士甚至能够直接参与国家重大决策。而书院的知识分子群体则没有这样的特权和渠道。但是，由于以下三点原因，他们的一些教学与研究活动，如清议、讲学、著书、辩论、诘难等，同样也具有参政议政的效果，只不过这种形式是间接的、民间的、隐蔽的。

其一，传统政治与学术的高度一体化。在中国传统的国家治理架构中，政治与学术是高度一体化的。一方面，学术既服务于政治，又在一定程度上影响政治。因为中国传统的学术研究主要集中在哲学社会科学领域，其核心就是系统论证、阐释统治阶级合法性、权威性的知识体系。只有依赖于这种知识体系，传统政治才有可能传承与延续。需要强调的是，在不同的历史时期，这种论证和阐释既有可能是守成的，也有可能反映民众与时代的需求，呈现出某种局部创新，进而影响到政治。如传统国家治理知识体系中的民本思想，经历了从“重天敬鬼”到“敬德保民”，再从“重民轻天”到“民贵君轻”的发展历程。

另一方面，政治既受制于学术，又在很大程度上影响和决定着学术研究的走向。事实上，自西汉以后，儒家思想取得官方意识形态地位以来，传统中国已经逐步形成了一种以“天道人伦、明君贤臣”为核心价值观的国家治理知识体系，凡是遵循这一知识体系的统治者才有可能得到支持和拥护，反之则会被视为离经叛道，统治地位难保。同时，统治阶层为了巩固自身的地位，也有可能通过自上而下的方式，对传统的国家治理知识体系进行一定程度的调整与创新。

从上述角度来看，正是由于传统中国政治与学术的高度一体化，书院师生所进行的教学与研究活动既具有学术性、政治性，也具有思想自由与清议的特征。因此，在书院教育与封建王朝之间，始终交织着控制与反控制的斗争。每当王朝更替或朝政黑暗之际，书院讲会之风趋盛，激浊扬清，讽议朝政，以其特有的方式对政治格局产生重要影响，其中以明末清初最为典型。书院自由讲学和自觉维护社会正义的传统，从一个侧面折射出君子的独立精神与儒家入世济世的人格风范。

其二，舆论影响力与社会影响力。身处书院的教师或学生的学术与政治观点尽管决策影响力较弱，甚至很难直接为统治阶层所知晓，但由于书院扎根民间，有着广泛的社会基础，其学术观点，尤其是那些能够反映和维护普通民众利益的学术观点，往往能够凝聚很大的社会共识，在社会上产生舆论影响力。尤其是明代中后期，在程朱理学与阳明心学的学术争论与此消彼长中，全国各地书院的数量与规模迅速扩大，且各会之间往往联为一体，遥相呼应，讲会活动遍地开花，声势浩大。这种影响力甚至渗透到了社会中下层，“缙绅之士，遗佚之老，联讲会，立书院，相望于远近”，“穷乡邃谷，虽田夫野老皆知有会”。① 从这个角度来看，在特定的历史时期，书院教学与研究活动所产生的舆论与社会影响力已经大大超越了官学，极大地促进了国家治理理论的创新与实践。

其三，国家治理人才的培养。在书院这种迥异于传统官学的人才培养模式之下，很多优秀的人才脱颖而出，或通过科举制跻身政界成为治世能臣，或传承与发展书院学术思想成为学术大师。以应天府书院为例，公元941—1905年，共培养了3万余名学生，其中有著作传世的杰出人物达100多名。岳麓书院作为湖湘学派的基地，也培养出了许多优秀的“岳麓巨子”，尤其是在明清至民国初期，岳麓书院先后培养了王夫之、魏源、左宗棠、郭嵩焘、杨昌济等一代英豪。② 又如在南宋时期，由江西吉州知军江万里创办的白鹭洲书院，十分注重教育和培养学子以读书穷理、针砭时弊、振兴国家为己任，成功培养了以文天祥、刘辰翁、邓光荐、罗开礼为代表的一大批仁人志士。在这些优秀人才的熏陶、传承与带动中，造就了庐陵文化的千年昌盛，江西吉安也被后世称为“文章节义之邦”。

### 三、传统决策咨询制度的演变

在儒家思想根深蒂固的影响下，中国传统知识分子群体始终秉持着“格物、致知、诚意、正心、修身、齐家、治国、平天下”的家国情怀，以及“以天下为己任”“位卑未敢忘忧国”的政治抱负。但是，这种家国情怀与政治抱负能否通过大学智库或“准大学智库”——这一类学术组织得到充分的表达与释放，产生较大的决策

---

① （清）张廷玉：《明史》卷二三一，中华书局1974年版，第6053页。

② 刘海峰、史静寰：《高等教育史》，高等教育出版社2010年版，第74页。

影响力，主要取决于传统决策咨询制度的演变，其核心就是统治阶层与知识精英的对话与交流模式。而纵观中国古代直到近现代，这种对话与交流模式主要经历了以下三个阶段的否定之否定过程。

（一）直接对话模式

传统知识分子通过个体或组织行为，有权利、有机会、有渠道直接向统治阶层提出资政建议，在这一阶段，参政议政是知识分子群体中绝大多数人的权利，尤其是身处太学、国子监等高等学府的高级知识分子，更是能够直接向皇帝进谏。从时间上看，这一模式的存续时期是从春秋时期一直到隋朝时期。春秋时期，随着以知识分子为主体的“士”这一特殊阶层的出现，知识分子的政治主张、国家治理理论逐步成为统治阶层执政合法性、正当性的重要基础，如孔子的《春秋》就被当时的各个诸侯国奉为治理圣经与圭臬，士人学子“不任职而论国事”也成为一种带有习惯法性质的政治规则，没有任何官职的学术大师往往能够被统治阶层敬为上宾、委以重任。可以毫不夸张地说，这一时期是中国传统知识分子政治地位最为尊崇、知识报国途径最为畅通的黄金时期。其后，随着体制内决策咨询制度的逐步建立与健全，如秦朝时期御史与谏议制度的设立，知识分子尤其是身处体制外的知识分子参政议政也逐步成为官方决策咨询制度的一种辅助与补充，其决策影响力也逐步下降。

（二）间接对话模式

隋朝时期，随着科举制度与国子监制度的建立，以及文官选任制度的变化，中国知识分子知识报国的价值观受到极大的冲击，“学而优则仕”逐步替代知识报国，成为绝大多数知识分子首要的人生目标。“满朝朱紫贵，皆是读书人”的客观现实，使得“万般皆下品，唯有读书高”的信念深入人心，从根本上改变了中国传统知识分子的价值追求与精神品格。同时，由于国子监制度的建立，参政议政逐步成为极少数高级知识分子的特权，普通的学子、生员则根本不具备这一权利，甚至被禁言国事。至此，一直以来统治阶层与知识精英的直接对话模式逐步弱化，普通知识分子只有通过科举这一正途取得体制内的官僚身份，才能具备一定范围内的参政议政资格。但是，以科举取士的过程恰恰也是一个思想禁锢的过程，尤其是在“八股取士”的规则确立以后，学子们即使想表达自己对国家治理的见解，往往也要在官方认可的既定知识体系之内，很难有所创新。如试策或策问是科举制的重要考试内容，但通常都会运用儒家经典理论、典故，考查学生对时政的见解，尽管这种考试不设标准答案，考生也能够直陈时弊、提出应对方案，但其话语体系、解决方案都被限定在正统儒家思想的范畴之内，通常都是一些宏大叙事的政治见解，其决策影响力更是不高。

（三）回归直接对话模式

随着清末科举制度的取消，传统科举取士、选官制度也逐步废除。在”西学东渐“的过程中，一些借鉴西方模式设立的新式大学堂如雨后春笋般涌现，并出现了与现代大学智库形式、功能都非常接近的研究机构，近代民主思想也逐步萌芽。在这一时代背景下，在经历了一个漫长的否定之否定过程之后，中国传统的统治阶层与知识精英的对话与交流模式又回归到了新的直接对话模式。在这一直接对话模式之下，尤其是随着这一时期救亡图存运动的开展，知识分子群体的政治参与愿望非常强烈，通过报纸、学会、研究机构等多种平台，直接表达对国家政治、经济、文化、军事问题的见解，并产生了巨大的社会影响力与决策影响力，直接推动了新民主主义运动的深入开展。

综上所述，回顾我国大学智库发展的历史源流与逻辑主线，可以总结出以下十个方面的一般性规律，这些规律既凝聚着宝贵的历史经验，也有一些值得我们注意避免和扬弃的教训。从这个角度来看，理性分析与科学认识这些规律，对于我们今天的大学智库建设具有十分重要的意义。

第一，知识分子群体参政议政状况是检验一个国家决策民主化、专业化、科学化的重要标杆，从历史经验来看，凡是知识分子群体参政议政状况较好的时期，也是历史上国力昌盛、政治清明、经济繁荣、社会矛盾缓和的时期。反之，则是历史上国力衰弱、政治保守、经济倒退、社会矛盾冲突激烈的时期。

第二，相对于个体化的参政议政方式来说，组织化的参政议政通常依托一定的学术科研组织，其资政建议也通常是经组织内成员集体充分讨论、协商一致后提出的，往往意味着更广泛的价值共识，更多可选择的解决方案，更制度化的交流渠道，因此在决策咨询的效率上也更高。

第三，知识分子群体参政议政通常具有个人发展与家国情怀双重目标，前者以功利性为主，后者则是超功利性的。从决策咨询的质量来看，后者往往高于前者。但科举制度的产生和发展从整体上将知识分子群体参政议政的目标导向了功利性，带有强烈的利己主义或集团利己主义色彩，这一根深蒂固的历史传统一直延续到今天，仍然深刻地影响着知识分子群体参政议政的思想与行为。

第四，与决策者保持适当的制度距离是确保决策咨询质量的重要前提。一般来说，知识分子群体越是接近统治阶层，其决策影响力就越高。但是，对于那些远离国家治理权力中心的知识分子群体来说，当其学术观点、政治主张所产生的学术影响力、社会影响力达到一定程度时，通常也会引起统治阶层的高度重视。

第五，从决策科学的角度来看，决策咨询是一项高度复杂化、专业化、多元化的政治实践，在学术与政治、知识与实践之间存在着巨大的鸿沟，它对于决策咨询者的价值取向、知识结构、政治视野要求非常高。真正高明的政策科学家通常是兼学术大师、政治家、军事家、战略家于一身，历朝历代都非常需要这样的高端人才。但在科举制之下，又很难培养出这样的人才，通过“学而优则仕”的体制内渠道晋升国家与地方决策层的官员，往往在知识结构上具有重大缺陷，难以发挥出应有的决策影响力。这一人才危机在每个朝代的没落时期都表现得尤其显著。

第六，随着翰林院以及科举制度的建立，参政议政逐步成为少数高级知识分子的特权，而绝大多数知识分子缺乏这种渠道、机会与权利，久而久之，甚至连参政议政的动力、愿望和能力也被大大削弱。虽然也有有识之士倡导“家事、国事、天下事，事事关心”，但在“天下有道，庶人不议”的政治规则下，他们不得不成为“沉默的大多数”。

第七，从中国传统国家治理模式的转型与发展来看，学术与政治一直是密不可分的，尤其是在主流意识形态的形成、巩固与发展方面，二者相互依赖、相辅相成。但是，由于受到根深蒂固的封建专制主义思想影响，从封建社会中后期开始，封建统治者所依赖的治国理政思想逐步成为一种封闭的、保守的知识体系，与同一时期世界上其他一些民族、国家的先进思想，如现代民主、法治思想、科学精神的形成，形成了鲜明的对比，而这也正是造成近代中国陷入被动挨打境地、沦为半殖民地半封建社会的深层次原因。

第八，从中国古代知识分子群体或智库组织参政议政的一般路径来看，一般都是通过先占领学术思想的制高点，进而上升为官方主流的意识形态，然后才能真正产生决策影响力。但随着古代民主政治的发展，尤其是到了封建社会的中后期，学术思想的社会影响力在重大决策中的作用显著增强。社会影响力类似于一种调节变量，一种学术思想的社会影响力越大，社会认同度越高，被统治阶层接纳、产生决策影响力的可能性也越大。

第九，尽管在不同的历史时期所发挥的作用与功能不同，中国传统知识分子参政议政始终是国家治理智力支撑体系的重要组成部分。从决策科学的角度来看，这种参政议政权利可以分解为决策发起权、建议权、参与权、执行权、评价权五种权利形态。在政治民主、言路通畅的历史时期，知识分子群体基本上能够完整地拥有这五种权利，反之，则只拥有部分权利。尤其是从明朝中后期开始，随着封建集权制的进一步加强，非官员身份的知识分子群体基本上与后三种权利无缘，其决策发起权、建议权所产生的决策影响力也是微乎其微的。

第十，纵观中国几千年的封建社会历史，具有高超国家治理能力的高端知识分子与核心决策层直接对话，是最有效的决策咨询模式。历史上也曾多次出现学术大师、治理专家与英主贤君共治天下、政通人和、国家强盛的美好政治图景。但是，由于这种治理模式缺乏制度保障，它的产生和发展不仅经历了一个漫长的否定之否定过程，而且其理想状态的呈现往往在历史长河中昙花一现。

# 第二章

# 当前我国高校智库发展的现状、问题与趋向

1949 年中华人民共和国成立以来，我国对旧的高等教育体系进行了彻底改造，并借鉴当时的苏联模式逐步建立起了现代大学体系。其主要特点是按照计划经济的思维，配合国家工业建设的需要进行学科、专业调整。自 1949 年至 1961 年中共中央《教育部直属高等学校暂行工作条例(草案)》(又称《高校六十条》)出台，我国先后进行了多轮院系调整，初步构建起了以理工、师范学科为重点的社会主义高等教育体系。但是，这种全面移植苏联高等教育的经验与做法，过分强调工科院校而贬低综合院校自身价值，轻视文科人才培养，以及过分强调专业教育的指导思想与做法也给中国高等教育带来了很大的损失，这也成为 20 世纪 80 年代以来我国高等教育改革所要解决的问题。①

---

① 刘海峰、史静寰:《高等教育史》，高等教育出版社 2010 年版，第 195 页。

# 第一节 中华人民共和国成立以来我国高校智库发展的主要阶段

## 一、萌芽期

从中华人民共和国成立到改革开放的20多年间，是我国高等教育体系的初创期，也是高校智库发展的萌芽期。当时，由于百废待兴的社会主义事业急需人才，尤其是工业与教育领域内的人才，这一时期大学的主要功能是根据国家建设需要组织教育教学，更快、更好地培养各级各类人才，大学所应有的科研与社会服务功能尚未引起足够的重视。加之其间受到“左倾”路线以及“文化大革命”的冲击，大学的学科发展受到了严重的抑制，尤其是作为决策咨询重要支撑的人文社会科学，更是因其涉及意识形态的敏感性而受到打压，甚至停办和取消。如作为社会政策制定与评价重要理论工具的社会学，就曾一度被贴上“资产阶级学术”的标签，并在1953年院系调整中被取消，直到1979年才恢复，经历了近30年的学科发展断层。

在中华人民共和国成立之初，以毛泽东为核心的第一代领导集体曾经秉承了中国传统政治中统治阶层向知识分子“问政”的良好传统，吸纳了一大批杰出的知识分子，包括民主党派知识分子进入到各级政治协商组织中，有些还通过私人关系渠道直接向中央高层领导提出相关的政策建议。但随着后来政治形势的变化，高校开始停课“闹革命”，知识分子群体也成为接受贫下中农再教育的劳动与改造对象。

但是，即使在这一特殊的历史时期，也曾出现过高校智库的雏形和“火花”。如在20世纪60年代初期，由于当时中国周边国际环境日益恶化，中央政府为了加强国际问题研究，调整和优化外交政策，在全国设立了一批实体性的国别研究机构，其中在高校设立的国别研究机构占了很大一部分。如中国人民大学的苏联东欧研究所，北京大学的亚非研究所，吉林大学的日本研究所与朝鲜研究所，厦门大学的南洋研究所。① 这些研究机构按照中央的要求积极开展国别研究，并结合当时的世界政治经济形势提出我国调整与优化外交政策的具体建议，为中央决策提供了有力的智力支撑。在“文化大革命”时期，这些研究机构受到冲击，大部分被取消、停办。但也有一部分，尤其是布局在高校的国别研究机构，经过更名和调整，于1978年以后重新恢复。由于历史渊源、体制惯性等原因，这些存续下来的大学智库，也呈现出两种不同的发展态势。

第一种，研究机构的研究力量薄弱，与原有的决策部门不再具有紧密的协同关系，且并入学院后成为以研究生教学为主的院级科研机构，其所获取的学术资源、在学术界的影响力、对国家外交政策的决策咨询贡献都大为下降。如中国人民大学的苏联东欧研究所，当时是经中共中央国际问题研究小组和国务院外事办公室批准组建的，在1991年苏联解体后，更名为俄罗斯东欧中亚研究所，2000年作为教学科研实体并入中国人民大学的国际关系学院，主要承担世界经济和国际政治专业的研究生教学工作。北京大学亚非研究所也是如此，在吸纳整合了校内的南亚与东南亚研究力量后，于1999年并入北京大学国际关系学院。

第二种，研究机构的研究力量较雄厚，而且与相关的决策部门一直保持着良好的协作关系，有些还因为在某一国别研究领域具有一流的学术影响力，而被认定为教育部人文社会科学重点研究基地，成为国家制定相关外交政策的重要“智囊团”。如厦门大学南洋研究院前身为厦门大学南洋研究所，是1956年由当时的中国华侨事务委员会与厦门大学共同创办的，是中华人民共和国成立后最早设立的东南亚与华侨华人研究机构。自成立以来，它为党和国家外交战略和侨务政策提供了许多高质量的决策咨询服务。尽管其研究工作在“文化大革命”期间有所间断，但由于其在南洋研究领域的特殊重要地位，在1978年以后迅速恢复与发展起来，成为国内最具权威的南洋研究机构。2000年，依托南洋研究院成立的东南

① 张保生、朱盛文：《高校人文社科重点研究基地建设的基本经验》，载《重庆大学学报》(社会科学版)2008年第5期。

亚研究中心被认定为教育部人文社会科学重点研究基地。其后，厦门大学整合上述学术资源，成立了与南洋研究院融为一体的国际关系学院，在强化人才培养功能的同时，也为南洋研究所向新型智库的转型提供了学科与人才支撑。

吉林大学的国别研究与厦门大学又有所不同。自 1964 年成立日本研究所与朝鲜研究所后，吉林大学注重发挥地缘优势，加强了对东北亚地区俄罗斯、朝鲜、韩国、蒙古等国家的研究，并在整合学术资源的基础上于 1994 年成立了东北亚研究院（中心），1999 年顺利成为经国家教育部批准的首批十五家普通高等学校人文社会科学重点研究基地之一。由于决策咨询成果突出，为服务国家外交战略作出了卓越贡献，该基地在 2009 年被教育部评为优秀重点研究基地。为进一步提升国别研究的学术影响力、社会影响力与决策影响力，2012 年 12 月，吉林大学按照协同创新中心的组织模式，以东北亚研究院（中心）为主体，依托校内的经济学院、行政学院、法学院、文学院、外语学院、国际关系研究所、高等教育研究所等相关学院和研究机构，协同外交部、中联部等决策部门，成立了跨学部、跨学科、跨学院的日本研究所、朝鲜研究所、韩国研究所、俄罗斯研究所、蒙古研究所五个实体化的国别研究机构。五个专门的研究所成立以来，发挥多学科、校内外、国际化的协同研究优势，以服务国家战略重大需求为主攻方向，先后出版了《图们江地区跨国经济合作研究》《蒙古国经济发展与东北亚国际区域合作》《大国关系中的朝鲜半岛》等东北亚区域研究图书 20 余部，在振兴东北以及图们江地区开发、东北亚能源合作、朝鲜半岛局势等方面取得了一批重要的研究成果。《未来朝鲜半岛形势走向及我国应对方案》《建立中日韩自由贸易区与我国的对策研究》等研究得到外交部、海关总署等部门的高度重视和高度评价；《中国图们江区域合作开发规划纲要——以长吉图为开发开放先导区》已上升为国家战略，有效发挥了大学智库功能。①

① http://old.moe.gov.cn//publicfiles/business/htmlfiles/moe/s3165/201208/140706.html,2012-08-15。

## 二、孕育期

1978年至1999年是我国高校智库发展的孕育期。在前述萌芽阶段中，虽然在特殊的历史情形下诞生了少数承担国别研究的大学智库，但仅仅是个例或特例，不具有普适性。就高校智库建设的整体来说，仍然处于一个相对沉寂的时期。即使是在改革开放后的前十年中，由于国家高等教育发展的主要任务是恢复被“文革”破坏的制度体系、加强师资队伍建设，属于高校社会功能范畴的智库建设未能引起各高校的重视。但是，从20世纪80年代中后期开始，由于四个方面的原因，高校智库开始从整体上进入从无到有、由点及面的孕育期。

### （一）中国特色社会主义建设的理论难题急需人文社会科学的及时回应

十一届三中全会以后，我国的发展总路线由“以阶级斗争为纲”过渡到“以经济建设为中心”，并通过对“文革”惨痛教训的系统反思，开启了思想解放运动。这些都直接推动了中国社会向经济市场化、政治民主化的深刻转型。尤其是从20世纪90年代开始，既无先例可援、又因东欧剧变而受到质疑的中国特色社会主义建设急需在理论领域、意识形态建设等方面作出及时的回应，而高校作为人文社会科学研究的重镇，自然有责任、有义务与时俱进，通过加强智库建设来契合国家的理论需求。在这一问题上，继1986年设立国家自然科学基金以后，1991年设立了国家社会科学基金，1996年颁布的《国家哲学社会科学研究“九五”（1996—2000）规划要点》又明确提出，哲学社会科学要“以建设有中国特色社会主义的重大理论问题和实践问题为主攻方向，重点加强对‘九五’期间与21世纪初叶我国国民经济和社会发展中关系全局的重大问题的研究”，真正体现“为经济发展与社会全面进一步服务、为人民服务、为社会主义服务”的原则。

### （二）国家决策体制由“一元化”向“一元为主、多元参与”转型

随着改革开放的深入，各类法律法规、规章政策的制定与出台任务越来越繁重，国家与地方治理中对决策科学化、专业化、民主

化的程度也越来越高，仅仅依靠决策部门中的公职人员显然难以胜任。如在1986年，时任国务院副总理的万里就曾以《决策民主化与科学化是政治体制改革的一个重要课题》为题，发表于《人民日报》，而这也标志着我国决策体制改革的发端。在这一时代背景下，决策部门之外的各种智力资源逐步被纳入决策者的视野，并通过提供咨询服务越来越多地参与到决策体系中来。如人大、政协组织，各类行业协会、社会组织，而作为人文社会科学智力资源富集区的高校，更是被寄予厚望。

（三）官方智库的形成与发展为智库参政议政创造了良好的外部环境

在国家决策体制的转型过程中，一些最贴近决策中心的体制内研究机构获得了强劲的发展动力，逐步成长为具有官方背景的智库或“准智库”，开始在国家决策咨询体系中发挥重要作用。如1977年，中国科学院哲学社会科学学部从中国科学院独立出来，成立了中国社会科学院，在随后几年中，全国各省区的社会科学院也纷纷组建成立。为适应当时国家经济体制改革的需要，社会科学院一成立就设立了工业经济研究所、农村发展研究所、财贸经济研究所等一批问题导向的研究机构，深度参与经济体制改革进程。由于体制内人才流动和交叉任职方便，当时社会科学院很多研究机构的负责人同时兼任决策部门的行政职务，如工业经济研究所的第一任所长马洪同时担任国务院副秘书长，不仅为20世纪80年代一系列经济改革提供了决策咨询，直接影响了政策走向，而且培养了一批既懂实务又精通理论的经济研究人才，有的还成长为后来的国家领导人，如国务院总理朱镕基。

国务院各研究中心是官方智库的另一支重要力量。1980年7月，在著名经济学家薛暮桥的建议下，国务院先后成立了经济研究中心、价格研究中心、技术经济研究中心三个政策研究咨询机构，即今天的国务院发展研究中心的前身。而倡议者薛暮桥既是经济研究中心的负责人，同时又担任当时的国务院体制改革办公室顾问，研究成果的转化渠道非常顺畅。除此之外，各级人民代表大会、政治协商委员会中的专门委员会，中央与地方各级党委、政府设立的政策研究室，以及各级党校组织，也具有一定的“准智库”功能，结合各自的工作领域与职责向决策部门提供咨询建议。

（四）民间智库的兴起对高校智库产生了影响与激发效应

在体制内官方智库大发展的同时，一些著名学者牵头成立的民间智库也逐步兴起。如创立于1991年的中国（海南）改革发展研究院，创立于1992年的零点研究咨询集团，等等。① 与官方智库相比，民间智库不仅在经费、人才等资源获取上困难重重，而且严重缺乏向各级决策部门建言献策的渠道和机会。但即便如此，也有少数民间智库独辟蹊径，通过制度创新不断提升自身的决策影响力。如偏居海南省的中国（海南）改革发展研究院便是如此。其主要经验是充分发挥民间智库贴近社会、独立性强的优势，坚持走“小机构、大网络、国际化”的特色发展道路，生产出大量高水平的智库产品。

正是在上述多重因素的影响与带动下，具有智库功能的学术组织在高校逐步发展壮大起来。这一历史时期，全国各高校先后成立了500多个问题导向型的研究机构，有些还因其在某一领域的理论贡献，而成为教育部人文社会科学重点研究基地的前身。这些研究机构中比较著名的有北京大学的中国经济研究中心、清华大学的国情研究中心，等等。

## 三、建构期

1999—2013年是我国高校智库发展的建构期。从制度经济学的角度来看，孕育期内高校智库主要是在内外因推动下自发产生的，既缺少国家层面的顶层设计，也游离于高校人才培养的核心任务之外，具有自发性、分散化的特点，且过于学术化、理论化，决策影响力较低。鉴于这一情况，从1999年开始，以教育部开始启动人文社会科学重点研究基地建设计划为标志，国家开始加强了对高校智库的顶层设计，并通过以点带面的方式，逐步推动大学智库向建制化、特色化、问题导向化转型，主要体现在以下几个方面：

① 高青：《中外智库的起源及发展演进》，载《学习月刊》2015年第15期。

（一）教育部人文社会科学重点研究基地建设计划启动

1999年，为进一步提升哲学社会科学研究水平，为国家经济社会发展提供更有力的智力支撑，教育部按照“一流”和“唯一”的标准，先后在全国66所高校遴选设立了151所人文社会科学重点研究基地，投入专项基金进行重点建设、定期评估。从这些基地的结构来看，既有从事基础理论研究的，如北京大学、吉林大学的外国哲学研究所、哲学基础理论研究所；也有应用对策类研究的，如复旦大学的中国社会主义市场经济研究中心，北京师范大学的教师教育研究中心；还有理论与实践兼重的，如武汉大学的国际法研究所，南开大学的跨国公司研究中心。经过十几年的建设，这些具有标杆意义的研究基地，尤其是一些应用对策类与综合类的研究基地，在不同的领域产出了一大批一流的决策咨询成果，成为国家相关领域法律法规制定、政策制定、实施与评价的重要依托力量，有些基地已经初步具备了向现代新型智库转型的条件。

与此同时，从1999年开始，全国各省市按照教育部基地建设模式，遴选建设了400多家省级人文社会科学重点研究基地，有些基地的经费投入甚至超过了教育部人文社会科学重点研究基地。这些基地立足区域、辐射全国，为区域高等教育学科建设乃至经济与社会的协调发展作出了一定贡献。

相对于上一阶段的自发性、分散性，这一阶段事实上初步形成了以教育部基地为核心、省级基地为支撑、代表国家与地方哲学社会科学“高地”与“高峰”的学术组织体系。这些研究基地既是高校哲学社会科学一流学科、高端人才与优质资源的富集区，也是高校探索智库建设的试验区，在现代高校智库建设的学术组织形式、运行管理模式、人才队伍建设、绩效考核评价等方面已经做出了一些有益的探索。从这个角度来看，以此为基础，从整体上建构中国特色社会主义高校智库体系具备了更大的可能性与现实性。

（二）“思想库”的正式提出

2004年，中共中央《关于进一步繁荣发展哲学社会科学的意见》出台，要求哲学社会科学研究要“注意把优秀成果运用于党和政府的各项决策中，运用于解决改革发展稳定的突出问题中，建立党委、政府重大决策前专家论证制度，促进决策科学化、民主化，使哲学社会科学界成为党和政府工作的思想库和智囊团”。这是党的历史上第一次以中共中央文件的形式提出了“思想库”的概念，2009 年，时任国务院总理温家宝在国务院常务会议上，首次提出要加强“储备性政策”研究，进一步加强宏观调控的前瞻性和针对性。① 这些都表明，在我国决策体制向民主化与科学化转型的过程中，越来越需要一个以高水平智库组织为主体的、发达的思想市场。从根本上解决旧体制下决策咨询智力支撑体系弱化、储备性政策供给不足等深层次问题。使决策者在制定政策，尤其是高度关乎国计民生的重大决策时，能够倾听各方意见，探索多种可能性路径，经过反复权衡比较后做出最优选择。从这个角度来说，“思想库”的提出、思想市场的培育都充分表明，包括高校智库在内的智库建设已经逐步进入到国家战略的顶层设计方面。

（三）“2011 计划”的实施

“高等学校创新能力提升计划”也称“2011 计划”。2013 年，为有效整合资源、进一步提升高校创新能力，教育部按照“国家急需、世界一流”的标准，遴选了 14 个国家协同创新中心，分布在面向科学前沿、面向文化传承创新、面向行业产业、面向区域发展四大领域内。从国家对协同创新中心的功能定位来看，其主要战略意图是希望高校能够改变分散、封闭、低效的传统办学模式，真正依托注重学科与人才优势发挥好创新要素的聚合功能，形成“多元、融全、动态、持续”的协同创新模式与机制，在国家创新体系中发挥更大的作用。在国家层面的第一批协同创新认定后，全国各省区也纷纷跟进，遴选认定了一大批省级协同创新中心。

从协同创新中心培育、运行的实践经验来看，部分协同创新中心，尤其是面向区域发展、文化传承创新领域的协同创新中心，不仅在国家与地方创新体系中发挥了重要作用，而且发挥了重要的智库功能。如由南京大学牵头的中国南海研究协同创新中心，在国家

---

① 《国务院常务会议分析当前经济形势部署下阶段工作》，http://www.gov.cn/ldhd/2009-06/17/content_1342940.htm，2009-6-17。

外交部、海南省、国家海洋局的大力支持下，密切协同中国南海研究院、海军指挥学院等研究机构与高校，为国家南海战略决策提供了强有力的智力支撑；中国政法大学牵头的司法文明协同创新中心，密切协同武汉大学、吉林大学以及相关实务部门，为落实十八届四中全会精神，推动中国司法的文明化与中国司法文明的国际化作出了重要贡献。即使是一些面向科学前沿与行业产业的协同创新中心，在积极推动技术创新的同时，也逐步成为相关领域重要的科技智库，成为国家科技政策制定的重要依托。从全国各省区协同创新中心建设的基本情况来看，基本上也是按照国家级协同创新中心所划定的四个类别来遴选设立的，经过一个周期的建设，有些也取得了显著成效，协同创新中心所具有的智库功能正得到全社会的广泛认可。

## 四、勃兴期

2013 年开始，我国高校智库发展进入勃兴期。经过十几年的建构，我国初步形成了以“党政军智库、社科院智库、大学智库、民间智库”为主体的智库体系，在国家与地方决策咨询体系中发挥着越来越重要的作用。但是，由于起步较晚，加之体制机制障碍，我国的智库建设与发达国家相比仍显得十分滞后，远远不能适应新形势下完善决策咨询体制、提升国家治理能力的现代需要。鉴于此，2013 年 4 月，习近平总书记就智库建设问题作出了重要批示，明确指出智库是国家软实力的重要组成部分，各级各部门都要高度重视、积极探索中国特色新型智库的组织形式和管理方式等。以此为起点，包括高校智库在内的智库建设开始进入了勃兴期，在随后的两年中，中央层面基本完成了智库建设的顶层设计与战略布局，主要标志性事件有：

第一，2013 年 11 月，党的十八届三中全会公报中明确提出了“建设中国特色新型智库，建立健全决策咨询制度”的政治体制改革目标。相对于“思想库”的提法，“中国特色新型智库”战略与目标指向更加明确，尤其是与建立健全国家决策咨询制度紧密结合在一起，表明智库建设已经成为促进国家治理体系和治理能力现代化的组成部分。为贯彻这一精神，2014 年 2 月，教育部制定出台了《中国特色新型高校智库建设推进计划》。

第二，2014 年 10 月，中央全面深化改革领导小组第六次会议审议通过了《关于加强中国特色新型智库建设的意见》。强调要从“推动科学决策、民主决策，推进国家治理体系和治理能力现代化、增强国家软实力”的战略高度，把中国特色新型智库建设作为一项重大而紧迫的任务切实抓好，从而把新型智库建设纳入到全面深化改革工作体系之中，引起各方面的高度重视。

第三，2015 年 1 月，中共中央办公厅、国务院办公厅印发了《关于加强中国特色新型智库建设的意见》。从指导思想、发展目标、建设路径、管理体制、保障体系等多个方面对中国特色新型智库建设进行了系统的顶层设计，要求“发挥高校学科齐全、人才密集和对外交流广泛的优势，深入实施《中国特色新型高校智库建设推进计划》，推动高校智力服务能力整体提升”。同年 12 月，国家高端智库建设试点工作启动，在首批入选的 25 家国家高端智库中，大学智库有 6 家。2016 年，又遴选了 20 多家国家高端智库培育单位，其中也有多家高校智库入选，如武汉大学的中国边界与海洋研究院、南京大学的长江产业经济研究院，等等。

## 第二节　高校智库在中国特色新型智库体系中的现状与问题

在我国智库建设的进程中，尤其是“中国特色新型智库”的目标提出后，内生动力的加强使原来分散在各个部门、行业系统内的智力资源开始逐步整合起来，融入到国家与地方的决策咨询体系之中。如果按照部门或行业归属来划分，主要有“六路大军”，一是党政军智库，包括各级党委设立的党校、政策研究部门，各级政府设立的政策研究部门，军队设立的研究机构。二是社科院智库，包括作为政府直属事业单位的各级社科院。三是人大、政协智库，即设立在各级人大常委会、政协委员会组织中的智库，结合各自的职能就如何完善国家与地方治理建言献策，如成立于 2014 年的中国人民代表大会制度理论研究会。四是高校智库，即设立在高校的政策研究机构。五是企业智库，即一些大型企业结合行业企业特色、整合资源设立的面向行业的研究机构，如首批入选的国家高端智库中，就包括设立在中国石油集团的技术经济研究院。六是民间智库，即基本没有官方背景或企业依托，由知名学者或民间人士发起设立的智库，其典型代表是中国(海南)改革发展研究院。在首批国家高端智库中，中国国际经济交流中心和中国(深圳)综合开发研究院两家民间智库由于起步较早、规模较大、决策影响力较大也成功入选。

## 一、不同类型智库的优势与劣势

从上述六类智库的发展演变历程来看，每一类智库都有着自身鲜明的特色，各自的优势与劣势也很明显。从中国特色新型智库体系建设的宏观高度来看，这些智库之间具有很强的互补性，它们之间的竞争与合作也是促进中国思想市场充满活力、繁荣发展的重要前提。

### (一)党政军智库

党政军智库的最大优势是其体制内的特殊身份，距离权力中心与决策中心近，在经费获取、人才汇聚、信息资料，以及成果转化渠道、公共关系网络等方面，具有其他智库难以比拟的优势。如果从决策发起权、决策建议权、决策参与权、决策执行权、决策评价权这五种权利形态的角度来考察，党政军智库在决策参与权与执行权等方面的优势尤其突出。在决策参与权方面，作为各级党委、政府组织体系中的重要组成部分，在某些重大事项的决策过程中，党政军智库的负责人通常会以“领导小组成员”或“专门委员会委员”等组织形式，部分或全程参与。在某些情形下，甚至会通过上级领导交办的形式，直接负责一些重大决策事项的前期调研、方案起草等重要工作。在决策执行权方面，在各级党委、政府重大决策实施过程中，对于其中的部分决策事项，尤其是党政军智库参与度较高的，通常也会在后续的决策执行中发挥重要作用，如政策宣讲、部门协调、方案调整、制度优化，等等，以确保决策事项得到不折不扣的落实。从当前我国全面深化改革的管理体制来看，从中央到地方的领导小组办公室都设立在政策研究室，其重要职责之一就是检查、督促各项改革任务的执行与落实。

但是，党政军智库的劣势也很明显。从理论上讲，独立性是智库的三大基本特征之一，但身处体制内的党政军智库不可能做到独立。在大多数情形下，其与决策部门是一种上下级关系，这就造成了这类智库在决策咨询中存在以下三个方面的问题，一是以解释政策为主，即使是参与制定政策，通常也是贯彻执行领导的意图。有些党政军智库的主要功能甚至变成为领导起草工作报告、讲话稿。同时，这一类智库决策咨询功能运行得如何，很大程度上取决于主要领导者的个人偏好，以及对智库的重视程度。二是政策科学类人才缺乏，尤其是缺少具有全局视野、系统思维、前瞻意识的战略家。三是体制僵化、思维定式，在思想市场的竞争中，缺少国际视野、理论深度、创新精神，因此，对于经济社会发展中难题的破解对策与办法不多。从这个角度来看，在大多数情形下，党政军智库能够做到替领导谋划思考，但很难做到超越决策者自身的知识局限去寻求创新性、革命性的对策建议或解决方案。

（二）社科院智库

自 1977 年以来，社科院系统逐步形成了从中央到省，再到地市的三级组织网络。虽然其属于体制内的事业单位，但社科院距离权力中心、决策中心比党政军智库要远，相对边缘化，能够保持一定的独立性。相对于其他类型的智库来说，社科院在决策发起权、决策建议权、决策参与权方面具有显著优势。在决策发起权方面，社科院的专职研究人员数量较多，与党政军智库“领题研究”“命题作文”的方式不同，社科院的研究人员可以结合自身的研究专长、兴趣，以项目为纽带组成研究团队，结合国情、省情、市情主动开展研究，提出针对性建议。在决策建议权方面，体制内事业单位的优势使社科院的研究成果有着畅通的报送与转化渠道，同时，由于研究力量较强、资料与信息获取便利、体制内沟通与联系渠道畅通，社科院的研究成果通常会比其他类型的智库更“接地气”，因此得到领导关注，甚至直接转化为政策、制度的可能性也较大。在决策参与权方面，由于体制内的人才流动与资源整合便利，在一些重大决策上，国家与地方通常会采取党政军智库与社科院智库联合作战的方式参与进来。如在20世纪80年代的经济体制改革过程中，就采取了国务院发展研究中心与社科院工业经济研究所联合作战的方式，配合当时的国务院体制改革办公室，深度参与、推动，甚至引领了当时的工业经济改革。

比较而言，社科院智库存在两点劣势，一是发展不平衡。国家层面的社科院汇聚了社科界的学术精英，且距离最高决策层近，不仅研究力量雄厚、项目经费充裕，而且具有很高的学术影响力、社会影响力与决策影响力。在直辖市(省、区)层面，总体来说尚可，尤其是在北京、上海以及部分发达地区，地方财政对省级社科院的投入有较大增加，决策咨询功能有较大增强。但在地市层面，尤其是近几年新成立的一些市级社科院，人才、项目、经费普遍紧缺，职能弱化。二是学科门类不全，拔尖创新人才少。社科院虽然是财政全供的事业单位，但研究人员的薪酬水平一般，与公立高校相比更是有一定差距，因此对优秀学术人才的吸引力不强，除了中国社会科学院之外，其他省市社科院相关学术领域内的拔尖创新人才较少。同时，从各级社科院的学科分类来看，基本上以哲学、经济学、法学为主，学科整合与协同能力不强。

(三)人大、政协智库

人民代表大会是国家的最高权力机关，在全面推进依法治国进程中具有不可替代的作用；中国人民政治协商会议则是中国人民爱国统一战线的组织，对于吸纳社会各方意见、促进科学民主决策具有重要意义。相对于其他类型的智库来说，人大、政协智库在决策发起权、决策建议权、决策评价权方面具有难以替代的特殊优势。在决策发起权方面，人大本身就拥有立法权，能够根据人民代表的建议进行法律法规的创立、修改。在传统体制下，各级人大囿于立法能力的不足，部门立法的色彩很浓。但随着人大自身建设的加强，尤其是对智库建设的重视，逐步摆脱了部门立法的路径，掌握了主导地位，使立法这一重大决策行为更广泛地代表民意。在决策建议权方面，人大代表的建议与政协委员的提案会通过每年都要召开的“两会”(中华人民共和国全国人民代表大会、中国人民政治协商会议)直呈相关决策部门，有专门的工作人员负责答复办理，这较之一般智库的建言献策来说，肯定是更具约束力与影响力的。在决策评价权方面，作为最高权力机构，人大不仅具有决定权，而且对政府工作具有监督权。如在各级人民代表大会召开期间，人大代表 5 人以上联署，就能够向政府有关部门提出质询案；同时，民主监督也是各级政治协商委员会的三大职能之一，政协委员能够对决策部门的工作作出评价，并据此提出咨政建议。在传统体制下，人大、政协的参政议政功能主要是通过人大代表、政协委员来实现的，而由于人大代表、政协委员参政议政能力、政治参与意愿等多方面的问题，在很大程度上影响了建议与议案的质量，这也是前些年各地“两会”中“雷人”建议与“荒唐提案”屡出的深层次原因。近几年来，各级人大、政协都注重吸纳各方智力资源，全面加强新型智库建设，尤其是注重发挥各专门委员会在广泛联系社会各界、吸纳众智方面的特殊作用，使参政议政质量有了显著的提高。如 2014 年年底，山西省人大常委会首次聘任 41 名法律专家，组建了省人大常委会立法咨询专家库，为提升该省人大常委会立法质量和水平，发挥了不可替代的重要作用。①

人大、政协智库的劣势主要有两点，一是人大代表、政协委员来自社会各界，具有很大的流动性，很难以人大代表、政协委员为主体形成相对稳定的智库组织。同时，人大代表、政协委员们都是按照一定比例从各个行业产生的，他们在提出建议和议案时关注的重点通常也是本行业领域内的问题。而对于那些涉及全局性、战略性的问题，则较少提及。二是人大、政协智库建设起步较晚，在专业化、实体化、影响力等各个方面都比较滞后，对优秀咨政人才的吸引力、凝聚力也不足。

---

① 姜伟：《加强地方人大常委会智库建设的实践与思考》，载《人大研究》2018 年第 1 期。

（四）高校智库

高校智库是依托大学优势学科而设置的、问题导向的政策研究机构。相对于其他类型的智库来说，高校智库主要有以下五点优势，一是学科门类齐全，协同攻关能力强，在整合学术资源、组建跨学科研究团队、破解发展难题方面，具有其他类型的智库难以比拟的优势。二是学术人才汇聚，拥有"长江学者""千人计划""万人计划"等各类称号的一流学术人才绝大部分在高校，同时，各级党委政府从高校聘请的决策咨询委员、经济发展与法治建设专家顾问在数量上也呈逐步上升趋势。除此之外，高校还具有人才培养支撑社会服务的特殊优势，优秀的本科生、研究生能够作为重要的研究辅助力量，在开展大规模、较深入的社会调查方面，具有显著的优势。三是图书情报、电子信息资料齐全，国际交流渠道广，与决策部门联系较紧密，尤其是一些行业特色类高校，与原行业主管部门十分紧密，在开展相关行业产业政策研究上，具有得天独厚的优势。四是项目优势，目前，高校是各类国家基金、地方基金重点资助的对象，包括一些国际合作项目的主要承担主体，除少量基础理论研究之外，其他应用类研究成果通常都会作为相关决策部门科学决策的重要依据。五是高校虽然也属于体制内的事业单位，但《中华人民共和国高等教育法》明确规定了高校拥有较大的办学自主权，且高校在管理体制上分别隶属中央、地方、相关部委等，与相关决策部门的利益关联较弱，能够保持较高的独立性。更为重要的是，经过几十年的高等教育改革，学术自治、学术自由、"学术研究无禁区"的价值观已经深入人心，并逐步体现到相关制度层面，为高校研究人员放手从事政策研究工作、为决策部门提供真知灼见奠定了坚实的基础。

（五）企业智库

企业智库是指一些大型企业自主设立，面向行业产业的决策咨询组织，即主要功能并非就企业本身的经营发展决策提供智力支持，而是结合相关行业产业发展实际，尤其是相关决策在企业落地实施的实际效果，就如何完善宏观调控、优化产业政策，向决策部门提出针对性、操作性较强的意见与建议。如 2016 年 5 月，国务院国资委下辖的23家中央企业成立了央企智库联盟，其主要目标就是“集聚一流人才，加强能力建设，建成在国企改革发展重大决策中发挥重大作用，在国内外具有较高知名度，对国家经济社会和企业发展具有广泛影响力的一流智库，为中央企业做强做优做大、培育具有国际竞争力的世界一流企业提供智力支撑”①。比较而言，企业智库在决策建议权方面具有显著优势。这是因为企业处在经济建设的第一线、相关经济政策传感器的末端，对政策实施效果掌握得最充分，提出的改进建议也最具有说服力和含金量。

企业智库的劣势有两点，一是咨政建言的公益性与功利性冲突问题。咨政建言是以公众利益最大化为目标的，具有公益性的属性。但企业智库的咨政建言目标很难与企业利益最大化的目标厘清关系，因而会受到公众的质疑。如在西方发达国家，就有很多大企业资助的智库成为代表企业利益的“游说集团”，试图引导决策部门制定对本企业发展更有力的经济政策。二是在现有的企业智库中，绝大部分是从企业的战略规划部门转化而来，经营管理与科技类人才较多，政策科学类人才缺乏，同时，在研究视野上很多仍是以本企业、本行业为重点。

（六）民间智库

在中国特色新型智库体系中，民间智库是距离权力中心与决策中心最远的，其决策影响力也是最弱的。但是，它在决策参与权与决策评价权方面也有着自身的特殊优势。在决策参与权方面，促进公众参与是现代民主政治建设的重要前提。这一点在我国近年来的重大决策中体现得十分明显。如许多重大的立法，包括行政法规的出台，都会充分吸纳社会公众的意见。从这个角度来说，作为六大类型中距离公众最近的智库组织，民间智库在深度参与重大决策方面大有可为。在决策评价权方面，对重大决策进行第三方评价是当前推进决策科学化、民主化的重要措施。当某些重大决策事项出

① 华晔迪、李滨彬：《中央企业智库联盟成立》，《人民日报（海外版）》2016年5月30日。

台、实施一段时间后，通常会面临来自社会各方面的评价，尤其是那些关系国计民生或民众切身利益的重大决策。而其他五种类型的智库，包括企业智库，都或多或少地与体制内有着利益联系，很难对实施效果做出客观公正的评价，只有民间智库是最超脱、最能代表公众利益的，是对重大决策行为实施第三方评价最合适的主体之一。

民间智库的最大劣势在于三点：一是远离权力中心，既缺少与决策部门联系与沟通的渠道，也很难获取政策研究所必需的信息资料，因此研究成果的决策影响力较弱；二是缺乏稳定的研究经费支持，有时甚至连体制内各种竞争性科研项目的竞标资格都没有，人员流动性大，薪酬水平不高，对优秀人才的吸引力低；三是同样也面临公益性与功利性的矛盾冲突问题。民间智库为了生存，通常会通过开展企业咨询业务、接受外部捐助来获得经费，而这必然会使得其咨政决策立场的中立性、公正性受到一定影响。

## 二、当前高校智库建设的现状与问题

由于具备前述五点优势，在中国特色新型智库体系的“六路大军”中，高校智库的比较优势是最突出的，基本上能够完整地拥有决策发起权、决策建议权、决策参与权、决策执行权与决策评价权，应当能够发挥“主力军”“引领者”“核心智囊团”的作用。但由于长期以来形成的体制机制障碍，这种优势和潜力并没有得到充分的发挥。以下，从五个方面对高校智库建设的现状、问题与原因进行详细分析。

第一，由于自上而下的推动，高校智库近几年来快速扩张，在哲学社会科学领域对国家与地方经济社会发展的贡献度有所增强。但是，高校智库顶层设计不完善，制度创新不足，导致这种表面繁荣下的实质是外延式发展。

自 2013 年高校智库建设进入勃兴期以来，各地各高校对智库建设的重视程度、资源投入、人才流向均显著加大，从整体上带动了高校社会服务能力，尤其是哲学社会科学的咨政服务能力的提升。在重视程度方面，近几年来，很多地方政府和知名大学都出台了专门的高校智库建设计划。例如，上海市教育委员会 2013 年出台了《上海高校智库建设实施方案》，明确提出要“依托上海高校学科和人才优势，组建专业团队，建设专题数据库，围绕国家和上海经济社会发展中有限领域的重大问题进行长期跟踪研究，建设一批国内一流、国际有影响力的专业型智库，为政府决策及时提出相关对策建议”。安徽省也于 2015 年出台了《安徽高校智库建设计划》，提出要从“构建智库平台、凝练主攻方向、打造研究队伍、提升学科水平、搭建成果平台、加强共建共享”六个方面着手，进一步加强高校智库建设。在资源投入方面，上海、江苏等地均设立了专项资金支持高校智库建设，江苏首批遴选了九家省级高端智库，上海除了对遴选出来的 22 家高校智库给予稳定的经费支持外，还通过“上海高校智库内涵建设计划”资助支持战略研究项目 86 项、核心数据库项目 10 项、系列品牌产品项目 52 项。① 在人才流向方面，部分高校开始通过实施“旋转门”制度，着力培养和引进政策科学高端人才，并通过加强教师队伍的分类管理，积极加强智库的研究队伍建设。如 2012 年，上海财经大学就聘请了原国家卫生部部长、全国人大预算工作委员会主任高强担任中国公共财政研究院院长；2014 年，中国人民大学成立了公共外交研究院，名誉院长和院长分别为原国务委员戴秉国与原全国政协外事委员会主任赵启正。

尽管高校智库建设得到了前所未有的重视，但透过这股“智库热”的表象，这一时期高校智库的发展总体来说是无序的、虚化的。所谓“无序”，是指由于缺乏科学规范的顶层设计，新型智库在传统高校的教学科研组织体系中，到底属于何种性质，功能定位是什么，与原有的各级科研机构、人文社会科学重点研究基地、行业共建基地、协同创新组织的关系是什么，如何进行学术资源配置，如何进行考核评价，等等，对于这些问题都缺乏一个权威的、认同度高的标准。国家层面虽然出台了指导性意见，但仅仅是从宏观和战略层面提出的一些举措，具体在每一个高校如何落地，并未

① http://www.moe.gov.cn/jyb_xwfb/xw_zt/moe_357/jyzt_2017nztzl/2017_zt03/2017_zt03_shh/17zt03_yw/201707/t20170711_309103.html,2019-04-11。

给予明确的意见。所谓“虚化”，是指缺乏制度化支撑，很多高校设立的智库成为“应景之作”，挂个牌子、发个新闻就再无下文，成为“三无”研究机构，即“无工作场地、无专门人员、无研究成果”。

第二，我国高校的学术管理体制在很大程度上借鉴了苏联模式，学科划分过窄过细，造成不同学科、学院之间划界而治、不相往来。与之相适应，高校的学术评价体系也遵循了“学术本位”“学科导向”原则，“不发表就出局”成为高校教师从事科研工作的硬约束。在这一传统体制之下，需要开展跨学科研究、坚持问题导向的智库研究困难重重、举步维艰。

事实上，为改变这一固化僵化的学术管理体制，近年来，国家采取了一系列措施试图打破“坚冰”。如教育部人文社会科学基地跨学科、开放式的制度设计就与传统学院具有本质区别，“2011 计划”进一步将开放协同的视野由校内转向校外，而由国家外国专家局与教育部联合推行的“高等学校学科创新引智计划”(简称“111 计划”)更是将学术资源整合、学术交流合作扩大到国际范围内，包括近几年各地各高校设立的一些新型智库组织也基本采取了跨学科、开放式的新体制运作。但是，由于根深蒂固的旧体制影响，这种宏观层面、试点性质的改革并未从整体上扭转当前严重影响高校智库建设与发展的学术管理体制。具体来说，主要有以下几点，一是学术评价体系滞后，高校科研工作者从事决策咨询研究的内生动力不足。现有的学术评价体系，包括学科评估的指标体系，都仍然是以期刊、项目与论文为核心的，“智库”建设虽然在第四轮学科评估中有所体现，但权重不够，且缺乏可操作性。虽然少数高校开始尝试从评价体系上肯定高质量决策咨询成果的学术价值，但在绝大部分高校，决策咨询成果仍未纳入到主流的学术评价体系。二是学科壁垒森严，在传统学科划界而治的体制之下，不仅造成了学科之间的壁垒森严，而且形成了相对固化的利益格局，学术界的“圈子文化”“山头主义”也在深刻影响着每一位科研工作者的思想和行为。

第三，高校智库通常都是依托本校的优势学科搭建起来的，其中的一些还是依托原来的国家级、省部级重点学科（基地）而构建的，其学术影响力要显著高于其他类型的智库。但由于深层次的体制机制障碍，高校智库的社会影响力与决策影响力均不高，与其全国哲学社会科学资源“富矿区”的地位极不相称。

在社会影响力方面，由于以核心期刊为中心的评价体系根深蒂固，忽视对智库成果的社会宣传、推广与普及，长期满足于在一个相对狭小的学术圈子内“自娱自乐”“自说自话”，片面追求“影响因子”“他引率”。例如，即使在互联网高度发达、中国有着8亿多（据《中国互联网络发展统计报告》2018年统计数据）网民的今天，学术文章的点击率、转发率、公众评价仍未被纳入到高校的主流学术评价体系。2017年，吉林大学、浙江大学等高校率先破冰，规定凡是在校师生在网络等新媒体发表的原创作品，根据其效果和影响力，可以认定为优秀网络文化成果，并等同于相应级别的学术期刊论文，纳入到职称评聘及评奖评优标准之中。但这一做法在高校内部的争议很大，有相当一部分学者认为这一做法模糊了学术研究与媒体传播的界限，不利于高校的学术发展。

在决策影响力方面，高校聚集了全国80%以上的社科力量、近半数的“两院”院士、60%的“千人计划”入选者，以及规模庞大的研究生、本科生队伍。但这种得天独厚的资源优势并没有转化为智库建设上的优势，高校智库对国家与地方重大决策的贡献度并不高，具有较高显示度与影响力的标志性智库成果仍较少。如果从投入产出的角度分析，高校智库的投入产出比是低效的，如果考虑到近几年来各地各高校对智库的经费投入显著加大这一外部因素，这一效率值可能更低。例如，以国家社会科学基金《成果要报》和教育部社科司主办的《大学智库专刊》为例，这些刊物代表着智库研究的最高水平，相关成果直接呈送党和国家重要部门，是为中央领导提供决策参考的重要依据。但从近几年的情况来看，通过高校智库报送的优秀稿件不仅数量较少，而且精品力作不多。

第四，从近几年高校“智库热”产生的深层次原因来看，主要是时代发展对高校进一步提升社会服务能力、在国家与地方决策咨询体系中发挥更大作用提出了更新、更高的要求。对此，除了国家层面推行的一些探索式、试点式的改革外，各地各高校也都积极回应这种时代要求。但是，建立健全中国特色新型高校智库体系是一项“牵一发而动全身”的综合改革，涉及高校人才培养、学术评价、学科建设、科研管理、师资队伍建设、国际学术交流与合作等诸多领域，只有通过全面深化改革、综合施策、制度联动，才有可能取得理想的改革效果。反之，如果仅仅采取自上而下、单一的改革，其效果肯定不佳。

例如，自中央与教育部有关新型智库建设的相关文件下发以来，江苏、浙江、福建、安徽、湖南等很多省区都制定了配套文件、启动了高校智库建设计划。从这些地方通行的做法来看，其建设路径可以概括为“明确标准、申报认定、独立运行、滚动考核、优胜劣汰”，即首先通过理性的设计，明确新型高校智库的建设标准，然后组织各个高校按照此标准进行申报。申报成功后，在高校内部相对独立地运营，一轮建设周期期满后，由教育行政主管部门或委托第三方进行考核，考核通过的继续予以资助。

这一改革模式虽然操作性较强，但其本质是一种自上而下的、带有局部性甚至运动式的强制性制度变迁，不仅未能充分考虑高校自身在智库建设方面的实际特点、内在需求，而且未涉及学术评价等其他领域的改革，其改革效果自然一般。正因为如此，尽管政府出台了红头文件、认定了一批高校智库，但对大部分高校来说，却是“雷声大、雨点小”，主要表现在两个方面：一是大部分高校仍未将智库建设纳入到本校人才培养、“双一流”建设的大局中进行统筹规划；二是已经设立的智库与高校传统体制下的学科融合度不高，相关的配套制度未跟上，体制机制运行不畅。

在这一问题上，上海市所采取的自上而下与自下而上相结合、局部改革与综合施策相结合的做法十分值得借鉴。在具体措施上，上海市教育委员会2013年先后出台了10个文件来推动高校智库建设，除了启动高校智库建设计划的主文件外，其他文件涵盖了与智库建设高度相关的多个领域，如建立健全智库人才培养的“旋转门”制度，促进学科布局与智库建设的同步协调发展，高校智库与其他智库的战略协同，等等。同时，在具体建设路径上，充分考虑了各个高校智库建设的现状，先由各个高校通过内部学术资源整合，遴选出具有自身特色与优势的研究机构或团队，然后根据上海经济与社会中长期发展战略的实际需求来进行遴选，在遴选过程中，重点对相关学术组织的研究基础、学术队伍、发展潜力、与区域发展智力需求的匹配度等方面进行考察。同时，为形成开放竞争的智库发展格局，在遴选资助首批 22 家高校智库后，上海还逐步搭建起由“内环—中环—外环”构成的上海高校智库网络。其中，内环是指首批入选的22 家高校智库；中环是指“上海高校智库内涵建设计划”入选机构(培育型智库)；外环指其他活跃智库机构，这三环共同构成了上海高校智库网络。同时，为了有效管理高校智库，上海还探索建立了高校智库运行管理的五大工作体系，包括产品渠道体系、培训体系、交流体系、推介体系、评价体系等。上海这种以“发掘潜力、整合资源、培育团队、综合改革、内外协同、开放竞争”为主要特点的高校智库建设模式，取得了显著的建设效果，大大提升了上海高校在区域决策咨询体系中的地位，并因此得到了教育部的肯定。

第五，高校虽然智力资源丰富，但由于条块分割的人才培养模式、学术导向的评价体系并未从根本上得到改变，政策科学领域所急需的复合型、实务型人才缺乏，高校社科工作者的参政议政能力仍有待提高。具体来说，主要体现在以下几个方面：

①专门从事决策咨询研究的科研人员数量较少，且在高校教师队伍中的角色与身份定位不够清晰，内生动力不足，激励与约束机制弱化。目前，很多高校从事决策咨询研究的科研人员是以学院(系)教师兼职为主，且智库研究项目在高校通常会作为横向科研项目来管理，这就决定了教师不可能把主要精力放在决策咨询研究上。尽管也有些高校建立了从事决策咨询研究的专职科研岗位，但其职务职称晋升渠道较之其他在学院(系)的专职教师要窄。尽管很多高校智库都聘请了一些校外的实务专家担任兼职研究员，但由于激励约束机制不完善，这些兼职人员通常都是挂名的，很少有真正实质性、深度参与智库研究工作的。

②受教育工作经历的影响，高校社科工作者中严重缺少既具有

实务工作经验又具有厚重理论基础的政策科学人才。有相当一部分教师，包括从事实务性很强的学科专业的教师是直接从家门到校门，缺少行业经历与社会阅历。虽然近年来各地也采取了一些措施推动高校教师赴相关政府部门、企事业单位挂职交流，但这种交流的覆盖面仍然很低。很多高校仍把此项工作视为干部挂职交流，而非教师实务能力提升的重要渠道。

③高校智库缺少作为战略专家的“旗手”型人物，智库负责人既要有丰富的理论与实务工作经验，也要具备一定的学术影响力、社会影响力与决策影响力，最好是与相关决策部门有着长期良好的沟通与合作关系，其领导智库的研究成果既能够契合决策部门的实际需求，又可以畅通无阻地呈送相关领导。从目前高校智库负责人的实际情况来看，相当一部分人的学术影响力强，而社会影响力、决策影响力弱。同时，智库负责人往往肩负着高校内部人才培养、教学科研等任务，很难把主要精力和时间投入到智库研究中去。

④高校社科工作者在研究方法、研究视野、研究立场，乃至策论的写作与表达方面，以及与决策部门沟通联系的技巧方面，都存在诸多与开展决策咨询研究不相适应之处。如在研究方法上，高校社科工作者在从事决策咨询研究时通常是以定性研究为主，定量分析为辅，而决策部门则更加重视掌握辅助决策所必需的数据、信息。在研究视野上，高校社科工作者通常是从某一学科视角出发，就事论事，重点关注问题本身。而决策部门则要求从多学科视角出发，站在全局与战略高度去研究、分析问题，而不仅仅关注问题本身。在研究立场上，独立性是高校社科工作者从事决策咨询研究的优势，但是这种独立不是完全置身事外地对某一问题进行分析、评价和建议，而是要增强情境意识和问题意识，通过“身在兵位、心为帅谋”的方式，既客观中立地分析问题，又能够提出针对性与操作性较强的建设性意见。在实践中，高校社科工作者很难准确把握独立性与建设性之间的关系，从而导致咨政报告要么叙事宏大、内容空洞，要么不切实际、难以落地。在策论的写作与表述方面，高校社科工作者擅长运用学术语言，但对策论所运用的话语体系、逻辑架构不熟悉，不善于用简洁的语言解释复杂的经济社会现象，导

致所撰写的咨政报告缺乏可读性。

⑤在高校现有的人才培养体系中，并没有高度专业化的政策科学高端人才培养制度设计，与政策科学相关的高端人才主要分布在公共管理学科领域，包括行政管理、公共管理，等等，而这些人才培养的方案设计与真正高端的政策科学人才仍有相当大的差距。因为，决策咨询研究要求高校社科工作者不仅要具备一定的政治学、法学、经济学、社会学、统计学知识，而且要十分熟悉相关领域的体制、政策。从这个角度来看，依靠现有的高校人才培养体系，很难培养出真正的政策科学家、智库专家，只能培养学有所长的行政管理专业人才。

## 第三节 当前我国高校智库改革发展的新趋向

经过前四个阶段的发展，当前我国高校智库建设正在一个前所未有的勃兴期。尽管仍存在诸多的问题与缺陷，但作为一种制度创新，中国特色新型智库体系在经历了一段时期的探索后，逐步由试错期、试点期过渡到调整期与优化期。总体来说，其改革发展路径呈现出四个方面的新趋向：

### 一、由内部资源整合向注重协同创新转型

智库是政治民主发展到一定阶段而产生的组织形态，对于高校来说，这一特殊的学术组织形态是对传统学科划界而治的学术组织形态的一种超越和挑战。在我国高校智库发展的前三个阶段中，其改革重点就是如何打破按照学科、学院边界建立起来的研究机构，真正建立跨学科、跨学院的新型智库。从第四个阶段开始，改革的重点开始转向高校智库如何更好地回应时代与社会的需求，走出象牙塔，实现理论与实践、供给与需求、高校与社会的高度融合与互动。

#### (一)内部学术资源整合的探索与创新

在高校智库发展的初期，智库或者具有智库功能的学术组织通常都是以学科为导向而设立的，一般都会依托某一学科、院系，在

研究力量上也只能依靠本学科、院系的教师，有些甚至仅仅是个别教师单打独斗，不但很难有效整合全校的学术资源，而且越来越难以适应需要多学科协同智库研究的需要。在这一情形下，各地各高校都在探索新的学术组织形式，以更好适应新形势下智库研究的需要。具体来说，主要有以下几种类型的智库组织：

1. 从改革动因上看：可以划分为外发促内生型与内生自主型

所谓外发促内生型智库组织，是指相关部门出于决策咨询的需要，要求或指定一些在某研究领域具有较强实力的高校，整合学术资源，组建专业智库，提供决策咨询。如 20 世纪 60 年代在中国人民大学、吉林大学等高校设立的国别研究机构就属于这种类型。又如，成立于 2011 年的中山大学珠三角改革发展研究院，就是广东省政府为贯彻落实《珠三角规划纲要》而要求中山大学成立的智库机构，主要负责与规划纲要实施相关的顶层设计、理论研究、效果评价等工作。这些高校智库在外力的强力推动下，往往能够打破旧体制的束缚，通过行政力量把学校内部的学术资源整合起来，并按照迥异于院系的新体制运行。所谓内生自主型智库组织，是指高校基于对自身某一学科领域实力、潜力的认知，在敏锐把握国家与地方经济社会发展中理论需求的前提下，自发组建的、以问题为导向的研究机构。如清华大学的政治学、公共管理学学科实力雄厚，且拥有以胡鞍钢教授为代表的一大批长期关注和研究中国国情的专家。为更好地利用这些资源，促进学校人才培养质量与社会服务能力的提升，清华大学于 2000 年成立了国情研究院，经过十几年的建设与发展，其已经成功跻身国家高端智库行列。从制度经济学的角度来看，这种内生自主型的智库源于诱致性制度变迁，它的设立具有扎实的学科基础，而且是具有共同学术兴趣、研究方向的知识共同体，往往能够打破学科、学院界限，形成相对稳定、良性运行的学术组织。

2. 从管理体制上看：可以划分为相对独立型与依托院系型

所谓相对独立型智库组织，是指设立与学院平行的跨学科研究机构，并设置专门的科研岗位，专职从事决策咨询研究，人员、经费、管理、考核均相对独立。还有些高校的做法是成立专门的研究院，由校领导担任院长，并将所有的智库类或具有智库功能的学术组织统一归口到研究院管理。如武汉大学成立的社会科学研究院就是这种模式。这种模式有利于超越传统的学科、学院界限来整合学术资源，但也缺乏来自所依托学科、学院全方位、直接的支撑。所谓依托院系型智库组织，是指研究机构主要依托学校内部的某一学科或学院，在管理体制与组织形式上也是与学院一体化的。但它并不是传统意义上由院系直接领导和管理科研机构，而是与学院融为一体的校级、省级甚至国家级科研机构，与学科、学院是“你中有我、我中有你”的互融与互动关系。这种模式通常适用于那些依托学科较少的高校智库，能够最大限度地调动与整合某一学科、学院的学术资源。如清华大学的国情研究院就属于此种类型，其主要依托该校的公共管理学院。

3. 从组织功能上看：可以划分为主动融入型与被动反映型

所谓主动融入型智库组织，是指高校智库能够敏锐把握国家与地方经济社会发展中的迫切需求，主动、超前地开展研究工作，为相关部门决策提供前瞻性、战略性的对策建议。如中国人民大学的重阳金融研究院就是如此，近几年来，该智库充分发挥智库外交功能，在推进国家“一带一路”战略方面作出了卓越贡献。所谓被动反映型智库组织，是指高校智库很少主动关注、及时跟进国家与地方经济社会发展中的热点难点问题，一般是通过决策部门委托课题的“命题作文”形式来开展研究工作。智库研究人员一般是根据自身的学科专业、研究兴趣来选题研究。从现状来看，在我国目前的高校智库群体中，被动反映型智库组织占大多数。在这一类型之下，由于内生动力、理论准备、团队组建都存在一定的问题，其研究质量往往难以得到保障。

(二) 内部整合与外部协同并重的探索与创新

在传统体制下，高校智库与决策部门、相关行业的企事业单位之间通常是一种相对松散的合作关系，双方都缺乏激励约束机制。这使得高校智库在从事决策咨询研究时往往存在信息不对称、供需不对接、理论与实践脱节等现象。为改变这一现状，近年来，各地各高校都在积极探索建立开放协同的智库机构，具体来说，主要有以下几种类型：

1. 高校与行业共建的专业化智库

即高校智库与相关行业领域内企事业单位合作共建的智库，双方在某一行业领域具有共同的研究兴趣，高校智库在这一领域具有雄厚的学科支撑、研究队伍、成果转化渠道，而企业则拥有第一手的资料、信息以及行业专家。双方既能够互补互动，又能够通过合作研究形成“接地气”的高质量决策咨询成果。例如，2015 年，清华大学与世界五百强企业沃尔沃集团合作共建了行业智库——“绿色经济与可持续发展研究中心”。对于沃尔沃集团来说，其在这一研究领域有着长期的实践探索，并愿意将积累的经验与数据与高校智库分享，积极探索促进行业可持续发展的解决方案；而对于清华大学来说，这一领域的研究分散在校内的多个学院、科研院所，也需要通过校企共建研究机构的方式，整合校内的跨学科学术资源。通过双方共同努力，既为企业、行业发展提供专业咨询，也为国家产业政策的制定与调整提供决策咨询。国内高校中类似上述校企共建的行业智库还有很多，如 2016 年，浙江大学管理学院与国内领先互联网金融服务提供商——铜板街集团合作共建了大数据研究基地，致力于推动和加速我国大数据与互联网金融行业的规范化、智能化；2016 年，南京大学与百度公司共建“双创大数据研究平台”，双方共同开展就业领域内的大数据采集、分析和研发工作，进行创新创业理论和应用研究，定期向相关决策部门报送智库分析报告，为国家与地方创业就业政策的制定提供决策咨询。

2. 高校与决策部门共建的专业化智库

由于在人才培养、决策支持等诸多领域有着共同的合作愿望，近十几年来，我国各地各高校自主开展的政校合作、校地合作一直比较密切，有些地方政府甚至设有专门的“校地合作办公室”。从双方合作的特点来看，前期比较务虚，且高校研究人员通常是以咨询委员、参事、顾问等个人身份参与决策咨询，研究力量分散，合作关系松散，决策影响力较低。从 2013 年开始，双方的合作逐步转向以新型智库建设为重点，高校智库开始以组织的身份参与到决策咨询体系中，有些起步较早、改革力度较大的高校智库还按照

“实体化、专业化”的运作模式，产生了较大的决策影响力。如武汉大学早在2007年就成立了质量发展战略研究院，长期致力于“中国制造”质量的国际化比较、现状分析、对策研究，并于2009年与国家质检总局签署了共建“质量发展战略研究院”的战略合作协议，是国内“985”高校中首个独立建制的、跨学科、教学科研一体化的新型智库。

3. 高校、政府、企事业单位三方共建的协同创新组织

2012年，为解决长期以来存在的教育、科技与经济社会发展结合不紧，以及科研资源配置分散、封闭、低效等问题，进一步提升高校在国家创新体系中的作用，我国启动了“高等学校创新能力提升计划”，简称“2011计划”，该计划要求项目牵头高校广泛吸纳科研院所、行业企业、地方政府以及国际创新力量等，形成多元、开放、动态的组织运行模式，首次从国家战略层面引导高校把内部学术资源整合与外部创新资源协同结合起来，形成发展合力，提升创新能力。在国家层面的“2011计划”启动实施后，从2013年开始，全国各省区也积极跟进，启动实施了地方版的“2011计划”。在上述国家级、省级协同创新中心中，有相当一部分是具有新型智库功能的学术组织，尤其是面向文化传承与行业产业领域的协创中心。如中国政法大学的“司法文明协同创新中心”，其建设目标就是打造“司法文明与法治中国建设”的核心智库。成立运行几年来，该中心已经产出了一系列标志性的智库成果，如“年度中国司法文明指数”“证据科学与司法文明”等重大项目，为我国新时期的司法文明建设提供了重要的智力支撑。

从上述分析可以看出，在内外部因素的共同作用下，高校智库正逐步由传统的封闭垄断形态向开放竞争形态转型，与决策部门、行业企业、其他研究机构的融合度、协同度显著提升。而这一趋势也导致了高校内部的智库或具有智库功能学术组织角色与功能的分化，凡是那些能够顺应这一趋势的智库，往往会因为从外部获取了更多的给养而茁壮成长，加快向新型智库转型。反之，则会因为滞后与时代的发展而逐步功能弱化、名存实亡。

## 二、由目标单一向目标多元转型

在“中国特色新型智库”这一概念正式提出之前，学术组织的参政议政职能一直被界定在提升高校社会服务功能的范畴与领域内，在以人才培养为中心的大学中处于从属地位。而随着新型智库建设上升为国家战略，如何发挥高校自身优势，建设中国特色的新型高校智库日益成为各地各高校面临的重大课题。

由于理论准备不足，自2013年以来，在各个高校争建智库的热潮中，绝大部分是属于问题导向型、应用型的，目标比较单一。随着教育部相关推进计划的出台，以及各高校智库建设实践的深入，理论界与实务界对高校智库的特殊角色与功能定位有了更深刻的认识。一个基本共识是，高校智库虽然也应当同其他类型的智库一样，以决策咨询为核心，但高校的特殊性决定了其角色与功能定位应当是“一核多元”的，即以决策咨询为核心目标，同时注重人才培养、学科建设、舆论传播、公共外交等多元目标，形成相互支撑的互动关系。具体来说，主要体现在以下几个方面：

### (一)人才培养与决策咨询的互动

高校智库是哲学社会科学成果转化的重要平台，对于一个决策影响力较高的高校智库来说，与各级党委政府决策部门、相关行业的企事业单位有着密切的互动，能够发挥高校内部院系难以替代的实践教学、协同育人功能。事实上，正是意识到了构建协同平台、实施开放育人的重要性，教育部自2016年开始实施“产学合作、协同育人”计划，虽然这一计划主要面向行业企业，但在政策科学人才培养方面，智库显然是最合适的协同育人平台。另外，智库研究，尤其是需要广泛田野调查、大规模数据获取的研究项目，也非常需要研究生甚至是优秀本科生以助研的身份参与。事实上，发达国家的大学智库都十分注重人才培养与决策咨询的互动，大学智库成为一流高校培养政策科学高端人才最重要的阵地。

### (二)学科建设与决策咨询的互动

高等教育领域的学科划分是以清晰界定学术研究范围为导向的，而决策咨询中所要解决的问题通常需要通过跨学科的研究团队来完成。仅以草拟国家层面的立法建议案为例，不仅涉及法学学科，而且涉及政治学、经济学、社会学等多个学科，包括立法前的社会调查、与法律相关的公共政策的评估，法律实施的经济学分析，等等。从这个角度来看，大学的学科建设与决策咨询之间的理想状态是良性互动。一方面，决策咨询需要大学优势学科的强力支撑，缺少学理与学科底蕴的政策研究是浅显的，很难为发展难题的解决提出建设性的意见与建议；另一方面，大学的学科建设，尤其是应用性较强的学科建设，也十分需要通过决策咨询研究，将其学术影响力转化为政策影响力，彰显学科建设的社会价值。事实上，在新一轮学科评估的指标体系中，智库建设已经成为检验相关学科建设水平的一个重要标准。

(三)舆论传播与决策咨询的互动

在各种新媒体技术高度发达的今天，任何一种思想产品要想被社会所接受、认可，都需要借助于一定的传播渠道与营销策略。智库成果的学术影响力、社会影响力与决策影响力通常是相辅相成的，在实践中，同时具备三种影响力的思想产品，才能在公共政策的制定与实施中产生重大影响力。正因为如此，发达国家的大学智库都非常重视思想产品的舆论传播工作，智库不仅有专业的媒体传播人员，而且有自己的网站、推特(twitter)、出版物。我国的大学智库建设起步较晚，对外交流通常局限于相对狭小的学术圈，对思想产品的舆论传播不够重视。近两年来，各个大学对于舆论传播对智库成长的促进作用有了全新的认识，重视程度也日益提升。在南京大学 2016 年推出的新型智库评价体系中，已经将舆论传播作为一个重要的一级观测点。

(四)公共外交与决策咨询的互动

我国高校智库早在 20 世纪 50 年代就曾在国家外交事务中发挥重要作用，但其后由于政策的调整而一度沉寂。但自 20 世纪 80 年代以来，包括大学智库在内的智库组织在公共外交领域发挥着越来越重要甚至是不可替代的作用。其主要原因有以下三点：

第一，智库的本质属性是以政策研究为取向的学术组织，一流的大学智库往往具有非凡的学术影响力与公信力。因此，对于一些政府不便开展的公共外交议题或活动，由智库来进行组织，通常能够起到更好的效果。

第二，一流的大学智库既是一流知识精英的汇集地，通常也是影响一国主流政治思想的策源地，因此，智库之间的国际学术交流活动，包括共同发表的政治见解与声明，其影响力往往是巨大的。

第三，智库不像官方外交机构那样有着诸多限制，尤其是大学智库，往往能够通过各个大学之间的交流将外交触角延伸到更广阔、更深入的领域。

正是基于上述认识，近几年来，我国开始有针对性地恢复和培育部分高校智库，并注重发挥其公共外交中的特殊作用。如教育部就在全国高校启动了国别与区域研究基地的遴选、培育与建设工作；第一批“2011 计划”确定的协同创新中心中，有多家涉及公共外交的研究机构入选，如武汉大学的中国边界与海洋研究院。同时，多个与公共外交相关的教育部人文社会科学重点研究基地，也通过与外交部、港澳台办等国家部委共建的方式，逐步向高端公共外交智库转型。

### 三、由学习西方为主向本土探索为主转型

从世界范围内高校智库建设的历程来看，英美等发达国家起步较早、制度完善，有很多值得我们学习和借鉴的经验，如高校智库的治理结构、运行模式，以及“旋转门”制度、学术评价制度，等等。但是，我国与西方发达国家在政治制度、传统文化、经济社会发展阶段等方面存在巨大的差异，对于西方国家在高校智库建设中的经验，如果仅仅是简单地照搬和移植，往往难以取得预期效果，甚至会适得其反。正因为如此，在经历了一个片面学习西方经验的阶段后，从 2015 年开始，我国的高校智库建设开始由学习西方为主向本土探索为主转型，并在这一过程中逐步建立起构建中国特色新型高校智库体系的文化自信、理论自信与制度自信。从这个角度来说，2016 年，我国《国家高端智库建设试点工作方案》的出台，以及教育部配套文件的制定发布，可以视为本土探索由实践探索层面转向制度设计层面。

在这一实践探索与制度创新的过程中，中国特色新型高校智库体系的“特”与“新”主要体现在以下三个方面：

（一）以坚持和发展新时代中国特色社会主义为光荣使命

我国的现代化道路是在马克思主义指导下的一场伟大的社会革命。回顾几十年的改革历程，尽管在某一时期世界范围内的社会主义事业遭遇了重大挫折，但正是由于有科学的理论为指导，中国特色社会主义事业才焕发出了强大的生命力，使中华民族自强自信自立于世界民族之林。而科学的理论从哪里来？哲学社会科学与哲学社会科学工作者功不可没。正因为如此，习近平总书记在 2016 年哲学社会科学工作座谈会上，用两个“不可替代”高度肯定了哲学社会科学的重要地位，并明确要求新型智库建设要把坚持和发展中国特色社会主义作为自身的光荣使命。

高校是哲学社会科学资源富集区，同时肩负着为社会主义事业培养合格建设者与可靠接班人的重要使命。这一特性决定了高校智库在政治方向、服务宗旨、价值取向、功能目标上都必须紧紧围绕坚持与发展中国特色社会主义这一光荣使命，尤其是要在广泛吸纳世界先进文化的基础上，逐步完善中国特色哲学社会科学理论体系，进一步提升决策服务能力，善于用中国化的哲学社会科学理论体系、话语体系来解读、指导、引领生动的改革实践，甚至是为世界性发展难题的解决发出“中国声音”、提供“中国方案”。从这个角度来说，从世界范围来看，中国高校智库所承担的历史使命、面临的发展难题是独一无二的，对理论创新的要求也是极具挑战性的。正因为如此，在中共十九大报告中，进一步强调了坚定文化自信、推动社会主义文化繁荣兴盛的重要性，并从“牢牢掌握意识形态领导权”的角度，为新时期智库建设指明了方向，即“深化马克思主义理论研究和建设，加快构建中国特色哲学社会科学，加强中国特色新型智库建设”。

（二）以研究如何提升党的治国理政水平为核心目标

中国共产党领导下的人民代表大会制度、多党合作与政治协商制度是我国政治制度的核心，也是实践证明的最符合中国特色社会主义事业的政治制度。对于高校智库来说，坚持和发展中国特色社会主义事业，首先就是要研究如何提升中国共产党的治国理政水平。这是一个无先例可援、全新的理论与实践领域，即一个拥有9000多万名党员的政党，如何带领一个拥有13亿国民的发展中国家，在激烈的国际竞争中开辟一条中国特色社会主义道路，实现中华民族伟大复兴。在这一时代命题之下，有太多的问题需要高校智库去研究、去回答。正因为如此，与其他国家高校智库相比，中国高校智库具有极强的意识形态属性，在研究立场上必须旗帜鲜明地坚持以马克思主义为指导，既要继承与弘扬马克思主义，又要丰富与发展马克思主义，促进其中国化、时化代、大众化，使之成为指导中国共产党不断提升治国理政水平的锐利思想武器。当然，这并不意味着中国的高校智库要致力于构建一个封闭保守、自圆其说的理论体系，相反，从其他国家吸纳和借鉴先进的理念、经验、制度，是实现中国高校智库可持续发展的重要前提。只不过这种吸纳与借鉴要始终秉持“和而不同”的原则，不能采取“拿来主义”的简单做法，而是要将这些先进的理念、经验与制度与中国国情紧密结合，实现本土化。例如，西方发达国家高校智库普遍采取的“旋转门”制度，如果完全照搬，则存在诸多制度障碍，但如果与高校目前的干部交流制度、教师聘任制度有机结合起来，就能够起到良好的效果。

（三）以如何融入中国特色决策咨询体系为主要任务

随着我国政治文明建设的深入，建立健全中国特色决策咨询体系正日益成为民主政治建设的重中之重。与其他国家相比，中国的决策咨询体系呈现出内部多元化的特征，即在坚持中国共产党一元领导的前提下，多元社会力量都能够以某种形式参与到决策咨询中来。如在体制内，有人大代表与政协委员的参政议政，社科院智库、高校智库、国有企业智库以及相关社会团体的参政议政；在体制外，民间智库、NGO组织甚至公民个体都能够通过一定渠道成为参政议政的主体。从近几年的实践来看，在这样一个多元化的决策咨询体系之下，高校智库主要从以下三个方面着手，一是找准定位。“高质量、独立性、影响力”是国际公认的评价智库的标准，比较而言，高校的特殊性决定了高校智库在这三个方面都具有独特优势，只要紧紧围绕这三条标准，准确定位、明晰目标，高校智库就一定能够在现有的决策咨询体系中发挥更大的作用。二是深度融入。智库与决策部门的良性互动是确保决策咨询效率的重要前提。由于学术本位等深层次原因，我国高校智库与决策部门的关系曾一度处于疏离状态。随着近几年中国特色新型智库建设的加强，尤其是国家战略层面对"协同创新"发展理念的引导与强调，由决策部门与高校智库共建的智库越来越多，双方的战略合作关系也在不断加强。在决策影响力稳步提升的同时，也促使高校智库深度融入了中国特色决策咨询体系之中。三是制度联动。我国决策咨询体系是一个由多元主体构成的复杂系统，这一系统功能的发挥不仅取决于参政议政主体与决策部门的关系模式、合作机制，而且取决于各个主体之间的制度联动。从这个角度来说，在建立健全中国特色决策咨询体系的改革进程中，不仅需要高校自身的改革，而且需要各个利益相关主体的配套改革与制度联动。

## 四、由趋时跟风向引领发展转型

在近年来我国的"智库热"中，包括高校智库在内的各个智库在选题研究方向上有一个通病，即"运动式"地追逐热点。决策层无论提出什么重要观点、措施，马上就一股脑地跟进，从学术上予以阐释、论证，研究如何在本地落实。鲜有智库学者能够在科学预见政策走向的基础上，提出前瞻性、战略性、引领性的建议与对策，包括对相关新政策实施后的效果的客观评估。其实，从决策层的角度来看，这种智库成果才是最急需的。

在经历了一段时期追逐热点的浮躁发展后，从 2016 年习近平总书记在哲学社会科学座谈会上的讲话开始，一些相对独立的高校智库开始注重将研究重点由解释政策转变为评估政策、引领政策。从这一时期开始，在一些国家重大的政治、经济与社会政策出台前，一些高校智库都会通过召开学术研讨会、发表文章、接受采访、撰写政策建议等形式进行充分的学术探讨，并产生了一定的社会影响力与决策影响力。

### (一)追逐热点的体制根源

从近年来我国高校智库的设立方式来看，相当一部分是通过“自上而下、行政主导”的方式产生的。即由决策部门设定方向、明确标准，通过竞争性遴选或直接指定的方式成立智库。同时，在考核标准上，一般也是行政主导的，即重点考核智库按照决策部门的要求完成了多少课题、撰写了多少咨政报告，有多少篇意见或建议得到了相关领导的批示，等等。在这一体制机制之下，高校智库的独立性很难保持，只能被动地按照决策部门的要求开展研究，并且在研究过程中还要注重投其所好，以期获得相关领导的批示，顺利通过考核。

有些高校智库虽然并非是通过上述方式产生的，但在选题方面一样存在“唯上”与“跟风”倾向，究其原因，主要有三点，一是由于信息不对称，高校智库的研究人员片面认为只有追逐热点，才能够引起决策层的关注，进而产生一定的决策影响力。殊不知，这样一方面会导致大量的重复研究与无效信息，另一方面，缺乏创见的解读与论证对于决策层来说价值不大，他们往往更希望能够看到针对性、操作性、前瞻性的建设性意见和建议，甚至是批评性的意见和建议。二是出于政治正确的考虑，对已经实施的公共政策进行阐释和论证从政治立场来说是绝对正确的，因此，一些大学智库学者采取了最正确也是最保守的研究策略，即一味追逐热点，只对现行政策的合理性进行解读。三是出于申请课题或发表文章的需要，近几年我国社会科学领域的各级各类课题、学术期刊选题同样存在追逐热点倾向，在“不发表即出局”的现行大学学术评价体系中，智库研究人员追逐热点开展研究事实上是一种理性选择，因为即使研究成果得不到决策层的认同，在课题申请与文章发表上也能具有一定的基础和优势。

### (二)引领发展的动力机制

在2016年5月17日举行的全国哲学社会科学座谈会上，习近平总书记针对我国智库建设上存在的“重数量、轻质量”“重形式传播、轻内容创新”等问题，明确要求哲学社会科学工作者重点围绕国家重大战略需求开展前瞻性、针对性、储备性政策研究，把智库建设的重点放在提高研究质量、推动内容创新上，进一步加强决策部门同智库的信息共享和互动交流，把党政部门政策研究同智库对策研究紧密结合起来。他同时强调，要正确区分学术问题和政治问题，不要把一般的学术问题当成政治问题，也不要把政治问题当作一般的学术问题，既反对打着学术研究旗号从事违背学术道德、违反宪法法律的假学术行为，也反对把学术问题和政治问题混淆起来、用解决政治问题的办法对待学术问题的简单化做法。在这一思想的指导下，我国的“智库热”开始由“运动式”地追逐热点转入理性发展阶段，很多地方的智库主管部门、相关决策层与智库之间都建立了常态化的沟通与联络机制，高校智库在研究选题上的趋时跟风现象得到了扭转。更为重要的是，通过一段时期的“试错”，高校智库的研究者最终发现，能够得到相关领导批示、有关部门采纳，产生有一定决策影响力的决策咨询成果，并不是通过随波逐流、人云亦云就能够获得的。高质量的决策咨询成果一定是那些既切中问题主要矛盾，有翔实的调研数据与资料作支撑，又能够有所创见、提供建设性解决方案的意见和建议。

从这一时期开始，为强化决策咨询研究的内生动力，一些高校将高质量的决策咨询成果纳入到了学术评价体系，如国内哲学社会科学领域的名校，中国人民大学、上海财经大学、中国政法大学都出台了相应的管理办法，不仅承认智库成果的学术价值，而且与研究人员的职称、职务晋升挂钩。教育部社会科学司主办的《大学智库专刊》在很多高校都被认定为权威期刊，很多知名的核心学术期刊也都先后开设了智库专栏。同时，一些地方的党委、政府也设立了决策咨询奖项，对优秀的智库成果进行表彰。这些措施的出台如同风向标，指引大学智库的研究人员潜下心来，重点在决策咨询研究的创新性、前瞻性、引领性等方面下功夫。

从上述四大趋向可以看出，我国高校智库的改革发展从总体上说是属于后发外生型的。所谓“后发”，虽然我国有着悠久的知识分子参政议政的政治传统，但自中华人民共和国成立以来，由于受计划体制下封闭办学、条块分割的高等教育体制影响，大学的智库功能长期未得到应有的重视。因此，在大学智库建设上远远滞后于西方发达国家。所谓“外生”，是指在巨大的体制惯性之下，大学内部很难产生推动大学智库改革发展的强大动力，这种动力机制的形成只能借助于决策部门的力量，通过自上而下的方式来实现。但是，这种外部诱发的动力机制一旦启动并形成，就能够产生巨大的力量，影响和带动高校智库改革发展内生动力的形成，并通过自上而下与自下而上的良性结合，共同推动中国特色新型高校智库体系的形成。更为重要的是，由于高校智库改革发展直接关乎对中国特色社会主义大学基本职能的再认识、再定位、再调整，它事实上成为高校内部一次“牵一发而动全身”的系统改革，不仅涉及了智库建设，而且推动了学术评价、人才培养、学科建设、内部治理、对外交流、文化传承等一系列领域的改革，而这对于打破旧体制的路径依赖效应、建立健全现代大学制度无疑也具有十分重要的意义。

# 第三章

# 世界典型国家高校智库建设的经验与启示

从世界范围来看，东方大学智库的源头是古代中国的稷下学宫，而西方大学智库则起源于古希腊时期的雅典学园，两者恰好处在同一历史时期，这种东西方文明的交相辉映不仅为世界高等教育的发展奠定了思想基础，也为促进学术与政治、理论与实践的互动提供了良好范例。需要强调的是，由于尚未形成完善的现代大学与民主政治制度，从公元前 4 世纪一直到公元 19 世纪末期，上述东西方大学智库的起源都仅仅是一种雏形或者“基因”。

现代大学制度源于欧洲的中世纪大学，公元 11 世纪创办于意大利的博罗尼亚大学通常被认为是世界上第一所大学。在其后的几百年间，大学的主要职能一直被限定在教学与科研领域，“象牙塔”成为大学的象征。一直到 20 世纪初期，随着“威斯康星理念”的形成与发展，服务社会开始成为现代大学的一项重要职能。而作为高校服务社会的一种重要形式，以提供决策咨询、影响公共政策为主要功能的现代大学智库具备了产生与发展的可能性。另外，随着西方发达国家民主政治的发展，借助“外脑”促进决策民主化、科学化日益成为一种价值共识，并在“一战”前后催生了一大批民间智库的诞生。如成立于1884年的英国费边社，成立于1916年的美国的布鲁金斯学会。这些智库虽然是独立的民间组织，不隶属于大学，但其创建者与主要研究力量基本上来源于大学。如布鲁金斯学会就是由当时华盛顿大学董事会主席罗伯特·布鲁金斯创办的，在创立之初，他聘任了六位大学校长组成理事会，并希望借助智库平台，能够让华盛顿大学政治、经济、法律等相关专业的博士生在首都与政策科学家们一起从事研究工作，提升高端人才培养质量。创办于1920年的世界顶尖智库英国皇家国际事务研究所也是如此，它虽然是英国皇家资助的独立智库，但也通过会员制和访问学者制度，积极从大学中吸纳政策科学领域的优秀学生与访问学者，并将其作为重要的研究辅助力量。

正是在上述多重因素的诱发与推动下，从20世纪初期开始，现代高校智库才开始从北美和欧洲发端，逐步形成和发展起来。一般认为，1919年由美国第31任总统胡佛创建的胡佛研究所是最早的现代高校智库。胡佛研究所的全称是胡佛战争、革命与和平研究所，最初是斯坦福大学的一家图书馆，主要负责搜集与战争和其他世界历史相关的档案资料，从1946年开始，斯坦福大学的一些研究人员开始利用胡佛研究所的资料从事公共政策研究，并在1957年正式将其转型为智库。

现代意义上的智库虽然经历了100多年的发展历程，但真正从产生动因、发展阶段、组织运营、评价标准、功能绩效、区域分布等多维度对智库进行系统研究的学者较少，美国宾夕法尼亚大学的詹姆斯·麦甘是这一领域的代表性学者。他的研究团队早在1989年就开始在全球范围内搜集数据，对智库进行了长期、持续的跟踪研究。他的研究表明，政治体制、政党建设、公民社会特征、出版自由、经济发展水平、慈善文化、高等教育发达程度等因素，影响和决定着一国的智库数量与质量。根据这些因素，他建立了较为科学的智库评价指标体系，并从2007年开始对全球范围内各个类型的智库进行排名，创建了“全球智库索引”(Global Go To Think Tank

Index)，成为被广泛引用的国际权威智库评价体系。从 2010 年起，“全球智库索引”开始对世界范围内的高校智库进行排序，从近几年发布的《全球智库报告》来看，高校智库主要集中在美洲、欧洲和亚洲地区。以 2017 年 1 月发布的《全球智库报告(2016)》中“2016 年全球最佳大学附属型智库”为例，榜单前 50 家高校智库中 46 家分布在上述地区。以下，从上述三个区域中选取三个典型国家，对其高校智库建设的现状与经验进行分析、介绍与总结。

# 第一节 美洲地区典型国家的高校智库建设

## 一、美国高校智库

### (一)基本情况

总体来说，美国的高校智库主要具有以下特点：

(1)发展历史悠久，智库文化先进，一流高校智库数量与质量稳居世界前列。

从近几年发布的《全球智库报告》来看，美国是世界上拥有智库数量最多、质量最优的国家，共有 1800 多家，占全球上榜智库的 30%。其中，约有 75%为高校智库，其他智库在研究人员构成、学术交流合作等方面也与高校有着千丝万缕的关系，通常被称为“没有学生的大学”。同时，美国高校智库是伴随着其国家民主政治制度、现代大学制度的发展历程而成长、壮大起来的，已经经过了 100 多年的探索与实践，形成了较为先进的智库文化，即将“大学自治、学术自由”的精神融入智库建设中，使得“高质量、独立性、影响力”成为高校智库建设的基本共识与核心价值观。这一点也是美国高校智库与其他代表一定阶层或集团利益的政党智库、民间智库的显著区别。尽管一些高校智库也带有鲜明的政治倾向或意识形态立场，如胡佛研究所就以长期坚持“保守主义”的政治立场而著称，但这种政治倾向更多的是一种学术追求而非政治利益考量。

(2)学术战略清晰，发展定位准确，通过形成稳定的研究方向与持续的资源投入，始终保持在某一领域的领先地位。

美国高校智库中从事综合性研究的很少，绝大部分是结合自身优势与时代需求，选择一个或多个研究领域进行长线研究，并努力在某一领域做到最好。如哥伦比亚大学地球研究所的战略目标是“动员各种人力和技术，解决世界上最棘手的气候变化、环境恶化、贫困、疾病和资源可持续利用等问题”；又如哈佛大学的国际发展研究中心长期将研究主题聚焦在发展问题，尤其是发展中国家的发展问题上，其战略目标为“增进对发展问题的认识，为全球贫困问题提供解决方案，积极为发展中国家实现一个稳定、共享和可持续性的繁荣局面而解决公共政策中的困境”。围绕这些战略目标，高校智库几十年如一日地精耕细作，最终取得了这一领域的一流地位。

(3)制度设计完善，体制机制灵活，使作为学术组织的智库能够以“模拟企业”的形式高效运营。

美国政治体制的特点是权力分散、互相制衡，对智库产品的需求十分旺盛，历届政府都比较重视和支持各类智库组织的发展。如在立法层面规定相关的公共政策决策必须经过一定的决策咨询程序，将智库界定为公益组织，实施减免税优待，支持和引导慈善组织向智库进行捐助，为智库思想的传播提供宽松的环境，等等。而从高校智库内部制度设计来看，经过近百年的发展，也已经形成十分专业的制度体系。如在人事制度方面，推行“旋转门”制度，建立完善的培训、交流、考核、晋升、淘汰机制，为智库研究工作的开展提供强有力的人力资源支撑。在成果管理上，引入企业价值链理论，明晰各个环节智库成果的质量标准，建立较为完善的质量控制体制；在财务制度方面，建立健全多元化的筹资体系，在接受大学或政府拨款的同时，通过社会捐赠、企业捐助、会员注册等多种形式筹措资金，为智库研究工作的开展提供源源不断的资金支持。

(4)依托高校的学科与人才支撑，注重教研互动，形成了学科与智库协调发展、良性互动的良好局面。

很多美国高校智库在创立之初都是依托于大学的优势学科和一流人才，而智库发展一旦步入正轨，其自身吸纳和积累的优质学术与人才资源又能够很好地反哺大学的学科建设与人才培养。如胡佛研究所100多位常驻的高级研究人员，均为美国学术与实务界的一流学者和专家，而这些专家80%以上是由胡佛研究所与斯坦福大学其他院系通过联合聘任的形式聘任的，能使学生享受到最优质的学术资源。还有些高校智库研究人员在从事决策咨询研究的同时，也扮演了连接理论与实践、学术与政治的桥梁角色，成为高校内部多学科交叉融合、相关领域高端人才培养的重要平台。① 如普林斯顿大学的伍德罗·威尔逊研究院，不仅以其一流的研究成果而在美国外交决策中具有重要影响力，而且培养了大批公共与国际事务高端人才。目前，该研究院研究生规模达近千人，具有公共事务硕士、公共政策硕士、公共事务博士三个学位授予权。

(5)以决策影响力为核心，统筹兼顾学术、社会、决策与国际影响力，着力打造高校智库的核心竞争力。

美国高校智库既重视提升决策影响力，坚持通过针对性、时效性较强的政策研究影响政府决策，又注重学术影响力、社会影响力与国际影响力建设，及时将高质量的政策研究成果在国内外进行宣传与推广。如约翰·霍普金斯大学高级国际问题研究院的美韩研究所，为了保持研究的前沿性、时效性，专门购买商业卫星对朝鲜核反应堆及其周边拍摄的实时动态图片进行24小时不间断的追踪研究，研究人员分析每一个可能的新现象，据此掌握朝鲜核问题的最新进展，及时向美国政府提供相关咨政报告。同时，在发现朝鲜的可疑行动后，立即通过媒体及记者招待会发布。② 其力图通过这种方式，引导国内外舆论走向。

### (二)典型智库：哈佛大学贝尔弗科学与国际事务中心

哈佛大学拥有世界一流的高校智库集群，其智库的内政、外交与军事思想不仅对美国而且对国际政治都有很大的影响力。在这一

① 何振海：《一流大学智库的孵化器——哈佛大学肯尼迪学院智库建设的历程、路径及其启示》，载《高等教育研究》2017年第4期。

② 金彩红、黄河：《欧美大国智库研究》，上海社会科学院出版社2016年版，第205页。

群星璀璨的智库集群中，贝尔弗科学与国际事务中心居于领军地位，多次在世界高校智库排名中位居第一，具有鲜明的特色与极强的核心竞争力。

贝尔弗科学与国际事务中心全名为“罗伯特和勒内·贝尔弗科学与国际事务中心”（The Belfer Center for Science and International Affairs），其前身是罗·多迪（Paul Doty）1973年在哈佛大学艺术与科学学院创建的“科学与国际事务计划”（PSIA）。创立之初，该中心的发展目标是恢复对核危险和军备控制的严肃分析。1976年，该中心推出了“国际安全计划”和《国际安全》杂志，并新建了“科学、技术和公共政策计划”。1978年，福特基金会给予的大量赠款使哈佛大学“科学和国际事务中心”（CSIA）得以正式成立，并成为约翰·F. 肯尼迪政府学院的第一个常设研究中心。1990年该中心被纳入到“国家环境与自然资源计划”。1997年，中心获得了新的捐赠，并正式命名为“罗伯特和勒内·贝尔弗科学与国际事务中心”（以下简称“贝尔弗中心”）。

贝尔弗中心的发展愿景是“研究、观点和领导世界和平”，它是哈佛大学肯尼迪学院在国际安全与外交、环境与资源问题以及科技政策方面研究、教学和培训的枢纽。作为世界排名第一的高校智库，贝尔弗中心担负着双重使命：一是在科学、技术、环境政策和国际事务的交叉领域作为提供国际安全和其他关键问题最重要的政策相关知识的领导者；二是为这些领域储备未来领导人。总体来说，贝尔弗中心主要有以下五个特点：

（1）良性的学科与智库互动机制。

贝尔弗中心主要依托哈佛大学肯尼迪学院，是典型的“学科—学院—智库”一体化模式。在这一模式之下，贝尔弗中心能够得到来自肯尼迪学院和哈佛大学其他学科的双重学科与人才支撑。肯尼迪学院作为著名的公共事务学院和社会科学研究机构，始终保持在全球公共政策研究的前沿地位。根据美国大学排名领导网站USNews的最新数据，哈佛大学肯尼迪学院公共事务专业在全美排名第三。同时，哈佛大学其他优势学科包括生物化学、经济学与商科、社会科学与公共健康、计算机科学、环境与生态学、地球科学、物理学、植物和动物科学、法学等都是贝尔弗中心跨学科研究的广泛资源。这一特殊优势使得该中心能够有效整合政府、外交、军事和商业界的社会科学家、自然科学家、技术专家，将自身的研究方向聚焦在最能体现中心特色与优势的四大领域。其提出了外交和国际政治计划（DIPP）、环境与自然资源计划（ENRP）、国际安全计划（ISP）、科技和公共政策计划（STPP）。

（2）完善的内部治理机制。

贝尔弗中心实行理事会领导下的主任负责制，由理事会任命中心主任，该中心现任主任为肯尼迪学院前院长、政治学家艾里森。中心理事会囊括了学界、业界和政界相关领域的核心人物，成员包括公共政策和企业管理荣誉教授 Lewis M. Branscomb，前哈佛大学教务长 Albert Carnesale，前美国国防部长、物理学家 Ashton B. Carter，前中央情报局局长 John M. Deutch，等等。理事会下建立了贝尔弗中心领导层，在主任艾里森的统领下，中心设立了“三驾马车”式的执行主任管理团队，即行政主任、研究执行主任、全球传播与战略主任。贝尔弗中心还设有一个大型国际顾问委员会，主要邀请学界、商界、政界的知名精英组成，其主要职能是为中心在国际交流、学术战略、公共关系、研究选题、技术路线、成果转化等方面提供支持。在理事会与顾问委员会的统一领导下，贝尔弗中心汇集了来自世界各地的300多位政府和学界专家，为全面的公共政策问题提供高质量的研究、政策建议和分析。

（3）高效的研究分工与协作。

贝尔弗中心的研究工作主要以项目工作组和个人研究相结合的方式展开。在研究人员个人研究的基础上，中心一方面建立各项目组，组织不同背景、学科、专长的研究人员共同完成项目研究，另一方面鼓励按照研究专题、区域等组成专题小组，配备研究人员。中心设立的研究专题主要涵盖上述四大领域，研究区域包括非洲、亚太、欧洲、中东及北非、北美、俄罗斯、南美和南亚等。

在研究人员的构成上，除了为各项目组合理配置常驻研究员以外，中心每年招聘一批访问研究人员，通常进行为期一年的访问研究，表现优秀的可以续期。访问研究员的招聘同样以计划和项目组为单位设置专题研究员资格，中心为部分重要研究员提供研究资金。中心鼓励选聘的访问研究员在中心完成博士、博士后或其他个人研究，并投入部分时间到共同项目，与中心其他研究人员进行合作研究。例如，2017—2018 年，该中心设立了近 20 个研究员资格，涉及中东倡议、伊朗项目等，并为其中 30%的研究员岗位提供研究资金。此外，中心还拥有非常驻研究员、附属研究员、助理研究员等多种级别职位，且多种级别之间的研究员职位能够相互转换。通过这一灵活的聘用机制，该中心能够不断优化、更新中心的研究员队伍，为相关研究的开展提供稳定的人才支撑。

(4)灵活的“旋转门”制度。

灵活的“旋转门”制度是美国高校智库的一大特色，而贝尔弗中心的“多维旋转门”机制更是一个成功的范例。所谓“多维”，意指多种层次、类型的旋转门。第一维，贝尔弗中心与哈佛大学各优势学科、学院乃至其他智库间的“旋转门”。哈佛大学以一校多库闻名，除贝尔弗中心外，国际发展中心、魏德海国际事务中心也是世界著名的高校智库。贝尔弗中心与哈佛大学各学科、学院、智库之间有合作，也有人员流动往来。这种“旋转门”制度有利于各研究单位优势互补，实现良性互动。第二维，中心与肯尼迪学院间的“旋转门”。贝尔弗中心既隶属于肯尼迪学院，又保持其独立性。一方面，中心的行政管理很多方面可以依托学院；另一方面，中心有独立的理事会和管理机制。中心的很多项目组都引入了学院的教学人员和管理人员，实现了教、研、管三方面的人才互动。第三维，中心与政、学、商、军四界间的“旋转门”。中心注重研究人员的专业经验和多元化学科背景，研究人员大多是具有在政府、军队、高校、企业、国际人道主义和私人研究机构等单位专业工作经验的政策科学家、律师、经济学家和自然科学家。如中心主任艾里森曾经担任克林顿政府助理国防部长、里根政府国防部长特别顾问、Getty 石油公司等数家公司董事；中心亚太地区研究高级研究员陆克文曾担任澳大利亚总理和外交部长等。截至 2018 年 3 月底，该中心共有工作人员 430 人、校友 1279 人，汇集了来自世界各地的300多位政府和学术界领先专家，为全面的公共政策问题提供了最高质量的研究、政策建议和分析。①

(5)卓越的研究成果传播战略。

贝尔弗中心注重打造专业智库形象以及研究成果的多媒体平台出版、发布，借助融合传播战略扩大中心影响力。它设立了专业图书馆，收藏约4500册图书和250种杂志，内容涉及国防和国际安全研究、科学、技术和公共政策研究和环境研究等中心研究领域，既有助于塑造中心的专业形象，又为其研究人员提供了资料支持。同时，中心研究成果采用新旧媒体多平台发布的融合传播策略，使成果内容抵达尽可能多的受众，使中心影响力最大化。如中心出版物《国际安全》就是一本致力于沟通学者、科学家、实业家、军队和政府官员及普通大众的跨学科期刊。② 此外，中心的研究成果还通过出版图书、论文、研究报告，在中心网站和其他媒体及专业网站上发表评论文章、博客、报告、通讯、政策简报、综述等形式展开。除了传统文字形式外，中心成果还采用音频、视频、照片、信息图表、地图等方式进行生动、直观的新媒体、多媒体传播。中心网站也是一体化的中心门户，注重将中心组织、研究领域、专家、话题、成果等内容整合在一起，内容详尽、丰富并不断更新，成为该行业领域最新研究资料的重要来源。

同时，中心十分注重媒体沟通和战略发展，中心设有全球传播与战略执行主任和媒体联系人制度，同时设立了助理传播主任、数字传播经理、多媒体制作人等职位专门负责媒体发布，并借助肯尼迪学院电视工作室、哈佛大学ISDN无线电台等自有媒介机构强化成果的多媒体传播。通过组织学术会议、研讨会、论坛、特别系列、主任系列、直播视频流、研究小组等高频学术活动，针对国内、国际重大挑战的主题为政策专家和世界领袖们提供公开讨论和

① 张瑾：《全球顶尖高校附属智库的启示——以贝尔弗科学与国际关系研究中心为例》，《中国社会科学报》2018年4月12日。

② 叶琳静：《一个美国大学智库的建设——“贝尔弗科学与国际关系中心”剖析》，载《教育导刊》2016年第3期。

辩论的平台，并力图为这些主题提供创新的解决方案。

## 二、加拿大高校智库

### (一)基本情况

与美国相比，加拿大的高校智库无论是在数量、质量还是在影响力方面都要逊色很多，但即便如此，该国高校智库也以其鲜明的特色在本国乃至国际政治经济领域发挥着重要作用。总体来说，加拿大的高校智库建设主要有以下四个特点：

(1)智库发展的外部环境不够宽松，决策部门与高校智库相互依赖、共赢发展的智库文化尚未形成。

加拿大属于议会制政体，政党在公共政策决策中发挥着重要作用。同时，加拿大政党体制内的咨询机构很发达，很多议题根本无需借助外脑。即使是需要外部智库专家咨询，其特有的内阁政治在意见采纳上也受到诸多限制。为了防止智库妨碍公务，加拿大政府甚至规定，当智库在涉及参与政治、影响决策、关乎政策等政治目的的活动时，最多只能支出不超过全部经费的10%。在这一政治环境下，除官方智库外，包括高校智库在内的其他独立智库发挥作用的空间很有限，愿意主动向智库提供捐助的基金会组织也较少，有些知名智库甚至因财务危机而陷入运营困境。

(2)智库数量不多、规模较少，但体制机制比较灵活，效率较高。

加拿大的智库数量在100家左右，在2016年全球最佳大学附属型智库榜单上，前90名中加拿大仅有两家智库入选，分别是西蒙弗雷泽大学的“人类安全报告项目”(HSRP)与不列颠哥伦比亚大学的“全球问题研究所”(UBC)。除了数量少之外，由于受到资金、业务量等条件限制，加拿大高校智库的规模也普遍较小，专职研究人员通常只有十几人，甚至更少。如多伦多大学莫厄特中心(Mowot Centre)的专职研究人员就仅有20人。尽管数量与规模都较小，但加拿大的高校智库体制机制十分灵活，尤其擅长利用外部研究资源与新闻媒体提升自身的影响力。

(3)研究领域相对集中，特色比较鲜明，并通过建立健全研究成果质量控制体系保持其在相关领域的领先地位。

加拿大高校智库的研究主题主要集中在全球性的安全、能源、经济自由化等事关国家战略的长线领域，其主要原因是，相对于其他智库而言，高校智库在学科门类、研究力量、资金投入方面具有显著优势。为保持在这些领域的竞争力，加拿大高校智库十分注重研究成果的质量控制，既注重学术标准，也兼顾应用价值，比国际一流学术期刊的稿件遴选标准还要严格。一般来说，对于一项已完成的智库成果，首先要进行严格的学术评估，邀请相关领域的学术界权威进行评估。其次要进行有效的实践评估，即从相关从业人员中听取意见，看研究建议是否有实践价值，是否行得通。主要针对政府政策的研究，还要提前与政府部门进行沟通，并从反馈中对研究成果进行再研判、再评估。对于通过这些评估的成果，下大气力进行营销推广，力求使之产生应有的影响力。正是由于坚持质量标准，加上其成熟的思想产品营销推广体系，加拿大的高校智库才能够吸纳到国际一流的专家学者进行合作研究。

(4)高校智库与其他智库之间深度融合、互动发展。

如加拿大最著名的民间智库弗雷泽研究所，在除美国之外的全球顶级智库中排名二十几位，现任主席就是温哥华大学教授，其聘请的 60 位外部合作专家全部是大学教授。同时，其分布在世界各地的 80 多家合作研究机构，绝大部分也是大学。由于借力于大学，弗雷泽研究所在加拿大相对受限的政治环境中产生了巨大的社会影响力，该网站的年点击率达到了 350 万次，这个数字相当于加拿大总人口的 1/10。又如，位于加拿大东部安大略省滑铁卢市的国际治理创新中心(Centre for International Governance Innovation，简称 CIGI)是具有官方背景的一流国际关系智库。该智库创建于 2001 年，毗邻加拿大的劳瑞尔大学、滑铁卢大学，其办公场所与劳瑞尔大学的智库——巴尔西利国际事务研究院同处一所大楼，与这两所大学都有着紧密的学术资源共享和合作关系。作为一家独立的、非党派智库，CIGI 的目标是成为世界国际治理领域的一流智库，并以影响决策者为己任。

CIGI 的主要资助方为加拿大联邦政府、安大略省政府，以及滑铁卢市政府。来自三级政府的经费支持和资助，使 CIGI 的研究经费充裕，但同时也要求 CIGI 承接的研究项目既服务于联邦政府，又服务于安大略省政府和滑铁卢市政府。① CIGI 的最大特色是在保持自身独立性的同时，又与政府、大学有着深度的合作关系。如该智库研究团队主要由经验丰富的政府退役官员，特别是外交实践家和杰出的院校理论者组成，并吸引了来自滑铁卢、渥太华和多伦多等地大学的研究人员加盟。同时，该智库与巴尔西利国际事务研究院师资共享，拥有资深研究人员 100 多名，人数位列加拿大智库之首。该智库的标志性成果是关于设立“八国集团”的国际政治提案，最终促使“20 国集团峰会”机制创立。又如灰熊研究院是一家 2016 年成立的新兴智库，以促进中加教育交流与文化传播为战略目标。虽然其定位是通过众筹方式设立的民间智库，但主要是由加拿大各个大学的 10 位华人教授发起的，总部设在温哥华的不列颠哥伦比亚大学，其研究人员也主要是大学教授。

(二) 典型智库：多伦多大学的莫厄特研究中心

莫厄特研究中心隶属于加拿大多伦多大学的公共政策与管理学院，成立时间不到 10 年。其主要战略目标是希望在政府、学术界和广大的公众之间架起一座相互沟通、理解的桥梁，推动政府与公众社会，包括私营企业、非政府组织等，形成良性互动，促进互相了解。为实现这一目标，中心依托大学的学科优势，将研究方向聚焦在能源政策、非政府组织、联邦政府与州政府关系等领域，并通过近几年的努力在本国乃至国际政治中产生了一定的影响。具体来说，莫厄特研究中心主要有以下三点特色：

(1) 由优秀的政策科学家担任领导人。

有学者作过形象的比喻，一家智库要想引起关注并产生影响力，就好比中国的京剧一样，首先要有一个名角，这个名角通常就是智库的负责人，他既要具有一流的学术能力，又要十分熟悉决策体制，具有睿智的战略眼光与敏锐的问题意识；要既能为智

① 许宝键：《加拿大智库的特点及启示》，《中国经济时报》2015 年 1 月 22 日。

库发展制定合适的学术战略，领导智库产出一流的决策咨询成果，又能够凭借自身的社会交往、关系网络，使这些成果产生应有的影响力。莫厄特研究中心的负责人 Matthew Mendelsohn 教授就是这样一个"名角"。其早年在多伦多大学从事公共政策研究，曾两度离开大学到安大略省政府工作，但最终返回大学创办了莫厄特研究中心，旨在以相对独立的立场继续为政府的政策制定出谋划策。

（2）在研究立场上坚持独立性与建设性相结合。

莫厄特研究中心虽然隶属大学，但其创办资金主要来自州政府拨款，加之负责人有着"二进二出"安大略省政府的特殊经历，该智库与政府的关系比较密切，不仅将服务政府的决策咨询作为自身的首要任务，而且经常接受政府委托的咨询项目。但是，这种密切关系并未从根本上影响莫厄特中心的独立性，事实上，该智库一直强调将独立性与建设性有机结合起来，在与政府深度互动的同时，坚持和而不同，并时常通过"善意的批评"，提醒政府工作中的不足，并提供建设性的解决方案。如该中心关于加拿大能源战略的研究报告就较好地秉持了这样一种研究立场，它通过翔实的数据分析与国际比较研究提醒政府：加拿大已经在全球能源开发竞赛中危险地落后了，而为了改变这一局面，就必须将能源技术研发作为国家能源战略的核心。

（3）擅长思想产品营销。

莫厄特研究中心不仅有一个 30 人的顾问团队，而且又成立了一个 30 人的编辑顾问团队，前者主要由高级政府雇员和企业家组成，对研究选项提出意见，后者则主要来自于新闻出版界，为研究成果的传播出谋划策。① 事实上，加拿大智库在思想产品营销方面有着良好的传统与先进经验，莫厄特研究中心在很大程度上还借鉴了弗雷泽研究所的经验。该研究所几十年如一日地将"沟通"作为智库的核心使命，为扩大研究成果的传播和影响力，该研究所甚至

① 许宝健：《加拿大智库的特点与启示》，《中国经济时报》2015 年 1 月 30 日。

将它的一项长期研究成果“全球经济的自由化”拍成了一部电影纪录片，名为《改变世界》，产生了良好的宣传与推广效果。之所以采取这种形式，也是源于该研究所在实践中探索出来的经验。他们发现，当智库成果仅仅以研究报告、政策建议、专著或论文的形式呈现时，影响范围是有限的、难以持续的。而当智库成果通过电影纪录片这一艺术形式呈现时，影响范围要大得多，而且持续时间更长。

## 三、巴西高校智库

### (一)基本情况

巴西是新兴经济体国家，全球第六大经济体，智库数量在90家左右，在麦甘的全球智库排行榜中居全球第12位。但是，与北美地区相比，巴西的高等教育则相对滞后，因此，在这90家智库中，高校智库的数量较少。在2016年全球最佳大学附属型智库前90名中，巴西仅有一家智库入选，即里约热内卢天主教大学的金砖国家政策中心(BRICS Policy Center)，但它排名靠前，居第9位。总体来说，巴西高校智库主要有以下三个特点：

(1)起步较早，数量较少，但政府支持力度大，智库发展的外部环境宽松。

巴西是拉美地区较早创立高校智库的国家，早在20世纪60年代，被当时巴西独裁政府驱逐的一些大学教授就开始通过创立智库的方式，表达自己的政治主张。其后，随着巴西国内民主政治制度的逐步建立，一些著名的大学，如圣保罗大学(USP)、里约热内卢天主教大学(PUC)、里约热内卢联邦大学(UFRJ)，等等，相继开始创立智库，以满足政府的决策咨询需求。① 同时，近十几年来，巴西政府十分重视高等教育，财政投入逐步增加，并对赞助智库研究活动实行免税，高校智库因此获得了稳定的资金支持。另外，由于近年来巴西高等教育经历了一个由精英化向大众化教育的跨越式

① 王佩亨、李国强：《海外智库：世界主要国家智库考察报告》，中国财政经济出版社2014年版，第254页。

发展，很多高校智库都承担了高等教育与职业培训功能，最为典型的就是瓦加斯基金会。

(2)研究主题主要聚焦国内，但十分注重智库的国际学术交流，尤其是与发展中国家智库的学术交流。

包括高校智库在内的巴西智库更多关注的是国内事务，如促进社会公平进步，减少饥饿、减贫，以及与此相关的社会保障、教育、医疗和经济政府等领域的研究，都是智库研究的重要议题。① 对于美国、加拿大智库普遍关注的国际发展、政府与国家外交战略，巴西高校智库则较少涉及，但这并不意味着巴西高校智库忽视国际化。相反，巴西高校智库十分重视国际学术交流，尤其是与巴西有着相似发展阶段、面临共同问题的发展中国家智库之间的交流。如瓦加斯基金会就与中国社会科学院合作开展了关于“拉美陷阱”的研究，并于 2017 年 5 月在其法学院下成立了中巴研究中心，为中巴企业界合作提供法律政策解读。该基金会还与中国上海 WTO 事务咨询中心、俄罗斯 Eco-Accord 研究所、印度 CUTS International 共同建立了金砖国家贸易与经济研究网络，对金砖国家的经贸问题进行研究。通过这种学术交流，巴西高校智库能够在国际比较与交流中为本国问题的解决寻求更好的方案，甚至为发展巴西与发展中国家的公共外交提供强有力的智力支撑。

(3)深度参与公共决策，有效发挥决策影响力。

巴西的高校智库，尤其是公立高校智库与政府关系密切，有些本身就是以政府与大学共建的形式运营，因此这些高校智库有机会、有渠道也有意愿深度参与到政府的公共决策之中。通过这种方式，这些高校智库不仅能够在项目、资金、研究成果转化等方面得到政府的大力支持，而且对提升自身的影响力具有显著作用。如里约热内卢天主教大学在 2010 年成立的金砖国家政策中心，仅仅六七年的时间，它在最佳大学附属型智库榜单上的排名就由最初的二十几位迅速上升到第九位。该中心是由巴西里约热内卢市政府与里

① 王佩亨、李国强：《海外智库：世界主要国家智库考察报告》，中国财政经济出版社 2014 年版，第 255 页。

约热内卢天主教大学国际关系研究所合作成立的一个研究机构，它一方面依托大学的优势学科与人才资源，另一方面，该中心与巴西联邦政府建立了紧密的合作关系，如与巴西外交部、环境部、体育部、科技部均存在信息往来和项目合作的关系，与巴西外交部下属的古斯芒基金会(Funag)和国际关系研究所(IPRI)也建立了广泛的对话与合作；该中心还建立了金砖国家信息与研究资料库，并针对金砖国家之间的会晤、峰会、协商等发布信息简报、评估报告等，以此保持对金砖国家连续且深度的跟踪研究。① 在参与公共决策的方式上，巴西的高校智库通常是根据自身的研究发现提出本国经济与社会发展中迫切需要解决的问题，并通过与政府的密切关系推动这些问题的解决列入政府的议程；在议程确定后，作为咨询专家参与政策调研与制定；政策出台后，负责阐释政策，并对政策实施效果进行评估与监测。

(二)典型智库：瓦加斯基金会

瓦加斯基金会成立于1944年，是由当时的巴西总统瓦加斯倡议成立的，总部设在巴西首都里约热内卢，是巴西最著名的高等教育机构与智库。该机构成立的最初目的是促进巴西教育，后逐步发展成以应用研究、职业培训和高等教育为三大支柱的世界著名智库，稳居世界著名智库排名第十几位。虽然麦甘的全球智库排行榜未将瓦加斯基金会列入高校智库，但它事实上是一所具有多元功能的综合性大学，下设12个学院、研究院和中心，包括公共与商业管理学院、法律学院、经济学院、出版公司、继续教育与MBA学院、巴西经济研究所(IBRE)、FGV项目研发中心。与其他高校智库相比，瓦加斯基金会具有十分鲜明的特色，主要体现在以下三个方面：

(1)“一核多元、关联互动”的发展战略。

瓦加斯基金会虽然是一个集教育、研究、咨询、出版和培训为一体的大型机构，但其核心功能是智库，其他业务板块与智库功能

① 周志伟：《金砖国家政策中心：快速发展的巴西智库》，《中国社会科学报》2012年12月19日。

形成了良性的关联互动。一方面，智库功能的发挥，使基金会能够保持与政府的密切合作关系，获得最大限度的支持，并能够为基金会人才培养的开展、研究成果的应用提供高端平台；另一方面，其他板块业务的开展，也能够在人才、资金等方面对智库功能的发挥提供有力支撑。

(2)市场化的运营模式。

作为一家私营性质的基金会，基金会通过多元化、市场化的途径募集经费，既有政府、企业委托研究的合同收入，也有募集研究基金、购买股票证券、股息收入、其他基金会、大企业与私人捐赠，近几年几乎每个财务年度都有较大盈余。同时，基金会在内部治理结构上采取了与大型企业类似的事业部制，各个运营主体相对独立，并在总部层面实现了财务与资源共享。

(3)广泛的影响力。

在70多年的发展中，瓦加斯基金会形成了一流的学术、决策与国际影响力，并进入全球顶尖智库行列。在学术影响力方面，基金会及其下设的研究院不仅具有国际一流的学术水准，而且学科门类齐全，涵盖政治学、法学、历史、社会学、教育、现代信息技术等多个领域，能够进行多元化、综合化的研究，产出了很多一流的学术成果。如基金会所属的巴西经济研究所定期发布的总体价格指数(IGP)和消费价格指数在巴西社会就有很大的影响力。① 在决策影响力方面，基金会积累了处理国家议题和事件的第一手经验，拥有政府十分看重的知识和公关技能，并据此建立了庞大的学术交流与人际交往网络，能够从多个方面帮助巴西的各级政府提升执政能力，成为巴西政府最为依赖的决策智库。在国际影响力方面，基金会与世界上88家学术机构建立了合作关系，进行教学合作、学生交换、合作研究与学术研讨，包括哈佛大学、芝加哥大学、曼彻斯特大学等世界一流大学，同时与我国清华大学、中国社会科学院、中国政法大学也有着广泛的合作。同时，基金会还经常性地配合巴

① 王佩亨、李国强：《海外智库：世界主要国家智库考察报告》，中国财政经济出版社2014年版，第255页。

西政府组织参加一些重要的国际学术与政治活动，充分发挥了智库所特有的公共外交功能。

## 第二节 欧洲地区典型国家的高校智库建设

欧洲是世界高校智库的发源地，有着悠久的人文与社会科学研究历史，其独特的地缘政治文化以及发达的高等教育孕育了一大批国际一流的高校智库，在数量和质量上仅次于美国。如英国伦敦政治经济学院的国际事务、外交与战略研究中心(IDEAS)，法国巴黎政治学院的国际问题研究中心(CERI)，德国波恩大学的发展研究中心，瑞士联邦理工学院的安全研究中心(CSS)，俄罗斯国际关系研究所的国际战略研究中心(FKA)，等等。同时，由于高校智库与一国的政治经济地位、高等教育发展状况高度相关，欧洲高校智库主要分布在英、法、德、意、俄等欧洲大国。以下选取英国、法国、俄罗斯这三个典型国家进行研究。

### 一、英国高校智库

(一)基本情况

英国智库历史悠久，最古老的智库可以追溯到1884年成立的费边社。同时，成熟的资本主义民主政治制度、发达的高等教育、完备的慈善组织体系，使得英国的高校智库建设处在世界一流水平，仅次于美国，在2016年全球最佳大学附属型智库排行榜上，前十名中美国占据五席，英国则占据了三席。总体来说，英国的高校智库主要有以下四个特点：

(1)与政府关系密切，高校智库发展的外部环境良好。

在近百年的发展历程中，英国高校智库形成了主动服务于国家战略、想政府之所想的政治传统，与政府之间的关系十分密切。政府在相关公共政策的决策上也十分依赖高校智库，并为智库行业发展提供了免税、财政补贴等一系列优惠措施。同时，英国政府的信息公开机制较为完善，早在2005年就制定出台了《信息公开法》，高校智库从事决策咨询的信息与资料获取较为便利。英国政府还利用强大的商业信息网络，主动向智库提供国内外的经济信息与数据，尤其是智库通过自身途径难以取得的涉外经济数据。

(2)研究型大学普遍设立智库，在大学内部形成了一流智库与一流学科相互支撑、相得益彰的互动关系。

如英国最著名的G5(超级精英大学，包括剑桥大学、牛津大学、帝国理工学院、伦敦大学学院、伦敦政治经济学院)都十分重视智库建设，并把智库作为提升学科建设水平、人才培养质量、学校办学声誉的重要平台。如剑桥大学依托本校在能源动力学科、经济学科等方面的优势，成立了剑桥能源研究会，成为世界能源环境领域技术创新、政策制定的顶级智库；牛津大学依托本校的人文社会科学学科优势，在2012年专门成立了政府学院，致力于在全球范围内培养熟识政府政务处理技能和责任的优秀人才，并为这些未来的领导人提供智力支持，这一项目得到了前联合国秘书长安南、前南非总统曼德拉的大力支持；伦敦大学学院凭借其全球教育学学科排名第一的优势地位，将其教育学院打造成为顶尖的教育智库；伦敦政治经济学院依托本校在国际关系学科上的优势，成立了国际事务、外交与战略研究中心，在国际上享有盛名。同时，英国名校还十分注重通过加强高校智库之间的合作，提升智库的国际影响力，如剑桥大学与我国北京大学就合作成立了“剑桥北京大学中国中心”，致力于打造当代中国与世界问题研究的一流智库；伦敦政治经济学院与复旦大学合作成立了公共政策研究院，共同就世界性的公共政策议题开展研究。

(3)既推崇与强调独立性，又具有政党政治色彩。

“学术自治”的大学精神在欧洲有着广泛的价值共识，体现在高校智库领域就是对独立性的追求。因此，英国高校智库的普遍定位是非营利的慈善组织，不仅与政府保持一定距离，甚至与大学之间也是一种相对松散的合作关系。如剑桥大学的李约瑟研究所，虽然研究人员主要来自大学，但是在法律和财产上独立于剑桥大学，由董事会进行管理。虽然研究经费主要来源于外部捐赠，但高校智库对资金使用有着严格限制，如委托方不能指定资金使用目的，无权修改研究成果及结论，智库发布研究成果也无需委托方同意或批准。① 还有些智库自行设定资助最高限额，防止资助者影响智库研究的独立性。但是，这种独立性研究立场是相对的，因为在英国的智库体系中，具有政党背景与意识形态立场的官方智库占据了主流地位，决策影响力很大，甚至形成了英国特有的“政党-智库”共进退机制。在这一政治格局之下，高校智库要想产生影响力，影响有影响力的人，也不得不借助政党的力量，因此在研究立场上不可避免地带有一定程度的政党政治色彩。

(4)在政府公共外交中发挥重要作用。

世界一流高校智库因其一流的学术声誉、非官方身份而在国际政治、经济与学术交流方面具有显著优势，因此往往能够在国家的公共外交中发挥不可替代的“第二轨道”作用，拥有众多世界一流高校智库的英国在这方面做得较好。以中英关系为例，除上述 G5 名校智库之外，诺丁汉大学、爱丁堡大学的相关智库都在中英公共外交中发挥了重要作用。从 2016 年开始，在中英“高级别人文交流机制”的总构架之下，还专门设立了中英高等教育人文对话暨中英大学人文智库论坛，在牛津大学的中国中心举办，高校智库开始在中英双方的外交事务中发挥越来越重要的作用。

(二)典型智库：萨塞克斯大学发展研究所(IDS)

萨塞克斯大学的发展研究所(IDS)成立于 1966 年，其战略目标及愿景是致力于创建“一个没有贫穷，充满正义，每个人的声音都能被自己的国家听见，被全世界听见的美好世界”。该研究所在 2016 年全球最佳大学附属型智库排行榜上列第五位，在全球可持续发展领域具有卓越的影响力，是英国一流高校智库的典型代表，具体来说，主要有以下几个方面的特点：

(1)前瞻性的发展愿景与清晰的学术战略。

IDS 是依托萨塞克斯大学在人文社会科学领域的学科优势建立起来的，成立半个世纪以来一直秉持“以人为本”和“将知识应用于

---

① 张伟：《国外智库建设经验对我国智库保持独立性的启示》，载《决策探索》2018 年第 6 期。

发展实践”的理念，致力于从跨学科的角度研究国际范围内的发展问题。根据这一组织愿景，发展研究所确立了清晰的学术战略，主要体现在：在影响世界未来发展的全球事务上展开研究，提供深度分析，为加强可持续进程、促进社会公正、确保所有人都享有发言权提供具有可操作性的解决方案，创新教学方式和传播方式，使其研究教学成果产生强大的影响力。①

(2)高效的内部治理结构，以及企业化的运营管理模式。

IDS 虽然是萨塞克斯大学的一所研究院，大部分研究人员与学术资源来自大学，但在资金管理与机构设置上完全独立，属于有抵押担保的责任制公益企业。研究经费大部分来源于英国国际发展署(DFID)，还有一部分来源于项目咨询、教学培训、出版销售、社会捐赠收入。IDS 在内部治理结构采取了“理事会+分委员会+战略领导小组”的体制。理事会由 20 人组成，主要负责研究与制定 IDS 的发展战略、日常监管、年度研究任务，每年召开两次会议。理事会下设财务和审计两个分委员会，主要负责年度预算的监管与审核、财务管理与运作。战略管理小组是 IDS 学术战略的执行主体，其组成人员包括各研究团队的负责人、信息官、战略运营官，这一管理模式保障了 IDS 的项目团队能够像企业研发团队一样高效运营，持续产出高质量的成果，并凭借其影响力不断吸引更多的资金支持，保证了研究院的正常运营。

(3)坚持教研互动，学科交叉。

在开展智库研究的同时，IDS 也为大学的人文社会学科建设、发展学高端人才培养提供了强有力的支撑。IDS 是一个典型的将科研与研究生教学融为一体的高端智库，拥有 100 多名专职研究人员，150 多名科研辅助及行政人员，在发展学领域开设有 8 门精品课程，每年能够培养 200 多名硕士与博士研究生。IDS 的科研项目组由 5 个相互联系的跨学科团队组成，这 5 个团队涵盖了发展学的关键领域，即全球化，政府治理，知识、技术与社会，参与、权力

---

①　李轶海：《国际著名智库研究》，上海社会科学院出版社 2010 年版，第 181 页。

与社会变革，易感性与减贫。研究人员主要是来自多个学科及学术领域的专家学者，包括在研究院就读的硕士与博士研究生。

(4)高度国际化，与全球200多个机构、大学有合作关系。

IDS培养了大批发展研究人员，拥有广泛的知识沟通与学术合作网络，尤其是与位于亚洲、非洲、拉丁美洲的发展中国家大学有合作关系，在研究某一国家地区发展问题时，往往与当地大学或科研机构开展实质性合作。

## 二、法国高校智库

### (一)基本情况

与英国相比，法国高校智库成立的时间较晚，数量较少，智库的规模普遍不大。在2016年全球最佳大学附属型智库排行榜上，前90名中法国仅有一家高校智库上榜，即巴黎政治学院的国际问题研究中心，排名15。但法国也有些民间智库下设专门的高等教育机构，从事教育教学活动，类似于“准高校智库”。如法国国际与战略关系研究所虽然注册为独立的、非营利性质的民间协会，但开设了专门的教育学院，主要招收研究生，每年的招生规模在200人左右，能够授予国际关系、防务等6个硕士、博士学位。总体来说，法国高校智库主要有以下三大特点：

(1)在功能定位上偏重学术研究，兼顾决策咨询，智库人员从事学术与政策研究的自由度较高。

法国的高校智库是在官方智库、民间智库之后发展起来的，在学术战略与运营体制上也与它们有着显著不同。一般来说，高校智库在创立之初普遍依托大学的相关学科、院系，在学术战略上也服务于大学的人才培养与学科建设，决策咨询更多是其学术研究功能基础之上的拓展与延伸。同时，在确定基本的研究领域后，法国的高校智库通常并不限定更加具体的研究方向，研究人员可以根据自己的学术兴趣、专长选择研究主题。对研究人员的考核周期也较长，这使得研究人员能够在一个较长的时期内专注地研究某一个问题，从制度上避免了学术上的急功近利。在考核方式上，法国的高校智库普遍采取第三方评价的方式，在很大程度上保障了成果质量。

(2)注重智库与政府、智库与智库之间的交流与合作，在发挥决策影响力的同时，也使得高校智库成为相关领域高端人才培养的主阵地。

法国高校智库在国际关系领域的学术影响力深厚，但这种学术影响力要想转化为决策影响力，就必须加强与政府部门、其他具有官方背景的智库的交流与合作，以更好地服务于大学的学科建设与人才培养。正是本着这一战略思想，法国的高校智库十分重视与政府、其他智库的交流与合作，普遍承接来自政府的委托项目，与相关部门开展合作共建。如法国的里尔政治学院地处巴黎、里尔与伦敦的三角交汇地带，与欧盟各国和国际组织交流便利，是开展国际关系研究的最佳场所。该大学与国际和战略关系研究所合作成立研究机构，通过借力的方式进一步放大智库的地域优势。还有很多大学与法国最大的官方智库——法国国家科学研究中心(CNRS)建立了联合或混合型的研究机构，共同开展政策研究工作，如巴黎高等师范学院就与CNRS建立了全面的学术合作关系，在经济学、地理学、社会学、语言科学等多个领域开展联合研究。与此同时，法国高校智库十分重视高端人才培养，其中一些在功能上甚至类似大学的研究生院，但在融通度、国际化、协同性等方面要远远高于大学内部的传统学院，因此在人才培养的质量与特色上也要优于传统学院。如法国国际关系与外交领域的高端人才基本上出自于巴黎政治学院、巴黎高等师范学院等大学的智库。

(3)研究方法上强调跨学科。

学科门类齐全是大学的特殊优势，而智库研究尤其需要从多学科视角去审视和解决复杂的社会问题。法国的高校智库很好地发挥了这一优势，在智库的跨学科研究方面处于国际学术前沿地位。如里昂高等师范学院的东亚研究中心就是一个典型的跨学科高校智库，主要从事东亚地区的社会与文化研究。该中心的研究人员涵盖了哲学、政治学、法学、社会学、历史学、人类学、地理学等多个学科领域，并且其中的大部分具有多学科的知识结构与教育背景。这一跨学科优势使得该研究中心往往能够从非常新颖而又独特的视角去考察社会文化问题，并提出建设性的意见和建议。如在对中国民国时期的政治变化与两性关系的研究上，以京剧中坤伶的社会角色为视角；在对中国当代社会文化的研究上，以京杭大运河流域居民生活变迁为视角。① 巴黎高等师范学院的地缘战略研究中心也是一个著名的跨学科高校智库，涵盖历史学、政治学、地理学、国际关系学、经济学、管理学、新闻学等多个学科，对多学科背景下的地缘政治问题有着深入的研究与丰厚的学术积累，尤其擅长从地缘政治和地缘战略角度考察当代世界国际关系，不仅具有较高的学术影响力，而且对法国政府的外交战略具有重要的决策影响力。

（二）典型智库：巴黎政治学院

巴黎政治学院创立于1872年，是法国最著名的高等教育与研究机构，其政治学、国际关系学学科排名居世界前5，综合排名也在前50名之列。1952年，该大学发挥自身的学科优势，与法国政治科学基金会联合设立了国际问题研究中心（CERI）。经过半个多世纪的发展，该中心不仅在法国国际关系研究、外交战略制定等方面占有重要地位，而且成为高端政治、外交人才培养的重要阵地。具体而言，该高校智库主要有以下三个特点：

（1）采取了与官方科研机构共建的模式，是一所具有官方背景、官方支持的高校智库。

法国的自然与社会科学研究工作主要有两大公共机构承担，一个是全国政治科学基金会，另一个是法国全国科学研究中心。1952年，法国政治科学基金会与国内相关大学、科研机构合作成立了8个研究中心，其中就包括CERI。1967年，CERI凭借其在政治学、国际关系学领域卓越的学术成果而成为CNRS首批签约研究试验室。从此以后，在法国两大最权威的科研机构的领导、支持和资助下，加上依托大学的优势学科与人才资源，CERI迅速发展壮大，成为法国乃至世界国际关系研究领域内著名的高校智库。

（2）特色鲜明的研究方向与跨学科研究方法。

---

① 冯绍雷：《智库——国外高校国际研究院比较研究》，上海人民出版社2011年版，第147页。

CERI 重点研究国家的历史发展轨迹、争端以及后争端形式、民主化进程、政治认同、移民动因、国际政治与经济等问题，并注重从比较政治社会学、政治人类学等多学科视角去研究这些问题。为保障研究成果质量，该中心十分重视建立健全国际学术交流与合作网络，与世界各国的相关大学、学术组织、基金会等建立了密切的合作关系，聘任了多位外籍研究人员，邀请国外学者担任客座研究员，每年至少举办 100 次学术会议，并经常性地与合作伙伴共同组织研讨会、座谈会和夏季学校，合作出版国际关系专著。

(3)注重通过出版与传播来提升自身的影响力。

智库影响力包括学术、社会、决策影响力等多重维度，而社会影响力对于提升智库的学术与决策影响力具有十分重要的促进作用。正是基于这一认识，CERI 高度重视智库的社会影响力建设，并将做好研究成果的出版与传播工作作为提升社会影响力的重要手段。据统计，自 20 世纪 90 年代以来，CERI 先后创办了《国际问题研究中心调研》《国际评论》《问题研究》《比较政治与国际问题研究》等近十种刊物，其中一些已经成为学界与政界公认的权威刊物，对普及中心的研究成果、扩大影响力起到了极大的促进作用。

## 三、俄罗斯高校智库

### (一)基本情况

作为传统的超级大国，俄罗斯高等教育起步较早，不仅拥有深厚的人文历史积淀，而且有着丰富的智力资源。早在 20 世纪 50 年代，苏联就成立了体制内智库，即作为中央直属的政策研究机构的苏共中央马克思列宁主义研究院与苏共中央社会科学院，以莫斯科大学为代表的高校也成立了一些具有决策咨询功能的研究所、学会。苏联解体后，这些智库机构经过改造，大部分保留下来，也有一部分人才流向社会后组建了民间智库。尤其是自 20 世纪 90 年代以来，随着国际经济学家联合会、卡耐基中心等一些国际性研究机构相继登陆俄罗斯，俄罗斯逐步形成了多元化、多层次的智库体系，高校智库也在这一体系中逐步发展壮大起来。根据 2016 年全球最佳大学附属型智库榜单，俄罗斯有两所高校智库进入了前 90

名，分别列 12 和 34 位(国家研究大学的外交关系与防御委员会 SVOP)。总体而言，俄罗斯的高校智库主要有以下三个特点：

(1)对政府的依赖程度高，决策影响力不高。

在俄罗斯的智库体系中，官方或具有官方背景智库的地位十分重要，有些甚至能够直接为总统服务，具有巨大的决策影响力，如俄罗斯战略研究所与俄罗斯外交与国防政策研究委员会就是这种类型的智库。这些智库与俄罗斯总统、总理、国家杜马、外交部与国防部都有着密切的关系，决策层在外交与国防战略制定中多次听取了该智库的意见和建议。如在 1999 年，外交与国防政策委员会为当时即将上任的新总统普京准备了题为《俄罗斯战略：总统的议事日程》的咨政报告。对照普京当政的 8 年，其内外政策在这一报告中屡得印证，该智库也因此声名鹊起，在俄罗斯政界与学界产生了巨大的影响力。比较而言，高校智库属于"准官方智库"，其经费来源主要依靠政府拨款，但与决策部门的关系不如官方智库那么密切，在学术战略、研究方向上与官方的契合度不高，因此研究成果的决策影响力也比较一般。

(2)国际化程度低。

自苏联解体以来，俄罗斯的国际政治、经济地位都有较大程度的下降，高等教育发展也经历了一个较长时期的低潮期，曾有的国际学术影响力大为衰落，从而导致了高校智库的国际学术影响力也普遍不高。①

(3)高校智库与其他智库之间的协同创新、人才交流日益增强，逐步构建了跨学科、多元化、协同化的智库人才体系。

俄罗斯高校智库的研究人员最初主要由本校的大学教授为主。而随着智库研究对跨学科的需要，大学智库不仅在人才选拔上更加重视实践经验与跨学科背景，而且越来越注重从政府卸任官员、知名企业家、媒体精英等群体中吸纳人才。如俄罗斯科学院的世界经济和国际关系研究所就十分注重从外交与国防政策委员会的离任或

① 王佩亨、李国强：《海外智库：世界主要国家智库考察报告》，中国财政经济出版社 2014 年版，第 222 页。

退休官员中吸纳人才。

(二)典型智库：莫斯科国际关系学院

该学院是1944年在莫斯科大学国际系的基础上建立起来的，它隶属于俄罗斯联邦外交部，同时接受俄罗斯教育部的管辖。经过半个多世纪的发展，莫斯科国际关系学院不仅成为俄罗斯外交部的重要智库机构，而且事实上成为外交家的摇篮。

1. 典型的智库型大学

根据智库与大学的关系，有学者曾经将大学附属型智库划分为四个类型，即作为大学学院的智库，作为大学系(部)的智库，具备大学图书馆功能的智库，与大学融为一体的智库。而莫斯科国际关系学院就是一家典型的与大学融为一体的智库。这种类型的高校智库的主要特点是将决策咨询作为大学的核心功能，并在人力、财力、物力资源的分配上向提升决策咨询功能倾斜。

2. 与政府的亲密关系

莫斯科国际关系学院有着深厚的政府背景，早在20世纪50年代就已经是苏联培养国际领域专家的重要阵地。在政府的强力支持下，莫斯科国际关系学院的办学实力在20世纪90年代以来有了长足的进步，基本上汇聚了俄罗斯国际关系研究领域最顶尖的学者、最优秀的学生。而俄罗斯政府在外交战略制定、高端外交人才培养上也越来越倚重国际关系学院。

3. 以一流的学科与人才支撑一流的智库建设

莫斯科国际关系学院是一所典型的研究型大学，在俄罗斯国际关系学、政治学等学科领域稳居前列，在国际上也有一定的影响力。2001年，由国际关系学院发起成立的“俄罗斯国际研究协会”，吸引了独联体与中东欧等国家的40多所高校参加。与此同时，由于在半个多世纪的外交人才培养过程中积累了丰富的经验、形成了教育教学质量控制体系，国际关系学院于1994年牵头成立了俄罗斯高校国际关系“教学方法联合会”，并在这一框架之下协调各高校的国际关系教学与科研活动。

## 第三节 亚洲地区典型国家的高校智库建设

### 一、日本高校智库

(一)基本情况

日本智库建设相对于欧美国家来说起步较晚，大部分是在“二战”后为适应国内经济重建与社会发展的需要而设立的。高校智库也基本是在这一时期伴随着日本高等教育的发展而成长和壮大起来的。总体而言，日本的高校智库主要有以下三个特点：

(1)高校智库发展受到国家立法的保护。

日本有着重视智库、依赖智库的政治传统，早在1907年，当时的日本帝国为了适应在东亚地区侵略扩张的需要，成立了满铁调查局，所有资金来自政府，专门从事殖民地行政调查，在40多年间撰写了万余份详尽的研究报告，为日本的殖民统治与侵略战争提供了大量的情报与政策建议。1919年日本法政大学成立的“大原社会问题研究所”，通常被认为是日本最早的高校智库。从20世纪70年代开始，随着日本国内经济的复苏以及高等教育体系的不断完善，包括高校智库在内的日本智库进入到一个快速发展时期。为了规范智库行业的发展，当时的日本政府还出台了一系列政策，如1973年，日本国会通过了《综合研究开发机构法》，并于当年3月成立了第一家综合性的政府智库。1975年，在政府主导和推动下，日本智库协会成立，并逐步形成了从中央到地方的组织体系。作为智库的协调机构，这些协会不仅加强了智库的引导和建设，而且避免了相同领域的智库的重复建设与智库之间的不良竞争，引导日本智库向良性、有序、科学的方向发展。① 1998年，日本又出台了《NPO法》，其后又颁布了《信息公开法》，从法律层面规范了包括高校智库在内的非营利组织的运行环境。

---

① 刘双喜：《战后日本智库的发展及启示》，载《日本问题研究》2017年第1期。

(2)在日本的智库体系中，高校智库处于从属地位，影响力相对较小。

日本智库大体上可以划分为四类，即官方智库、企业智库、民间智库、高校智库。比较而言，高校智库虽然有着高校学科与师资的强力支撑，但它既不像日本官方智库那样距离决策层较近，也不像企业智库那样有着实力雄厚的财团支撑，更缺乏民间智库体制机制灵活的特殊优势，因此在日本的智库体系中处于从属地位，影响力不高。在2016年全球大学附属型智库排名中，前90名中仅有一家日本智库入选，即早稻田大学的东亚研究院。但是，随着近年来日本智库之间合作与交流的加强，尤其是日本政府派遣研究员制度的实行，使得高校智库在日本智库体系中的影响力有一定程度的提升。所谓派遣研究员制度，是指在政府的协调与推动下，政府相关部门、公立高校、科研机构根据需要向智库派遣研究员，带薪工作一段时间后再返回原单位工作，类似于美国智库的“旋转门”制度，但又有一定区别。

(3)坚持以一流的学术影响力支撑一流的决策影响力。

除早稻田大学外，日本国内比较著名的高校智库还有东京大学的社会科学研究所、京都府立大学的政策研究中心、关西大学的经济政治研究所、广岛大学的和平科学研究所、北九州市立大学的都市政策研究中心、北海道大学的斯拉夫研究中心等。这些高校智库具有一个共同特点，即以一流的学术影响力支撑一流的决策影响力。如北海道大学的斯拉夫研究中心成立于20世纪50年代，是列入日本文部省支持计划的重点研究机构，半个多世纪以来一直秉持多学科研究与学术为本的发展理念，逐步成长为国际斯拉夫研究领域最权威的学术机构之一。又如广岛大学，作为一所在核战争废墟上建立起来、深受核战争危害的大学，早在20世纪50年代就设立了和平科学研究所，结合日本国情全面加强和平学学科建设。经过半个多世纪的发展，其研究内容也从早期的重点关注战争与和平问题，逐步转向关注国际社会的贫困、不平等、环境破坏、人权等全球性问题。随着国际学术影响力的提升，广岛大学的和平科学研究所与瑞典的斯德哥尔摩国际和平研究所等国际著名智库一道，逐步成为这一领域国际一流的研究重镇，并对日本的内政与外交战略产生了深远的影响。

(二) 典型智库：早稻田大学亚太研究院

该研究院成立于1998年，是早稻田大学设立的第一个兼具教学与科研功能的学术组织，经过20多年的发展，亚太研究院不仅成为全球最大的专注培养通晓亚太事务高端人才的基地，而且成长为这一领域最顶尖的高校智库。总体而言，亚太研究院主要有以下三大特点：

(1) 立足亚太地区，在全球布局，着力提升国际学术影响力。

早稻田大学创立100多年以来，始终秉持"调和东西文明"的发展理念。基于这一理念，早稻田大学亚太研究院将自身的发展战略目标确立为"从全球与地区视角，对亚太地区的历史、政治、经济、产业、经营、社会、文化与国际问题展开跨学科研究，培养具有高度专业知识，能够将研究成果广泛应用于社会的专家和学者，为人类社会发展作出贡献"①。遵循这一战略，亚太研究所与国外多所著名大学、科研机构签订了共同研究、学者交流、学生互换等学术协议，吸引了来自世界70多个国家的学者、留学生前来访学留学，并定期召开有关亚太事务主题的国际学术会议，国际学术影响力与日俱增，在积极践行早稻田大学"调和东西文明""共创亚太地区智识"的发展理念中发挥了极其重要的作用。

(2) 功能互补、相得益彰，促进科研与教学深度互动。

亚太研究院同时也是早稻田大学十几个研究生院之一，与其他研究生院最大的不同之处在于，亚太研究院实行的是真正的研究式教学。几乎所有的教学活动都围绕研究课题展开，每门课程同时也是每位专职教师的研究方向，硕士生或博士生都以学生和研究人员的双重身份加入到研究院的14个研究小组中，成为重要的研究辅助力量。来自世界各地的优秀学者、学生汇聚在多种文化并存的科研与教学环境中，围绕同一研究课题展开交流，教学相长，学生无

① 冯绍雷：《智库——国外高校国际研究院比较研究》，上海人民出版社2011年版，第185页。

论使用日语或英语都可取得学位，国外学者可以独立承担或共同负责由亚太研究院委托的项目，其十分注重将最新的研究成果运用到研究生教学中，真正实现了科研与教学的深度互动。

(3)注重发挥重大项目的带动与整合作用，从整体上提升亚太研究院的影响力与竞争力。

为进一步发挥研究课题在教学与科研体系中的特殊作用，亚太研究院从2002年开始，深度参与了由日本文部省倡导和资助的"现代亚洲学"项目。由于研究成果显著，2007年，亚太研究所获得了文部省"全球COE项目"——"为整合亚洲地区培养世界型人才基地"(简称GIARI)，这是一项跨学科、综合性、长期性的重大项目。该项目以亚洲国家为主要研究对象，涵盖了政治、经济、外交、历史、教育、人权等多个领域，其最终目的是要通过研究分析亚洲地区的区域发展与地区合作，形成体系化的"亚洲地区整合理论"，并为这一理论的实践培养高端人才。以这一重大项目为纽带，亚太研究院不仅有效整合了早稻田大学的学术资源，而且吸纳了亚洲地区乃至世界一流高校的参与，研究成果产生了广泛的国际学术影响力。与此同时，其以课题研究为核心、以协同育人为特色的高端人才培养模式也得到了广泛的社会认同。

## 二、印度高校智库

### (一)基本情况

印度是一个历史悠久的联邦制国家，也是人口最多的发展中国家之一，与中国的国情十分类似。印度政治是一个错综复杂的综合体，地方主义、宗教、种姓、政党等多重因素交织在一起，尽管印度在政治体制上实行民主议会制，但其国家战略与政治决策往往是上述多重因素相互博弈的结果。随着近年来印度经济市场化、政治民主化改革进程的加快，包括高校智库在内的印度智库也开始在政治格局中发挥越来越重要的作用。

印度最早的智库是在1948年成立的官方智库——印度数据统计研究所。而高校智库则是在20世纪90年代以后，随着印度高等教育的大发展而逐步发展起来的。近十几年来，在印度政府的推动下，印度智库在数量上有了较大发展，连续几年排名居世界前 5。但是，从印度智库的类型与构成来看，主要有政府智库、企业智库、民间智库，高校智库则数量较少，影响力一般。在麦甘教授 2016 年的全球最佳大学附属型智库排行榜前 90 名中，印度有一家高校智库入选，即尼赫鲁大学的“科学政策研究中心”。以下，对印度高校智库的基本情况和主要特点进行介绍与分析。

(1)独立性较强，与政府、政党关系不密切，主要通过影响公众来影响决策。

印度智库虽然数量较多，但规模普遍较小。由于慈善文化不发达，很少有企业向智库提供捐赠，资金来源单一，高校智库的经费主要来自于校方支持。同时，除官方智库外，无论是高校智库还是民间智库，与印度政府与政党关系都不够密切，独立性很强。尽管也有一些印度政府的退休官员在高校智库任职，但很少有学者去政府任职。也正因为如此，高校智库的学者很少能够通过个人政界关系直接向决策层提供咨询，而往往是通过顾问委员会的形式提交政策建议。为了提升决策影响力，印度高校智库十分注重利用各种新闻媒体来宣传相关的政策理念、政策建议，通过教育和引导公众来间接地提升决策影响力。

需要强调的是，由于印度高等教育体制改革的相对滞后，高等教育领域的管制政策很严苛，海归人才很难进入。加上缺乏双向“旋转门”制度，印度高校智库实际上比较缺少既有深厚理论基础又有丰富实践经验、国际视野的政策科学家，因此在本国的智库体系中决策影响力相对较低，甚至比不上一些知名的民间智库。

(2)聚焦东南亚与中国研究，为国家外交战略服务。

由于经费来源单一，印度高校智库主要分布在规模较大、办学实力较强的研究型大学中，且研究议题主要集中在东亚、南亚与中国问题上，如尼赫鲁大学、德里大学、金德尔全球大学都设有专门的东南亚与中国问题研究机构。尼赫鲁大学设立的中国与东南亚研究中心，是该校国际关系学院的 13 个研究中心之一，近年来重点围绕中印关系开展研究，并与中国社会科学院、云南省社会科学院等有着密切的学术交流合作，产生了较大的影响。

(3)高校智库与企业智库、民间智库深度融合，协同发展。

随着世界范围内高等教育改革进程的加快，大学与其他社会组织的边界也不再像以前那样清晰。很多大学成立了具有独立法人资格的校办企业、独立智库、社团组织，也有很多的研究机构、大型企业进入高等教育领域，开展研究生培养，甚至直接设立了大学。如美国的兰德公司、巴西的瓦加斯基金会、韩国的釜山研究院等就是如此。印度智库在这一方面体现得尤为明显。如著名的印度智库——印度能源与资源研究所(The Energy and Resource Institute，TERI)就是如此。该研究所成立于1974年，是一家非营利的民间智库，主要经费来源于印度最大的能源企业——塔塔集团的捐赠，其主要愿景是“为实现全球可持续发展提供科学、技术与创新方案”。在塔塔集团的强力支持下，该智库发展态势良好，在印度能源政策制定的决策咨询中发挥着重要作用。

(二)典型智库：印度德里大学的中国研究所

印度德里大学创建于1922年，是印度最著名的综合性大学之一。德里大学的中国研究所成立于1990年，其前身是由印度多所大学、科研机构的中国问题研究学者发起的一个非正式学术论坛，其建立的主要目标是通过发起、承担和支持研究所内外的研究课题，积极促进印度中国学的系统研究，为该领域的学术交流和合作提供论坛。作为印度国内最权威的中国问题研究机构，该研究所主要有以下两大特点：

(1)研究领域广泛，与中国高校、科研机构合作密切。

该中国研究所目前有20多名专职研究人员，并吸纳了尼赫鲁大学、孟买大学等其他高校研究中国学的著名学者，以及一些资深的外交官。该所的研究内容广泛，从中国历史到当代中国的社会、政治、经济、外交、军事、文化等诸多方面都有所涉及。为深入实践研究中国问题，该所近年来与中国多所大学、研究机构建立了密切的合作关系，通过共同承担科研项目、定期召开研讨会、互派访问学者等方式，全面加强学术交流与合作。同时，由于有着相似的国情，该中国研究所的很多学者、学生对中国发展有着深厚的学术兴趣，经常深入中国二三线城市、中西部地区、农村进行田野调查，进行中印国情的比较研究。

(2)努力在学术影响力与决策影响力之间保持平衡。

作为大学附属智库，该中国研究所虽然也接受来自印度外交部的部分科研资助，但其在发展战略上更侧重学术影响力。该所创办的学术杂志《中国述评》，是南亚地区唯一的研究中国问题的学术刊物，在印度乃至国际学术界都有着广泛的学术影响力。研究所近十年来每年都召开“印度中国学大会”，组织中国问题的研修班，并以此为平台，汇聚与整合印度国内研究中国问题的学术力量，研究所的专家学者也经常在国内外报刊媒体上发表关于中国问题的文章或专访。但是，对于印度高校智库来说，在学术影响力与决策影响力之间保持平衡并非易事，由于该中国研究所的成果更侧重学术性，有些学术见解或言论甚至与印度政府的立场相反，很难满足印度政府外交战略的需要，无法对政策设计作出帮助，从 2016 年开始，印度外交部取消了对该中国研究所的资助。① 这使得该研究所正常学术活动的开展受到了很大的影响。

## 三、新加坡高校智库

### (一)基本情况

新加坡是一个多元文化融合的国家，稳定的政局、法治的环境、廉洁高效的政府、发达的高等教育，都为高校智库的发展奠定了坚实的制度基础，使其在新加坡的公共决策乃至国家战略中都发挥了十分重要的作用。总体来说，新加坡的高校智库主要有以下三个特点：

(1)数量不多、规模不大，但质量较高，影响力较强。

新加坡知名的公立高校普遍设有智库，且大部分采取了由政府相关部门与大学共建的模式，主要以研究国际问题和公共政策为主，如东南亚研究所(ISEAS)、南亚研究所(ISAS)、政策研究所(IPS)。虽然新加坡大学智库的数量仅有十几家，规模也不太大，

---

① 易简：《因“无法对政策设计提供帮助”，印度政府对这家“中国研究所”下手了》，《环球时报》2017 年 3 月 14 日。

但普遍具有较高的影响力。如在麦甘教授2016年的《全球智库报告》中，前90名中新加坡就有两家智库入选，分别是排名第13的“亚洲竞争力研究所”，排名第83的“政策研究所”，均隶属于新加坡国立大学李光耀公共政策学院。

(2)政府支持力度很大，温和包容的政治文化孕育了相对独立、建设性的智库文化。

作为一个多元文化融合的国家，新加坡高校智库的产生、发展都有着极其特殊的源起与轨迹。一个最显著的特征是，几乎所有著名的高校智库都是由国家领导人直接开创和设立起来的，如首任总统尤索夫·宾·伊萨克、前副总理吴庆瑞、前总统陈庆炎、前总理吴作栋，等等。一直到今天，聘请前国家领导人或部长级官员担任高校智库的名誉负责人，仍然是新加坡高校智库的重要传统。尽管高校智库与政府有着如此密切的关系，但在新加坡所特有的温和包容的政治文化中，政府部门通常能够与智库保持“一臂之距”，仅仅对智库运作的财务状况进行审计与监管，一般不会干涉或影响智库的学术自由与价值中立。

(3)善于将智库作为民众沟通和加强国际交往的重要渠道和桥梁，长期从东西方文化交汇的视角研究和关注中国。

新加坡高等教育发达，国际化程度较高，依托大学的智库也深受其益，普遍建立了广泛的国际学术交流网络。同时，新加坡政府虽然不直接干涉智库的研究工作，但往往会通过委托项目的方式，引导智库扮演民众沟通和国际交往的重要角色。以中新关系为例，新加坡很多高校智库都与中国的政府部门、科研机构、高校智库建立了长期学术交流与合作关系，形成了既不同于欧美又不同于中国的“第三只眼睛看中国”的独特视角，而这一视角及其形成的政治主张、政策见解不仅对中国政府具有不可替代的借鉴意义，而且对其他国家的政治、经济与外交政策都具有重要的参考价值。如2014年，在中国政府提出建设亚洲基础设施建设投资银行的主张并付诸实施后，英国与澳大利亚政府就专门派员赴新加坡相关高校智库，了解中国这一政策的战略愿景，以及对世界经济格局可能造成的影响。

(二)典型智库：新加坡国立大学东亚研究所

新加坡国立大学东亚研究所成立于1997年4月，下设政治、经济、社会与东亚四个研究组，重点关注当代中国的政治、经济与社会发展，以及中国与东盟、东亚、亚太地区的政治、安全与经贸关系。作为一家成功的高校智库，东亚研究所主要有以下三个特征：

(1)政校协同，相对独立的学术组织。

东亚研究所的前身是东亚哲学研究所，是新加坡前总理李光耀在1983年亲自创建的，由前副总理吴庆瑞亲自担任执行主席。30多年来，东亚研究所延续了与政府高层密切互动的政治传统，定期向总统、总理办公室、相关政府部门报送研究报告。在管理体制上，东亚研究所采取了政校协同的管理委员会制度，新加坡政府外交部、贸工部、国防部的领导人，以及新加坡国立大学人文社会科学院、法学院、商学院三个学院的院长，共同担任管理委员会委员，研究经费主要来自于政府拨款。尽管接受政府与大学的双重领导，但研究所在学术研究上相对独立，每年自定研究选题。每年年初，相关政府部门与大学领导及研究所的负责人、研究人员进行座谈，一方面了解研究所的项目进展，另一方面沟通与阐明政府关注的政策议题。从这个角度来说，东亚研究所的学术独立是一种基于软约束的相对独立，其核心是研究成果的质量是否能够得到政府部门的认可。

(2)促进学术研究与政策研究的良性互动。

东亚研究所现任董事会主席是王赓武教授，所长是郑永年教授，他们都是研究东亚史与中国问题的著名学者，在国际学术界具有很高的地位。在他们的带领下，研究所坚持“学术立所、人才兴所”的战略，积极吸引了来自世界一流大学的青年才俊加盟，并通过举办学术会议、创办学术刊物、加强国际学术交流等方式，着力提升国际学术影响力，取得了良好的效果。与此同时，研究所较好地继承了吴庆瑞时期的政策研究传统与政府沟通渠道，坚持把学术研究与政策研究有机结合起来，学者进入到研究所之后，都会经历一个学习撰写政策报告的过程，尤其是要学会将高深的学术理论、学术语言转换为通俗易懂的政策语言。研究所每周都要向相关政府部门报送两篇政策报告或建议，政府部门也会定期或不定期就特定的政策议题咨询研究所的意见。

(3)专业、灵活、高效的内部运作机制。

东亚研究所现有专兼职研究人员50多名，行政人员与研究助理若干名。各类人员之间的分工非常明确，且实行严格的聘期考核制度。所长统筹全局，领导政策研究、对外交流和行政管理；学者按照各自既定的研究方向从事学术研究；研究助理协助学者处理日常的行政事务；文字编辑负责对研究报告、学术刊物等出版物进行编辑润色，另外有专门的行政人员处理行政手续、经费开支、薪酬福利、对外接待等事务。① 在这样的分工负责体系之下，学者能够不受行政事务的纷扰，专注地从事学术研究。研究所虽然分为四个研究方向，但每个月都会召开一次小组会议，相互通报研究进展，就合作项目交换意见，以确保全所每周能提交两篇研究报告。同时，研究所每周举办一次内部的学术交流会，每年召开2~3次国际学术会议，并经常邀请海外到访新加坡的著名官员、学者到研究所举办学术讲座。研究所十分注重研究成果的社会推广，除注重政策报告的采纳外，其学术成果通过两份自办的国际学术期刊广为传播，其中，《国际中国学刊》从2009开始已经列入SSCI(社会科学引文索引)。

## 第四节　世界高校智库发展的共同经验及对我国的启示意义

通过对欧洲、美洲、亚洲等主要国家高校智库发展历程、经验的分析可以看出，高校智库作为一国智库体系的组成部分，正在这些国家的民主政治中发挥着不可替代的作用。尽管各国高校智库发展的外部环境、制度设计、运作模式、决策影响力都存在较大差异，但也有一些各国普遍认同和遵循的共同经验，这些经验

① 郑永年：《内部多元主义与中国新型智库建设》，东方出版社2016年版，第155页。

对于建设具有中国特色的新型高校智库无疑具有十分重要的借鉴意义。

## 一、价值理念方面

### (一)大学应当及时回应时代发展与社会进步的内在要求

要主动契合国家民主政治建设的迫切需要，通过加强智库建设，在知识精英与统治阶层之间搭建起深度互动的桥梁，并在提升自身影响力的同时，带动学校教学、科研整体水平的提高。在这一问题上，我们能够从美国、日本等发达国家高校智库的发展历程中得到印证。美国是世界上智库起步最早、数量最多、影响力最大的国家。从其“二战”以后智库体系形成的过程来看，在政府的强力推动下，官方智库、民间智库首先发展起来。这两类智库虽然在分析和解决短期性、应急性政策议题上具有优势，但在持续跟踪研究一国甚至是国际范围内长期性、战略性、系统性问题上，往往是心有余而力不足。在这一时代背景下，学科门类齐全、高端人才汇聚、学术力量雄厚的大学智库应运而生，并迅速成长壮大，成为美国智库体系中的重要一环。有些大学还形成了独特的智库集群现象，如哈佛大学就拥有十几家著名的智库，入选全球顶级大学智库前 20 名的就有 3 家，分别是排名第 2 的贝尔弗科学与国际事务中心，排名第 14 的国际发展研究所，排名第 15 的魏德海国际事务研究中心。正是凭借这些智库集群，哈佛大学能够为美国的国家战略提供系统化、集成化的智力支撑，成为国家决策咨询体系的重要环节。

日本虽然是亚洲国家，但其在“二战”以后之所以能在经济发展上取得较大成功，跻身发达国家行列，一个重要原因是其既注重吸纳西方发达国家经验，又致力于将东方文化与西方文明有机结合起来，在“调和东西文明”中促进国富民强。为响应这一国家战略，早稻田大学将“调和东西文明”作为最核心的办学理念，并通过创建东亚研究所等智库机构，作为推行这一理念的重要载体与平台。同时，在研究方向与重点上，东亚研究所也紧密契合国家战略，通过大量的实证调查与理论研究，为日本的内政外交战略提供了很多有价值的政策建议。

(二)注重打造从生产、销售到运用的完整知识产品价值链

在知识经济迅猛发展的今天，大学仅仅作为知识生产者的角色是远远不够的，知识的推广与运用，以及在国家创新体系、决策咨询体系中的作用，正逐步成为检验一所大学办学水平、核心竞争力的重要标准。为了做到这一点，大学必须把智库建设置于更加重要的战略地位，着力打造更加完善，集知识生产、销售、运用为一体的价值链，不断拓展大学服务社会的深度与广度。从这个意义上说，如果把大学传统学院的主要功能定位为知识的生产，那么智库的功能则更侧重于提升知识的附加值，促进知识的销售与运用。如英国的伦敦政治经济学院是一所以政治学、经济学、法学见长的人文社会科学类高校，学科应用性很强。为提升影响力，该校十分重视智库建设，几乎在每一个优势学科领域都拥有几家国际一流的智库，形成了学科、学院、智库三位一体、关联互动的发展模式。如在国际关系学领域，该校的外交与国际战略研究中心(IDEAS)在全球顶尖高校智库中位列前3；在政治学领域，该校2017年与我国复旦大学合作共建了全球公共政策研究院；在经济学领域，该校的经济表现研究中心(Centre for Economic Performance)在国际上具有很高的学术影响力。同时，该校地处政治、经济、法律机构汇聚的伦敦市中心，既能够贴近研究对象，增强智库研究的针对性，又在智库成果的营销推广、人才交流上具有得天独厚的优势。

(三)努力在学术自治与政治民主之间寻求平衡

在知识与权力、知识精英与统治阶层，以及学术自治与政治民主之间，既存在相互需要、相互促进的内在需要，也有某种程度的价值冲突，而双方最优关系模式取决于是否能够通过博弈达到某种均衡。这种均衡不是一方完全服从或服务于另一方，而是一种以“平等、共生、互动”为特点的战略合作关系。从各国经验来看，努力打造、维护这种互动关系，是一流高校智库取得成功的关键。尽管很多高校智库都标榜自己的独立性，但在实践中很难做到这一点。尤其是那些接受政府资助，或有政党背景、意识形态倾向的大

学智库，很难避免持有一定的研究立场。在这一问题上，新加坡高校智库的经验值得借鉴。如前文所述，新加坡著名的高校智库都与政府有着十分密切的关系，有些甚至由政府相关部门与大学共同设置与管理，经费也主要由政府提供。但由于强调智库的独立性在新加坡具有很高的价值共识，因此，政府较少干涉智库的研究，始终与智库保持“一臂之距”。但政府会定期就关心的议题与智库负责人、研究人员进行交流和座谈，寻求双方共同关注的研究主题。同时，智库在从事对策研究时，也会把自身的学术偏好与政府的实际需求有机结合起来，努力寻求一种“和而不同”的战略合作关系，双方在相互尊重、相互合作的基础上形成了一种独特的政治默契。

## 二、发展战略方面

### （一）结合大学实际，通过凝练特色来打造比较优势

从各国智库发展的一般规律来看，高校智库在一国的智库体系中通常处于“后发”地位，论决策影响力很难与更靠近权力中心政府智库、政党智库相比，论体制机制灵活度也难与一些规模较大的民间智库相比。但是，高校智库依托大学雄厚的学术资源，具有学科齐全、经费充裕、人才聚集、地位超脱的特殊优势，如果能够利用好这些优势，往往能够克服后发劣势，形成自身的特色与优势，尤其是其他智库很难做到的学术战略，如对某一方向的长期跟踪研究，相关领域政策科学高端人才培养，等等。如上文提到的美国哈佛大学贝尔弗科学与国际事务中心，虽然成立不到半个世纪，但正是凭借其科学的发展战略，影响力迅速提升，从 2015 年开始连续几年在全球顶尖高校智库排名中高居榜首。

贝尔弗科学与国际事务中心的发展战略可以阐释为“依托优势学科、聚焦关键领域、政策研究与人才培养相结合”，分为两大战略目标：一是在科学、技术、环境政策和国际事务的交叉领域，作为提供国际安全和其他关键问题相关政策知识的领导者；二是为这些领域储备未来领导人。遵循这一战略，贝尔弗科学与国际事务中心紧紧依托哈佛大学的学科优势，将研究领域聚焦在外交与国际政治、

环境与自然资源、国际安全、科技和公共政策四大领域，长期持续地进行追踪研究，并注重把政策研究与智库人才培养有机结合起来，从而使得中心的影响力稳步提升，成为全球顶尖的高校智库。

（二）坚持市场化运营，注重思想产品的营销与推广

在知识更新速度加快的信息化时代，一种思想产品要想产生影响力，不仅取决于其本身的质量，而且高度依赖知识生产者的营销与推广策略。对于大学智库来说，通常会在三大领域面临思想产品的推广问题，即面向决策部门领域、面向学术界领域、面向社会公众领域。从这三大领域的推广效果来看，面向决策部门和社会公众的影响力更为直接和深远。正因为如此，很多一流的高校智库坚持把“影响有影响力的人”作为思想产品营销的主要策略。如加拿大渥太华大学的科学、社会与政策研究所（ISSP），在思想产品的推广上坚持面向有影响力的特殊人群，开展针对性极强的思想营销，研究所有一支专门队伍负责与学术机构之外的政府、企业、社会组织打交道。研究所定期出版刊物与研究报告，寄送给相关政府部门，并通过召开座谈会、研讨会、电视采访等形式广泛进行宣传与推介。为扩大思想产品的影响力，加拿大的另一家高校智库甚至将智库报告制作成了电影纪录片，在全世界发行，取得了很好的宣传效果。

（三）高度注重国际化，着力提升国际学术影响力

大学是各国间国际文化交流的重要平台，我国已经将文化传承界定为中国特色社会主义大学第四大职能。从世界一流大学智库的经验来看，坚持走国际化道路，不仅是其提升自身影响力的重要途径，有些甚至能够在一国公共外交中发挥不可替代的重要作用。如美国约翰·霍普金斯大学的保罗·尼采高级国际研究院（SAIS）为促进学术研究的国际化，先后在欧洲、亚洲设立了两个研究分中心，并在全世界范围内招收合作研究人员与留学生。这些研究国际问题的学者与学生，处在一个小小的“国际社会”中，这对于理解和领悟复杂的国际事务是大有裨益的。① 还有些国家的高校智库善

① 冯绍雷：《智库——国外高校国际研究院比较研究》，上海人民出版社2011年版，第29页。

于运用现代信息化技术促进智库研究与学术交流的国际化，也收到了事半功倍的效果。如美国乔治城大学战略与国际研究中心(CSIS)就利用社交媒体Facebook与国内外学者、学生、普通民众进行交流。仅在2012年，中心的Facebook账号的关注用户数就达到了15万，每天有94%的国外网络用户与中心进行交流。① 日本的高校智库则十分注重研究成果的国际化，很多智库都鼓励和引导研究人员用英文发表或公开研究成果，以便加强学术思想的国际传播与交流。如果说以上几家大学智库仅仅是在某一方面的国际化上做得比较成功，美国普林斯顿大学的威尔逊公共与国际事务学院则是实施了系统化的国际化战略，包括研究机构设置的国际化、研究队伍的国际化、课程设置的国际化，一直到学术合作与交流的国际化、研究成果传播的国际化。

## 三、宏观政策方面

### (一)关于智库的国家立法

作为一国决策咨询体系的重要组成部分，包括高校智库在内的智库组织往往能够在国家政治生活中发挥不可替代的作用。但是，在高度强调法治的现代国家治理视域下，任何一个社会组织，无论以何种形式参与国家治理，都需要在立法层面予以明确。同时，为确保国家治理中重大决策的科学化、民主化，从立法上规范决策程序，要求政府部门在实施重大决策前必须向公民个人或智库组织广泛征求意见，也是民主国家的通常做法。如日本政府早在1972年就成立了《综合开发机构法》，将智库管理纳入法律轨道。韩国政府也在1999年出台了《关于政府投资研究机构的建立、运营与培养的法律》，要求政府投资设立智库必须明确设立目的、主要职能、院长任期、财务预算，在法律框架内运行，并依法设立了专门管理智库的国家机构——韩国经济与人文社会研究会。美国国会则在1972年就通过了《联邦咨询委员会法》，要求各级

① 董石桃、刘勇：《美国高校智库国际化发展及其启示》，载《比较教育研究》2016年第3期。

政府将咨询作为决策过程的法定程序，重大决策的论证、投资、运作、完成、效果评估等各个阶段都要有不同的咨询报告。这就为智库研究工作的开展提供了强有力的法律支撑，而大学智库更是因其相对独立、学科齐全、研究力量雄厚的特殊优势而受到各级政府的青睐。

(二)促进高校智库发展的优惠政策

客观性、独立性是衡量智库水平的重要标准，也是高校智库的独特优势。而为了秉持这两大原则，高校智库就不能像一些民间智库或企业组织那样，具有赢利的组织目标，这也正是很多国家将大学智库界定为公益类非营利组织的原因。为了支持高校智库的发展，有些国家还从财政、税收等政策方面给予强力的支持，如规定免税或减税政策，将高校智库的研究经费纳入政府预算体系。新加坡政府还通过政府财政预算的形式，为高校智库提供稳定的、不预设条件的财政支持。日本通过实施派出研究员制度，为智库提供稳定的人才支撑。美国税法则明确规定，凡是“运作目标完全是为了从事慈善性、教育性、宗教性和科学性”事业的社会组织，都能够享受免税待遇，而美国的高校智库通常都是这类社会组织。另外，很多国家的慈善法都规定社会捐赠能够享受税收减免待遇，而有相当一部分大学智库的研究经费来自社会捐赠，社会影响力与决策影响力越大的智库接受的捐赠资金数量越大、渠道越广。

(三)高等教育领域的支持政策

相对于大学院系或以学术研究为主要目标的科研院所来说，高校智库是一种具有开放性、社会性、协同性的特殊学术组织。这一类学术组织的发展仅仅依靠大学或大学智库本身是远远不够的。为此，很多国家的高等教育管理部门都会遴选一些一流的大学智库，并推动其与相关决策部门深度合作或共建，纳入国家层面的支持计划。我国推行多年的《高等学校人文社会科学重点研究基地建设计划》，以及近几年启动的《中国特色新型高校智库建设推进计划》都属于这一类。

日本的文部省早在20世纪90年代就启动了“COE基地建设计划”(Center of Excellence)，即卓越研究基地计划，从四个方面加强研究基地建设，即一流的科研队伍、高水平的科学研究、合理的研究机制、宽松的研究环境。在这一计划创立之初，有 46 个研究基地被纳入到这一支持计划，其中绝大部分是大学智库。从 1995 年开始，日本政府每年投入 100 多亿日元用于卓越基地建设。经过多年的建设，文部省最终在日本的 93 所大学设立了 274 个卓越研究基地①，为日本政府的内政外交决策咨询提供了重要的智力支撑。在亚洲，除日本外，印度、新加坡等国的高校智库，很多也采取了相关政府部门与大学共建的方式。

20 世纪 80 年代，为了给当时即将开展的教育改革提供理论支撑，美国联邦教育部的教育研究与发展办公室积极推动成立了美国教育政策研究联盟(CPRE)，由 7 所美国一流的高校智库联合组成跨校际的研究机构，即哈佛大学、斯坦福大学、密歇根大学、宾夕法尼亚大学、威斯康星大学麦迪逊分校、西北大学、哥伦比亚大学，其主要使命就是寻找有据可循的新知识，并帮助教育政策的制定者、实践者作出科学决策。CPRE 成立以来，在得到联邦教育部稳定资金、项目支持的同时，也提供了大量有价值的决策咨询研究报告、政策建议，在美国近年来教育政策的制定、实施与评价中发挥了极其重要的作用。

## 四、智库运行体制机制方面

### (一)灵活的“旋转门”机制

吸引具有丰富参政议政经验的政府官员参与智库研究，或将智库人员输送至决策部门挂职，这是高水平智库取得成功的重要经验。这种“旋转门”机制不仅构建了智库的人际关系网络，而且搭建了知识与权力的桥梁，成为不同利益群体向最高决策者传递利益诉求的重要纽带，使智库的影响力渗透到政策制定的方方面面。②

---

① 阎德学：《斯拉夫 · 欧亚研究的“日本范式”》，载《俄罗斯研究》2016 年第 3 期。

② 丁宏：《英国智库建设的启示》，载《理论学习》2015 年第 5 期。

在这一方面，高校智库具有显著的优势，尤其是美国的高校智库。由于历史形成的尊重大学智库、依赖大学智库的智库文化，高校智库不仅具有较高的政治地位、优厚的待遇、充裕的研究资源、宽松的学术环境，能够吸引杰出的政治家加盟，而且在智库与政府之间形成了无障碍的流动渠道，成为高级政客在政界与学界间自由流动与旋转的重要平台。如约翰·霍普金斯大学的保罗·尼采高级国际研究院就与美国政界建立起了良好的"旋转门"关系，很多著名的政治家兼学者都根据时势与政局的变化，在这双重角色身份之间切换、旋转。如保罗·沃尔福威茨曾在20世纪90年代担任老布什政府的国防部部长助理，1993年民主党执政后，他离开国防部来到SAIS担任了7年的院长和国际关系学教授，在此期间他不断以智库专家的身份就美国的外交与军事政策建言献策。2001年，小布什上台后，再次任命他担任国防部副部长。正是因为具备了这样的人际关系渠道，SAIS的决策影响力才远远高于其他智库。

（二）高效的人才培养机制

从事智库研究不仅需要跨学科的知识结构、学术视野，而且需要一定的参政议政经验，而这一类政策科学人才依靠传统的大学教育很难产生。因此，很多国家的高校智库都十分重视政策科学类人才培养，注重把智库研究工作的开展与人才培养有机结合起来，力争通过系统的培养，使学生逐步由助研的角色成长为既掌握某一领域理论知识又具有丰富实践经验的政策科学人才。如韩国的峨山政策研究院下设的峨山书院，就以培养未来的领袖级人才为目标。该书院每年都通过严格的遴选吸引优秀的大学生，并按照政策科学家的定位，让学生系统学习政治学、经济学、史学等学科知识。培训结束后，这些学生还会被派往国际著名智库进行为期三个月的实习。在经过这一特殊的教育培训后，学生或是进入峨山政策研究院从事学术研究，或是直接进入政府相关部门工作。

比利时布鲁塞尔自由大学的当代中国研究所（BICCS）虽然只成立了十几年，但在智库人才培养方面卓有成效。近年来，随着欧盟与中国政治经济往来的日益密切，熟悉中国国情政情，了解中国经济、法律的智库人才十分稀缺。而BICCS敏锐地把握到了这一市场需求，不仅专注培养熟悉和了解中国的高端人才，而且充分利用布鲁塞尔逐步成为欧盟政治中心的优势，积极就欧盟的对外政策建言献策。正因为如此，BICCS 很快成为欧盟对华决策的重要智囊。该研究所的很多研究人员都在欧盟各大机构充当政策顾问。它不仅是集科研、教育、培育于一体的中欧学术合作平台，而且成为欧洲方面研究中欧关系的重要机构。①

（三）规范的内部管理

作为高校内部一种特殊的学术组织，高校智库在内部管理上与传统的院系、研究所有着很大的差异。从各国经验来看，成功的大学智库既依托高校，又相对独立于高校，既遵循学术组织的管理规律，也在很大程度上吸纳企业组织的管理经验，在实践中形成了独具特色的内部管理制度。如在治理结构方面，很多高校智库都设立了理事会（董事会）、学术委员会（顾问委员会），并采取了战略管理部门加项目组（事业部）的矩阵式管理模式。如哈佛大学的贝尔弗科学与国际事务中心就实行理事会领导下的主任负责制，并邀请政界、商界、学界三界的精英组成了阵容豪华的国际顾问委员。在人力资源管理方面，很多大学智库都采取了聘期制、专兼职相结合的灵活用人制度，除了智库的专职研究人员外，最大限度地吸纳来自政界、商界、新闻传播界，以及其他社会组织的外部人才资源。同时，充分利用大学学科齐全、人才富集的优势，推行“内部旋转门”制度，促进教师在传统院系与大学智库间自由流动、教研互动。在经费预算方面，尽管很多大学智库能够得到来自政府或大学本部稳定的经费支持，但也普遍建立了多元化的筹资渠道。美国的高校智库以接受社会慈善组织、基金会捐助为主；欧洲、日本等国的高校智库，有的十分注重争取来自政府、企业的竞争性项目，还有的智库通过研究成果的有偿分享制、注册会员制也能够获得稳定的收入来源。在考核评价方面，一流的高校智库通常很注重学术影响力，也关注决策影响力，很多高校智库成果发布采取了比学术期

① 冯绍雷：《智库——国外高校国际研究院比较研究》，上海人民出版社 2011 年版，第 123 页。

刊还要严格的标准，凡以智库署名的专著、研究报告、政策建议都要请全球顶尖的同行专家进行盲评。同时，对智库研究人员的考核评价也会同时兼顾这两方面的影响力，既要看研究人员的学术能力，也注重考察其政策研究能力。

# 第四章

# 高校智库参与决策咨询制度设计的局部创新

虽然自2013年以来我国进入了智库建设的蓬勃发展期，但由于长期累积的体制机制障碍，高校智库作为智力资源“富矿区”的巨大潜力与优势并未得到充分发挥。同时，由于高校智库参与决策咨询是一项涉及多部门、多主体的系统性改革，难度非常大，构建具有中国特色的、完善的高校智库参与决策咨询制度体系，必然需要一个长期而艰巨的过程。从国外发达国家的经验来看，真正建立起完善的高校智库参与决策咨询制度体系，也经历了一个较长的周期，如美国就用了近百年的时间。

近几年来，我国采取“行政主导、自上而下”的方式，在战略上、方向上初步完成了高校智库参与决策咨询的顶层制度设计。而在我国由行政性放权向制度性分权转型的过程中，各地各高校在遵循上述顶层制度设计的前提下，在智库建设上拥有很大的自主权。因为几乎所有与智库建设相关的制度，都会在最后的条款中强调“各地结合实际参照执行”或“各地结合实际，研究制定具体的实施办法”。

事实上，自2013年以来，一些地方和高校在深刻领会国家政策意图的基础上，也确实探索出了很多高校智库参与决策咨询的新思路、新措施、新制度。虽然这种探索是在总体改革仍未到位，面临诸多约束甚至是不利条件下所进行的一种局部制度创新，但也正是这种局部制度创新，能够为我国建立健全完善的高校智库参与决策咨询制度体系提供鲜活的实践经验，对全局创新起到重要的推动、激励作用，从而把自上而下的改革与自下而上的改革有机结合起来，甚至成为推动全局创新的重要转折点。正如当年安徽凤阳县“小岗村改革”一样，局部创新只要能够精准契合时代的需求，充分发挥基层的主体性与创造性，往往能够成为波澜壮阔的大改革的破冰点、转折点。正因为如此，对我国各地近几年来在高校智库参政议政制度设计上的局部创新进行挖掘、总结、反思与改进，对于探索建立具有中国特色的高校智库参政议政制度模式具有十分重要的启示意义。

以下，分别从高校智库参与地方党委政府决策咨询、高校智库参与国家部委决策咨询两个视角，对我国部分地区高校智库参与决策咨询的制度创新进行深入分析和制度反思，并据此就如何进一步优化我国高校参与决策咨询的制度设计与实施提出对策与建议。

## 第一节　高校智库参与地方决策咨询的制度设计探索

在2013年以前，我国地方党委和政府事实上拥有体制内相对完备的决策咨询组织体系。如县级以上党委、政府普遍设立了政策研究室这一内设机构，成立了决策咨询委员会。各级政府还设有专门的机构负责研究、协调、处理、督办来自同级人大常委会、政协组织的人大代表建议、政协委员提案。有些地方党委、政府还成立了开放式的顾问委员会，邀请国内外知名专家担任经济与社会发展顾问。同时，在省级(自治区、直辖市)政府的直属事业单位中，均设有社会科学院（即社科院）这一具有智库功能的直属机构，专门从事决策咨询研究工作。近几年来，很多地方的社科院与地市的社会科学界联合会（即社科联）开展合作，将后者作为省级社科院的分院进行建设，进一步加强了地市的决策咨询力量。

在这一决策咨询体系之下，高校及其智库尽管有一定程度的参与，但影响力不高，具有典型的"有限参与"特点。但是，从2013年开始，随着中央层面对智库建设的日益重视，各地也开始积极探索如何更好地发挥高校尤其是本地高校及其智库的作用，进一步提升决策科学化、民主化程度。以下，以湖北省为例，对近几年来高校智库参与地方政府决策咨询的局部制度创新进行分析与总结。

## 一、制度环境

湖北省是我国高校教育资源最为丰富的省份之一，教育部直属高校数量、大学生规模稳居全国前列，哲学社会科学实力也在全国名列前茅。但是，在2013年以前，湖北省政府在决策咨询方面同全国绝大多数地区一样，主要依靠体制内的"自给自足"，高校及其智库的作用十分有限。从当时的制度环境来看，主要有以下两个特点：

第一，高校及其智库参与决策咨询的渠道多元，但方式单一，成果质量一般，决策影响力较低，与湖北作为高校教育大省、社会科学大省的地位不相匹配。

湖北有普通高等学校近百所，其中，教育部直属高校7所，国家民族事务委员会直属高校1所。在最能代表哲学社会科学发展水平的国家社会科学基金方面，湖北近十年来每年获准立项的数量都在全国位居前列，是名副其实的社会科学强省。但由于体制机制等深层次原因，这种资源优势并未有效转化为推动湖北经济社会发展的智力优势。在2013年以前，湖北高校及其智库主要通过以下五种方式参与决策咨询：

（1）参与地方党委政府智力成果采购。

湖北省人民政府智力成果采购是由该省政府研究室（发展研究

中心）组织实施的社会科学研究项目，分为一般项目与重大招标项目，采购对象为“全国各级各类智库机构及其有志于决策咨询研究的专家学者、研究人员和实际工作者”，选题主要通过向省政府各职能部门、社科院、高校等征集的方式产生，其主要目的是为了“服务湖北省委省政府科学决策，把强化决策效用作为研究的出发点和落脚点”。从每年中标的政府采购项目的主体来看，来自湖北本地的高校教师占了大多数。由于这一类智力成果的选题来源于决策部门，对研究成果的操作性要求也比较高，因此成果得到应用或转化的可能性也相对较高。但是，由于协同机制缺位，这一类课题立项后，研究过程中相关决策部门很少参与，课题承担人往往凭借个人的社会关系开展调研及研究工作。

除了这一常规的智力成果采购项目外，湖北省委、省政府的其他职能部门也经常根据工作需要，面向全国不定期地发布智力成果采购需求。但此类项目在湖北高校内部的学术评价上通常被认定为横向项目，高校教师申报的积极性不是太高。

（2）参与湖北省社会科学基金等项目竞标。

湖北省社会科学基金申报及管理工作主要由该省的社会科学界联合会负责组织实施。因为此类项目在湖北高校内部的学术评价上通常被认定为省部级项目，能够为职称评定加分，故高校教师申报积极性很高，中标者也绝大部分是高校教师。除此之外，还有省教育厅组织的“湖北省高等学校哲学社会科学研究重大项目”“湖北省人文社会科学研究项目”及省科技厅组织的“软科学”项目。这一类项目的选题通常征求了相关决策部门的意见，项目管理过程比较规范，也是高校教师参与决策咨询的一个重要渠道。

（3）承担由地方党委政府及其职能部门直接委托的科研项目。

除了智力成果采购、基金招标项目之外，湖北高校及其智库机构通过加强与相关职能部门的合作，也获得了一些直接委托项目。这类项目以高校及其智库与相关职能部门的良好合作关系为前提，立项的主要目的是为了满足实际工作需要，在研究过程中也能够得到职能部门的大力支持。因此，与前两类项目相比，研究成果的转化率更高。当然，这类项目对高校及其智库从事政策研究的理论与实践水平要求也更高。

(4)高校教师或智库研究人员凭借特殊身份参与决策咨询。

主要包括：①咨询委员。从高校教师中选聘咨政顾问是地方党委、政府促进决策科学化、民主化的通常做法，湖北也是如此，并于2012年出台了专门的《湖北省人民政府咨询委员会章程》，明确了咨询委员会的权利、义务与参政议政程序。从该省近几届决策咨询委员会构成来看，来自高校的专家学者占了近一半，各个地市政府决策咨询委员会的构成也大体如此。②政府参事。参事制度是具有鲜明中国特色的民主政治制度，从湖北来看，省、市政府的参事构成中，来自高校的专家学者占很大比例，有的还担任省、市参事室的领导职务。由于参事具有直通政府首脑的特殊权利，高校学者利用这一特殊身份参知政事往往能够产生较大的决策影响力。③政府法律顾问团成员。为推进政府依法决策水平，湖北省政府于2017年出台了《湖北省人民政府办公厅关于组建省政府法律顾问队伍的通知》，构建了由8名法学专家、10名知名律师为成员的首届顾问队伍。其中，8名法学专家全部来自武汉大学、华中科技大学、中南财经政法大学等名校。顾问团成员有权对该省政府的重大决策提出法律意见，并根据需要对省政府推进依法行政中的重大具体行政行为进行合法性审查，参与研究法治政府建设中的重大问题，提出意见和建议。④民主党派成员。高校是民主党派人士最为集中的领域，不仅人数多，而且普遍层级较高。同时，湖北省委、省政府十分重视从高校民主党派中选拔高级干部，目前省、市政府及其职能部门的领导班子中有多位来自高校的民主党派人士。又加之民主党派拥有“党派直通车”的参政议政“绿色通道”，这些都使得湖北高校中具有民主党派身份的教师在参政议政上具有很大优势。⑤各级人大代表、政协委员。湖北高校中具有各级人大代表、政协委员身份的教师数量较多，而人大代表建议、政协委员议案对于决策部门具有强约束力，如果能够针对地方经济社会发展中的热点、难点问题提出有价值的建议，往往能够较快地转化为决策。另外，人大代表具有质询权，能够随时对相关部门的决策进行质询。

(5)通过省级人文社会科学基地、协同创新中心基地等载体，参与地方政府的决策咨询。

湖北省从2001年开始启动人文社会科学重点研究基地建设，从基地设置的定位来看，前期主要兼顾学科、科研与社会服务，后期注重加强部分应用学科类基地的智库功能。在协同创新中心的建设上，湖北于2013年启动了第一批省级协同创新中心建设，每个中心每年投入建设经费300万元。虽然这些中心主要依托理工学科建设，但在面向行业、文化传承类别中也有近十家依托人文社会科学建设的协创中心，能够在相关领域发挥一定的智库功能。即使是科技类的协创中心，在地方科技政策、产业政策制定中，也能够发挥极其重要的决策咨询功能。

第二，高校学术评价体系改革较为滞后，科研机构普遍以学术导向为主，智库功能较弱。

湖北高校及其智库与地方政府在决策咨询领域的合作较为松散，双向动力不足，协同机制缺位。针对高校哲学社会科学学术评价中的“注重理论创新与实际应用价值的质量导向”“重数量轻质量、重形式轻内容”等问题，教育部早在2011年就出台了《教育部关于进一步改进高等学校哲学社会科学研究评价的意见》，强调要确立质量第一的评价导向，建立健全科学合理的分类评价体系。基础研究可以强调学科导向，应用对策研究则应坚持问题导向，以重大现实问题为主攻方向，研究成果要在解决经济社会发展的重大问题上有所突破，在为党和政府提供决策服务上有所建树。

但是，由于根深蒂固的体制障碍，这一意见在湖北高校中的实施并不顺畅。尽管部分高校对决策咨询成果按照一定级别进行了奖励，但并未将其纳入主流的学术评价体系肯定其学术价值，并未与教师的职称评聘挂钩。在这一制度背景下，高校教师从事政策研究工作，无论是其凭借特殊身份还是依托一定的学术组织，只有在获得省市决策咨询成果奖或得到省市领导肯定性签批时，才能够获得一定的经济奖励。这类机会不但十分稀缺，而且与正向的学术评价相比激励作用要弱得多。正是由于这一原因，尽管湖北高校教师参与决策咨询的渠道较多，但教师基本上是在优先完成学院、学科的教学科研任务后，再力所能及地从事一些政策研究工作，而且在研究过程中的专注度、投入度都不如纯学术研究。同时，现代公共决策的系统性、复杂性对决策咨询研究的跨学科、团队式要求越来越高，而从以上高校教师参与决策咨询的渠道来看，大部分是以个体式、作坊式的研究为主，研究者既缺乏整合其他学科资源开展团队攻关、合作研究的意愿，也缺乏支持这种合作得以实现的评价体系与协同机制。

再以湖北省人文社会科学重点研究基地建设为例，湖北省教育厅从 2001 年开始，启动了"普通高校人文社会科学重点研究基地建设计划"，在创立之初，就明确了"思想库""人才库""资料库"的定位。从这个角度来看，在高校内部众多的科研机构中，应用类学科的人文社会科学重点研究基地在功能定位上是最接近新型智库的。而湖北高校的人文社会科学基地中应用型学科占了绝大部分，其学术方向与研究领域基本涵盖了湖北经济社会发展中的焦点与难点问题。但是，从这些基地的实际运行效果来看却并不尽如人意。分析发现，主要有以下三个原因：

一是激励约束机制不健全。截至 2013 年，湖北省教育厅已经在省内各高校设立了 100 多个人文社会科学基地，也出台了相应的管理办法。但建设计划实施十几年以来，并未执行严格的检查与评估制度，激励约束机制很不健全。很多基地是根据学科或学院发展的需要，在一个相对狭窄的学术圈内进行基地课题的选题、评审与结题，导致无论是基地的学术影响力，还是社会影响力、决策影响力都不高。在 2011 年的评估中，虽然也将被评估基地区分为优秀、良好、整改三个层次，对优秀基地进行了奖励，但对评估结果较差的六个基地并未设计"退出"机制。

二是在基地设立的评审中，主要是由该省教育厅组织，评审专家也绝大部分来自高校，这些专家虽然普遍具有较高的学术造诣，但对实际决策部门的理论需求未必能够把得准、看得透。同时，这些基地即使设立起来了，大部分也是在教育系统封闭运行，与相关决策部门缺乏深度合作与协同机制，既缺少开展政策研究所必需的资料与数据，也很难构建起畅通的成果转化渠道，其本应具有的智库功能被弱化。

三是由于缺乏外在约束，加上内生动力不足，很多高校对人文社会科学基地建设重视不够、投入不足，还有些甚至没有按照入选建设计划时承诺的那样进行“实体化、专业化”运营，将基地牌子与相关学院或其他科研机构归并或合署，全部依靠兼职研究人员，缺少稳定的研究队伍，研究成果质量一般。

除了具有一定智库功能的省级人文社会科学基地与协同创新中心之外，湖北高校及其智库与地方党委、政府在决策咨询领域也开展了一些其他形式的科研合作，联合成立了一些研究机构。但是，由于内生动力不足，协同与对接机制弱化等共性原因，这种良好的合作意愿常常因深层次的体制机制壁垒而难以落地，很多机构挂牌后未实体化运行，研究成果质量难以保障，不同程度地存在“有库无智”现象。

## 二、制度设计

2013 年，随着国家层面对新型智库建设重视程度的日益提升，湖北省委决策咨询中枢部门(省全面深化改革领导小组办公室)、省哲学社会科学及意识形态主管部门(省委宣传部)、省教育行政主管部门(省教育厅)都开始思考与谋划如何结合本部门实际，充分利用湖北高教资源丰富、社科强省的优势地位，推进新型智库建设，并分别从三个层面主导推进了湖北高校智库参与决策咨询的局部制度创新。

在上述三个层面的制度设计中，笔者就如何优化高校智库参与决策咨询的制度设计提出过一些建议。由于种种原因，有些被采纳，有些未被采纳。为长期跟踪研究湖北局部制度创新的实施效果以及调整优化过程，笔者提出了以下四点研究假设，并在长达四年的时间内，通过近距离的观察、实践，对这些研究假设进行了验证。

研究假设一：加强对高校智库和决策部门的外部约束，对于促进二者之间的深度合作具有正向促进作用。

研究假设二：从评价体系改革着手增强内生动力，对于促进高校智库与决策部门之间的深度合作具有正向促进作用。

研究假设三：构建常态化、制度化的高校智库与决策部门之间的对接机制，对于促进二者之间的深度合作具有正向促进作用。

研究假设四：决策咨询成果质量是高校智库与决策部门之间能否建立起长效合作机制的决定性因素。

(一)“体系嵌入式”的制度设计

在传统的决策咨询体制下，决策部门与智库类似于一种上下级关系，智库组织仅有建议权，不仅难以获得从事政策研究所必需的资料、信息、调研渠道，而且很难实质性参与决策过程，建言献策的质量不高。为改变这一现状，湖北省委政策研究室从推进决策科学化、民主化的战略高度重新审视与高校智库的关系模式，以“嵌入式”制度设计为核心，推动成立了十大高校改革智库。

1. 结合相关高校学科优势，合作共建新型智库

湖北省委政策研究室是省委决策咨询的中枢部门，2014 年，湖北成立了“全面深化改革领导小组办公室”(以下简称“深改办”)，与省委政策研究室按照“一个机构、两块牌子”的模式合署办公，负责贯彻落实党中央和中央全面深化改革领导小组的决策部署，以及省内全面深化改革的总体设计、统筹协调、整体推进、督促落实工作。

为了能在深化改革工作的各个领域都得到长期稳定的智库支持，湖北深改办与省内相关领域研究实力最强的高校、科研机构进行了沟通，希望其能按照深改办的功能需求搭建紧密合作型的智库团队，它得到了积极的回应。2014 年年初，深改办与武汉大学等七所高校、湖北省委党校、省社科院等研究机构联合成立了十家智库，研究方向涵盖国家治理、政治体制改革、生态文明等多个领域，与深改工作形成高度对应关系。

表 1　湖北省深改办改革智库

| 智库名称 | 依托高校（研究机构） | 负责人 | 代表性成果 | 设立时间 |
| --- | --- | --- | --- | --- |
| 湖北省党的建设制度改革研究中心 | 湖北省委党校 | 陶良虎 | 新形势下完善湖北基层党组织党内政治生活制度建设研究 | 2014 年 |
| 湖北省全面深化改革评估中心 | 湖北省社科院 | 叶学平 | 构建湖北省实体经济发展新机制研究 | 2014 年 |
| 武汉大学政治体制改革改革与政府治理创新研究中心 | 武汉大学 | 丁煌 | 湖北省健康扶贫机制优化研究 | 2014 年 |
| 华中科技大学国家治理研究院 | 华中科技大学 | 欧阳康 | 湖北长江经济带生态保护统筹机制研究 | 2014 年 |
| 华中师范大学湖北文化体制改革智库 | 华中师范大学 | 黄永林 | 湖北省国有文化企业法人治理结构研究 | 2014 年 |
| 中国地质大学（武汉）湖北省生态文明研究中心 | 中国地质大学（武汉） | 郝翔 | 湖北省自然资源产权制度与生态空间确权体制机制研究 | 2014 年 |
| 中南财经政法大学深化改革发展研究院 | 中南财经政法大学 | 杨灿明 | 以体制机制改革优化湖北经济结构研究报告 | 2014 年 |
| 中南财经政法大学社会建设与社会治理研究中心 | 中南财经政法大学 | 赵曼 | 社区社会治理积分制研究 | 2014 年 |
| 湖北大学县域治理研究院 | 湖北大学（武汉） | 李荣娟 | 振兴湖北县域经济发展的体制机制创新研究 | 2014 年 |

续表

| 智库名称 | 依托高校（研究机构） | 负责人 | 代表性成果 | 设立时间 |
| --- | --- | --- | --- | --- |
| 湖北经济体制改革研究中心 | 湖北经济学院 | 张青 | 创新湖北社会事业资源配置方式体制机制研究 | 2014 年 |

从产生过程来看，这种功能明确且与决策部门深度衔接的新型智库，是在供需双方平等协商的基础上达成的契约关系，既非招标式，也不是指定式、任命式，与高校传统体制下的学术组织具有显著差异。

2. 完善对接机制，使改革智库制度化地嵌入深化改革工作体系

湖北省全面深化改革工作共分为五大体系，即领导体系、工作体系、项目体系、智库体系和考评体系，其中的智库体系主要由 10 家改革智库构成。这一制度设计事实上已经将高校智库深度嵌入到了深化改革工作体系之中，并成为极其重要的一环。在工作机制的设计上，高校智库可直接与深改办对接，双方通过开展合作研究、互通信息资料、互派人员挂职交流等方式形成密切的工作关系。深改办向各高校智库发布需求信息，包括年度研究项目、重点项目、应急项目，定期寄送深化改革工作的动态信息资料，并为高校智库研究工作的开展提供强力支持；高校智库除每年集中组织开展 1~2 项专题研究外，也可以结合自身的学术规划开展自主性政策研究，并通过深改办的渠道报送策论成果。同时，深改办在每年年初组织召开十大智库的专题工作会议，在总结上一年度智库工作的同时，安排部署下一年度的计划安排。

3. 坚持问题导向，合力破解改革发展难题

湖北深改办承担着全省深化改革工作的理论设计和实践推进职责，委托高校智库的研究项目具有鲜明的问题导向，除少量宏观性的政策建议之外，绝大部分研究成果将最终转化为具体的改革措施、制度或规划，甚至是重点改革项目，与传统体制下课题承担方

独立开展研究工作不同。从这个角度来说，改革智库所承担的研究项目在应用性、创新性、时效性要求上要比高校传统基金类学术研究项目高得多。为确保研究成果质量，深改办在制度设计上赋予了改革智库更广泛的决策知情权与参与权。根据每个研究项目所涉及领域，确定若干名决策部门的实务工作人员进入课题组，全过程参与研究工作。同时，在研究工作开展中，只要是与项目有关的工作会议、调研，课题组成员都有权参加和旁听。根据研究工作的需要，课题组也可以委托深改办召集省、市、县有关职能部门负责人进行座谈，或向省内外相关职能部门发函协助调研。

（二）"定向委托式"的制度设计

中国特色新型智库建设是一次事关国家改革发展的重大制度创新，由于新型智库建设主要依托哲学社会科学，因此这一重大改革是在中央全面深化领导小组的领导下，由全国哲学社会科学规划领导小组负责组织具体实施的，如 2015 年启动的国家高端智库试点工作就是按照这一组织领导模式推进的。

由于哲学社会科学规划领导小组设置在各级宣传部门，因此地方宣传部门在主导和推进区域新型智库建设中负有义不容辞的责任。事实上，自 2013 年以来，各地的新型智库改革也大部分是在宣传部门主导，或者宣传部门与教育行政部门共同主导下进行的。正因为如此，2015 年湖北省委宣传部顺应这一趋势，以高校智库为主体，在全省设立了 11 个新型智库。

1. 汇聚优势社科力量，定向委托建设新型智库

**表 2　湖北省委新型智库**

| 智库名称 | 依托高校（研究机构） | 负责人 | 代表性成果 | 设立时间 |
|---|---|---|---|---|
| 湖北经济建设研究院 | 中南财经政法大学 | 杨灿明 | 湖北创新驱动发展战略研究 | 2015 年 |
| 湖北政治建设研究院 | 武汉大学 | 骆郁廷 | 湖北地方民主政治建设研究 | 2015 年 |

续表

| 智库名称 | 依托高校（研究机构） | 负责人 | 代表性成果 | 设立时间 |
|---|---|---|---|---|
| 湖北文化建设研究院 | 湖北大学 | 江畅 | 荆楚历史文化传承研究 | 2015 年 |
| 湖北社会建设研究院 | 华中师范大学 | 马敏 | “幸福湖北”建设与湖北社会治理创新研究 | 2015 年 |
| 湖北创新发展研究院 | 武汉理工大学 | 张清杰 | 湖北“开放先导”战略研究 | 2015 年 |
| 湖北地方治理研究院 | 华中科技大学 | 欧阳康 | 湖北地方治理体系与治理能力现代化研究 | 2015 年 |
| 湖北全面小康建设研究院 | 中南民族大学 | 李俊杰 | 湖北武陵山片区精准脱贫亟待破解“最难一公里” | 2015 年 |
| 湖北生态文明建设研究院 | 华中农业大学 | 李崇光 | 湖北生态建设与发展的体制机制研究 | 2015 年 |
| 湖北发展战略研究院 | 湖北省社科院 | 宋亚平 | 湖北“一主两副多极”区域发展新格局研究 | 2015 年 |
| 湖北党建研究院 | 湖北省委党校 | 陶良虎 | 湖北城乡基层党组织建设研究 | 2015 年 |
| 湖北意识形态建设研究院 | 武汉科技大学 | 唐忠义 | 湖北意识形态安全研究 | 2018 年 |

由于对全省哲学社会科学优势资源分布情况十分了解，2015 年年底，湖北省委宣传部通过召开会议的形式，宣告成立了“湖北政治建设研究院”等十大新型智库，2018 年又委托武汉科技大学成立了“湖北意识形态建设研究院”。这 11 家智库中，除了湖北省委党校、湖北省社科院，其他 9 家都是高校智库，在研究领域划分上

既结合了省委、省政府的决策需求，也充分考察了依托高校(研究机构)的学科与科研实力，尤其是首席专家的影响力。从11家智库负责人的构成来看，基本上都由依托高校(研究机构)的校长、副校长担任，少数由学院院长或资深教授担任。

需要强调的是，湖北省委宣传部主导的新型智库建设既是在新形势下完善决策咨询制度的一次制度创新，也是在管理制度、运行模式、评价体系都很不健全的情形下的一次改革探索。同时，新型智库这一组织形式在高校基层学术组织中的定位仍很不明确，故而双方的这种合作呈现出非正式、松散型的特点。即双方并未通过契约、协议或合同的方式明确彼此的权责关系，尤其是委托方，并未对被委托方智库建设的组织形式、研究队伍、经费投入、成果交出、绩效评价作出详细的规定，仅仅是在智库设立的前两年，向各个智库投入了40万元的启动与建设经费。从这个角度来说，智库建设的效果如何，完全取决于依托高校的重视程度、资源投入，以及首席专家的精力投入、研究队伍构建情况。

2. 以重点项目为纽带，契合省委、省政府决策需求

在双方的合作形式上，湖北省委宣传部根据省委、省政府决策咨询的需要，每年研究确定一批重点研究项目，通过直接委托的形式，下达到各个智库，并明确专人负责此类项目的督促、检查与考评工作。为调动各个智库的积极性，省委宣传部将此类项目作为该省社科基金的重点项目，在研究经费上基本与国家社科基金持平。各个智库在承接重点项目的同时，也可以结合自身研究领域与湖北省情开展政策研究，定期向省委宣传部报送成果要报。

在这一制度构架之下，双方除了项目合作外，省委宣传部还要求各个智库报送专家团队情况，并希望这些团队中的知名专家能够扮演省委、省政府“外围决策咨询委员”的角色。当省委、省政府领导需要一些应急的、随机的决策咨询时，这些专家能够提供务实、管用的政策建议。

3. 构建成果发布平台，着力提升智库影响力

为了给各个智库平台的研究成果搭建一个制度化、长效化的发布平台，从2016年开始，该省宣传部与省社科院合作，正式创立

了《成果要报》内刊，并实施了严格的初审、外审与编委会终审制度，稿件刊发后直接报送省委、省政府领导。同时，2016 年 9 月，宣传部还与该省新闻出版广电局下属的武汉市决策信息研究开发中心合作，创立了“决策与信息网络智库平台”，其定位是利用这一平台公开发布优秀智库成果、报道智库学术动态，着力促进“智库”与“决策”的融合，“线上”与“线下”的互动，为智库在提升学术影响力、决策影响力的同时，不断提升社会影响力提供平台支撑。

(三)“目标导向式”的制度设计

如前文所述，湖北省人文社科重点研究基地是该省优势社科资源的汇聚平台，在创设之初就明确了“思想库”“人才库”“资料库”的定位，是在功能定位上最接近智库的学术组织。但是，由于体制机制不顺畅，这些基地大部分在教育系统甚至是高校内部封闭运行，智库功能发挥较差。从 2016 年开始，该省教育厅从修订管理制度着手，按照分类管理、目标导向的原则，逐步引导应用学科类人文社科基地向新型智库转型。

1. 强调问题导向，更好地服务区域发展

湖北省教育厅关于人文社科基地最早的管理办法是在 2001 年出台的，经过十几年的运行，无论是外部政策环境还是基地自身运行环境都发生了很大的变化，原有管理办法越来越难以适应时代发展对哲学社会科学的新要求，迫切需要进行修订。2016 年，湖北省教育厅、财政厅在充分征求意见的基础上，研究制定了《湖北省普通高等学校人文社会科学重点研究基地管理办法(征求意见稿)》(以下简称《征求意见稿》)。在《征求意见稿》中，强调基地的功能定位是“通过制度创新聚集和培养优秀学术人才，形成围绕湖北省跨越式发展战略，针对学科前沿和社会经济发展中的重大理论与实践问题，组织高水平研究的新型科研组织，立足为湖北省区域经济与社会发展服务”，并明确提出：“重点研究基地应结合国家重大需求，为党和政府的重大决策提供有建设性的和有影响力的咨询报告。积极向省级政府或有关部门报送权威性研究咨询报告，并注意收集反馈意见和采纳情况。”

2. 完善管理制度，保障基地规范运行

为改变2016年以前基地管理考核不严，一些基地没有按照“实体化、专业化”的原则运行等问题，《征求意见稿》从建设目标、条件准入、日常管理、人员设置、考核评价等方面做出了刚性规定，并力图通过这一制度设计将基地运行纳入规范化轨道。在建设目标方面，提出省级人文社科基地建设要学习借鉴教育部人文社科基地的先进经验，力争通过一定时期的建设，有一批优秀基地能够进入教育部基地序列。在条件准入方面，由申报评审制调整为“成熟一家、建设一家”，原来的基地设立采取的是项目评审式的准入制，即只要研究方向、学术成果、人员设置满足要求，即使没有任何建设基础，也能够获批，而新的办法则要求必须具备一定的建设基础、条件成熟时才能申报设立。在日常管理方面，要求基地必须实体化运行，拥有至少100平方米的办公用房，一定数量的图书资料、设备等；同时，在组织形式应当是“高校直属、独立设置、与院系平行的科研实体机构，能够自主安排科研工作、聘任专兼职人员、制定内部分配制度”。在人员设置方面，要求至少有5名专职研究人员，并配备一定数量的专职行政管理人员，且专兼职人员都必须打破“终身制”，采取聘任制。在考核评价方面，采取全面评估与重点评估相结合的方式，达不到建设标准的，将根据具体情况给予通报、减少拨款、停止拨款、限期整顿、撤销资格等处理。为强化竞争，确保基地研究水平始终保持区域一流水平，《征求意见稿》中还首次提出采用开放评估的方式，即评估前三个月由教育厅发布被评估重点研究基地名单及评估办法公告，允许未列入重点研究基地建设计划的同一或相近研究方向的其他高校科研机构参与竞评，并严格按照公平、公正、公开的原则进行评审，择优胜者列入新一轮重点研究基地建设计划。

3. 鼓励多方共建，促进政校企协同创新

为改变以往基地“学术本位”、与实务部门联系不紧密等问题，《征求意见稿》鼓励和支持高校与地方政府部门、企事业单位共建，要求基地“在认真做好基地项目研究工作同时，应主动从国家和省直有关部门承揽其他科研项目，并积极承担其他政府部门和企事业单位的委托研究项目”。如在2016年新设立的20多个基地中，首次出现了由高校与政府职能部门共建的基地，即武汉理工大学与湖北省残疾人联合会，共建“武汉理工大学中国残疾人事业发展研究中心”。该中心成立于2012年，自成立以来结合湖北作为中国残联确定的全国残疾人“两个体系”建设试验省的实践，已经产出了一批高质量的研究成果，形成了较好的建设基础。

## 三、制度实施效果及其调整完善

2014年以来，湖北省高校智库参与决策咨询的局部制度创新从上述三个层面分别展开。令人惊奇的是，受传统条块分割的行政体制影响，这三个层面的改革尽管都紧紧围绕新型智库，尤其是高校智库建设，但彼此之间几乎没有任何沟通与合作。当然，这也在一定程度上降低了此次局部制度创新的效率。

### （一）“体系嵌入式”制度设计的运行情况

#### 1. 总体效果

“体系嵌入式”的制度设计在增强内生动力、完善对接机制、保障成果质量等方面都进行了针对性的设计，因此，制度实施的总体效果良好，对湖北全面深化改革工作的开展起到了一定的智力支撑作用。例如，在增强内生动力方面，深改办在创设改革智库之初就与依托高校协商，要求依托高校将改革智库的研究成果纳入到主流的学术评价体系，部分高校也确实采纳了深改办的意见。同时，为充分调动智库研究人员的积极性，深改办在年度研究计划的安排上采取了“自主选题”与“领题研究”相结合的方式。即在每年年末，由改革智库根据自身的学术优势与特色，自主确定一批重点研究项目上报深改办，而深改办也根据全省改革工作的需要、省委省政府领导的指示，确定一批重点项目。每年在制订研究计划时，再把这两方面结合起来，为每个改革智库确定2~3个重点研究项目。

在完善对接机制方面，在湖北率先实施了高校智库与决策咨询部门之间的“旋转门”制度，华中科技大学、中南财经政法大学等高校的改革智库连续几年选派智库研究人员赴深改办进行为期一年的挂职交流，且全部被安排在深化改革工作的第一线，近距离地感受、观察、实践、深度参与决策咨询工作，而省委政研室与深改办的领导或工作人员也经常赴改革智库指导项目选题、研究开展，形成了良好的互动机制。每年度各个改革智库的研究项目确定后，深改办都会明确一个专门的处室负责课题协调，2~3名工作人员作为课题组成员参与研究工作，需要赴其他省市或湖北地、市(州)调研的，或是由深改办派员牵头开展，或是由深改办发函、智库研究团队自行开展。在保障成果质量方面，深改办对改革智库的委托项目采取了政府采购与后评价相结合的方式，即将委托项目纳入政府采购程序，而不是定向采购，并且先不支付研究经费。待课题承担人完成项目后，再组织专家进行评审，确定一定等级，并按照评定等级支付智力劳动报酬。需要强调的是，深改办组织的专家与传统高校课题评审的方式有很大不同，较好地遵循了用户方评价的原则。所邀请的专家主要由实务部门专家，尤其是课题所涉及的成果使用部门专家构成，重点考察研究成果是否具有很强的创新性、操作性，对于解决区域经济社会发展中的难题具有重要应用价值。

在保障成果质量方面，由于深改办从项目的选题、开题、结题到评审都全程参与，且能够在数据资料、调研渠道、成果转化等多个方面为课题研究提供有力支撑，一般来说，成果质量显著高于传统体制下由项目承担者依靠个体力量所产出的研究成果。这一点在近几届湖北省政府决策咨询奖的分布中得到了充分的体现。以往获奖的决策咨询成果，主要来自于体制内的决策咨询机构或社科院、党校，而近几届的获奖成果中，来自高校的数量稳步增加，尤其是十大改革智库中的高校智库，有多项成果获奖。另外，还有一些高校改革智库成果的获得了领导的肯定性批示，有些直接转化为湖北省的重大深化改革项目。例如，由社会治理与社会建设改革智库提出的“生态公民试验”就产生了较大的决策影响力，在宜昌等地转化为实实在在的社会改革项目。

2. 存在的问题

“体系嵌入式”制度运行四年多来，在取得显著成效的同时，高校智库与决策部门制度联动不紧密的深层次矛盾也日益凸显，并导致双方合作中出现了一些新的问题。

首先，高校智库的内在激励较弱。高校改革智库成立后，尽管有部分高校将与之相关的成果纳入了学术评价体系，但权重并不高，无论是项目级别，还是撰写的研究报告，在权重上都远远不及纵向项目与期刊论文。因此，有些改革智库形成了“大腕专家承担项目、一般教授指导项目、青年博士做项目”的“层层转包”现象，研究成果质量参差不齐。

与此同时，由于智库建设在高校各种教育教学、学科评估中所占权重也不大，部分改革智库所依托高校的重视程度也不高，挂牌之后的很多承诺未兑现，资源投入很少，一些改革智库既无办公场所、固定经费，也无专职研究人员，仅仅依靠个别教授虚体化运行。

其次，缺乏制度化的成果转化平台。高校改革智库的成果一般都以研究报告或政策建议的形式呈现，能够获得领导肯定性批示或者获奖的只是少数。在高校传统的“不发表就出局”的学术评价体系之下，大部分改革智库成果完成后就束之高阁，难以得到公允的学术评价与认定，大大影响了智库研究人员的积极性。尽管湖北省省委政研室、改革办也创设有一些政策研究类的公正刊物或简报、通讯，但由于不是核心期刊，或者学术性不强、稿件评审制度不严，也很难进入高校主流的学术评价体系。

最后，领导偏好对合作关系产生影响。作为一种跨部门、跨领域合作的制度创新，创设高校改革智库的动力来源于双方高层领导的共识与偏好，以及中层领导的认同与执行，在很大程度上是一种基于人际互动关系的合作模式。这种合作模式在人事变动较小、合作矛盾较少的情况下是稳定的，但当人事变动频繁、合作矛盾较多时，这一合作模式就难以持续。

3. 改进措施

正是上述三个方面的问题，高校改革智库在运行两年后，开始遭遇制度瓶颈。尤其是 2017 年下半年，本来人事变动就使得双方的合作共识与意愿有一定下降，而改革智库的成果质量呈现下滑趋势，进一步降低了这种合作共识与意愿，2017 年、2018 年连续两年都没有召开改革智库年度工作会议，一些常态性的工作交流也很少进行，双方合作进入了一个“低潮期”。2017 年年底，深改办在反思制度实施效果的基础上，决定 2018 年重大决策调研项目不再向改革智库征求选题意见，也不再直接进行项目委托，而是采取了公开招标、政府采购的方式，改革智库的研究人员可以参与公开竞争。

但是，从 2018 年重大决策调研项目招标及实施的效果来看，不仅未达到预期效果，而且研究成果质量较之改革智库时期还要差。究其原因，主要有三个方面，一是公开招标后，课题中标人员分散在多个高校、研究机构，而深改办又并非专业化的科研项目管理结构，很难进行统一的协调与管理，尤其是难以开展规范的过程管理与质量控制。二是在公开招标程序中，决定项目中标人主要依据的是项目申请书，但仅凭申请书很难全面考察与判断申请人是否具备较强的政策研究能力，是否能够胜任项目研究工作。在这一信息不对称的格局下，中标人的申请书可能撰写得较好，但实际执行与研究能力却达不到项目设计的预期要求。深改办在 2018 年的项目招标中就遇到过此类问题。三是政策研究与学术研究不同，在资料获取、调研渠道等方面难度很大，需要建立与相关决策部门良好的关系网络。在与改革智库合作时期，由于大部分智库通过几年的运行已经初步建立起了这种网络，项目承担人依靠组织的力量就能够相对独立地开展调研与资料搜集工作。而公开招标后，非智库的项目中标人员只能依靠个体的力量，难度相当大，其研究成果的质量自然也难以保障。

通过此次调整，深改办进一步认识到：高校改革智库建设的方向是对的，其改革效果可能不是最优的，但比较而言是一种次优选择。同时，为了在双方间建立更加良好、可持续的合作关系，必须顺应外部形势变化，对双方合作制度进行及时、动态的调整与优化。

本着这一指导思想，从 2018 年下半年开始，深改办探索从以下三个方面着手，在继续加强改革智库建设的同时，也进一步优化双方的合作机制：

一是恢复了双方经常性的工作交流制度，深改办定期向改革智库寄送有关湖北深化改革工作最新动态、理论探讨等工作资料。部分改革智库也将自主选题开展研究成果，以成果要报的形式报送到深改办。

二是征求选题意见。2018 年 10 月底，深改办恢复了之前向各个改革智库征求重大决策调研项目选题的做法，要求各个智库报送 2~3 个 2019 年的选题，并鼓励各个改革智库结合自身研究领域，积极开展自主选题研究。

三是研究制定改革智库管理办法，针对改革智库运行 4 年多来的经验与问题，深改办与部分依托高校，准备就下一步如何规范和加强改革智库管理进行积极协商，在进一步激发改革智库潜能的同时，探索如何将双方合作纳入到长效化、互惠化的制度设计。

（二）“定向委托式”制度设计的运行情况

1. 总体情况

由于“定向委托式”的制度设计是一种基于信任的非正式契约，不可避免地存在一定的道德风险。因此，尽管湖北省委宣传部推动建立的高校智库在创设之初的目标定位很高、经费投入力度很大、双方的热情也很高。但是，智库成立并运行 2 年后的效果很一般，甚至可以说投入与产出严重不符。2016—2017 年，省委宣传部共委托各个智库 20 多项重点课题，每个课题的经费都在 20 万元左右，但从完成质量来看，能达到优秀水准的很少，获得省委、省政府领导签批的也较少，有些智库甚至出现了高校改革智库后期存在的共性问题，即前述“层层转包”现象，还有些不能如期结题。同时，智库专家团队作为省委、省政府“外围决策咨询委员”这一预期目标也很难达到。

2. 存在的问题

造成湖北省委高校智库运行效果一般的原因是多方面的，但核心原因是这一制度设计没有对高校智库参与决策咨询存在的三大共性问题，即“内生动力不足、外在约束乏力、对接机制弱化”进行有效的防范与解决，具体来说主要体现在三个方面：

一是考核评价制度缺失，智库在“软约束”下无序运行。由于省委宣传部与高校共建决策咨询智库是一次制度创新，双方在合作之初很难把各种问题和矛盾都考虑清楚，并出台完善的管理办法。但是，这种依靠自律的合作必然是一种“软约束”，导致各个依托高校对智库建设的重视程度不够，有些甚至仅仅是在某个二级学院或研究机构挂个牌子，长期由一两个人负责智库事务，还有些虽然按照“实体化、专业化”的模式运行，但专职人员少、基础设施差。

二是高校内部学术评价制度改革相对滞后，智库研究人员动力不足。虽然也有部分高校将智库成果纳入学术评价体系，但权重不大，还有些高校仅仅是采取了物质奖励的措施，并没有从制度上肯定智库成果的学术价值。这些都使得智库负责人及其研究人员的主要精力放在纵向课题、期刊论文、学术会议上，越是大腕的学术专家兼职越多，越是优秀的学术骨干学术任务越重，很难长期、持续、专注地从事政策研究工作。

三是高校智库与决策部门之间长效化的沟通、对接、协同机制不健全，项目研究工作开展难度较大。在智库课题开展过程中，省委宣传部扮演的是一个居于高校智库与具体实务部门之间的沟通与协调者角色，并不像湖北深改办那样，将研究成果直接转化为决策。因此，各个智库在研究工作开展的过程中，尽管能够得到宣传部的一些外围支持，但在调研渠道、重要资料的获取等方面，仍主要依靠智库本身或项目负责人的人际关系网络，而这种人际关系网络是非制度化的，很难为项目开展提供稳定、持续的支持。

3. 改进措施

针对上述问题，从 2018 年开始，湖北省委宣传部负责智库工作的机构从以下四个方面进行了改进，并起到了良好的效果。

一是为强化外部约束，完善竞争与激励机制，2018 年智库项目采取了“双轨制”的方式，即一部分仍通过委托的形式，由新型智库负责承担；但另一部分则通过公开招标的方式，在全省范围内公开竞标。尽管通过这两种方式的研究成果优劣目前还无法判断，但这种做法本身就已经使得新型智库开始面临竞争挑战与压力。因为，如果接受委托的课题成果质量不如其他招标者，新型智库存在的合理性将会受到质疑。因此，这一做法实施后，各个新型智库及其所在高校的科研管理部门，对 2018 年重点项目研究的关注度、投入度都大大增强。

二是严格过程管理，加强质量控制。湖北省委宣传部在 2018 年年初召开的新型智库建设会议上强调，智库经过三年的运行后，将会考虑在近两年进行考核验收。对领导重视、投入到位、制度健全、研究成果质量高的新型智库将加大投入，挂牌正式运行；反之则减少投入，限期整改或取消资格。同时，对于 2018 年的重点项目，明确了每个时期节点的开题报告、中期检查、结项评审的时间及质量要求。

三是精准把握政策需求，着力提升政策研究的针对性、操作性与创新性。为改变以往智库研究政策需求把握不准、省委省政府领导批示率低、智库成果转化率低这一问题，在省委宣传部的积极沟通与协调下，2018 年的选题采取省委省政府直接出题的方式。最后形成的 40 多个选题全部是由相关省领导结合分管工作领域的热点、难点问题而提出的，并把从理论与实践上解决这些发展难题的任务以项目的形式委托给各个新型智库，并把相关研究成果在湖北省委宣传部主办的《成果要报》上刊发，将获得相关主管领导批示作为结项标准。同时，在宣传部的积极推动与协调下，新型智库所在高校大部分已经将《成果要报》纳入学术评价体系。

较之于高校主流学术评价体系更重视的纵向项目，这一类直接来源于工作实践并且要求要高于和指导实践的智库项目实际上难度更大，它既要求有深厚的学术功底，能够从理论上把握这些难题的本质、根源，以及解决这些难题的逻辑与思路；又要求有丰富的实践经验，对湖北省情、相关领域的法律法规政策都十分熟悉。因此，在内外压力之下，为了做好 2018 年的重点项目，各个新型智库都全力以赴整合资源，搭建团队，广泛调研，工作面貌为之一新。

四是促进工作协同，加强政校合作。根据智库学术方向，结合重点项目的开展，湖北省委宣传部扮演桥梁纽带的作用，积极推动高校智库与决策部门建立长期、持续、稳定的合作关系。由于这些重点项目选题也是实务部门高度关注的实际问题，对于解决这些问题、提升工作效能具有重要意义。因此，很多实务部门都愿意配合甚至是参与这些重点项目，为智库研究工作的开展提供了强力支持。也正是在这种工作的对接与配合中，有些高校智库与决策部门还进一步密切了合作关系，或就双方共同关注的选题开展合作研究，或签订长期战略合作关系，建立起了长效合作机制。

通过四个方面的针对性改进措施，长期以来制约这些新型高校智库发展的“外在约束乏力、内生动力不足、对接机制弱化”问题得到了一定程度的解决，研究成果质量较之以前显著提升。

（三）“目标导向式”制度设计的运行情况

1. 总体情况

虽然2016年湖北省教育厅、财政厅研究制定了《征求意见稿》，打算从顶层设计层面对基地的功能定位、学术战略、治理结构、运行机制、考核评价作出详尽的规定，但该《征求意见稿》在意见征集中却遇到了很大阻力，最终未能正式出台实施。因此，2016、2017、2018年这三年间，旧的管理制度已经十分滞后，而新的管理办法又尚未出台，使得湖北的人文社科重点研究基地管理事实上处在一个新旧正式制度未能衔接的时期，其目标导向的制度设计成为一种非正式制度的蓝图与理想。由于这种非正式制度缺乏约束力，其制度实施的效果非常一般，而且在不同类型的基地中实施效果也存在较大差异。对于2016年新增基地来说，因为面临三年考核验收、不合格淘汰的压力，执行效果相对较好，但在基础设施建设、专职人员配备等方面也未全部到位；对于湖北省属高校中已经获批并经过2011年评估的基地来说，因为教育厅并未正式出台新的管理办法，也未明确新一轮评估的具体时间，约束力也不是很强，更何况，即使按照《征求意见稿》中的规定着手修改基地学术委员会章程、完善经费及项目管理制度、加强基础设施建设、引进专职研究人员也需要较长的时间周期；对于地处湖北的教育部直属高校中的研究基地来说，教育厅仅仅是在基地设立之初投入过建设经费，其后主要靠学校自筹，基地依托高校加强基地建设的积极性也不是很高，实施效果一般。

2. 存在的问题

湖北高校智库"目标导向式"的制度设计之所以实施效果不佳，主要是由于存在以下三个方面的问题：

一是《征求意见稿》对基地功能定位存在"大而全"倾向，有些制度设计脱离高校实际，过于理想化，在实践中很难落地。如强调人文社科重点研究基地功能的多元化，不仅要扮演决策咨询的"新型智库"角色，而且要在人才培养、文化传承、学科建设、行业培训等多个领域有所作为，基本上与高校传统的院系功能相同，这对于一个经费投入力度不大的基地来说很难实现。又比如，要求基地与高校院系平行设置，至少有 5 名专职研究人员，100 平方米的办公场所，这在各个高校也很难落实。

二是未对基地实施分类管理，管理难度较大。在湖北 150 多个省级人文社科重点研究基地中，既有依托基础学科的，也有依托应用学科的，还有二者兼具型的，这几类基地在管理模式、评价标准上存在很大不同，应当分类进行管理。尤其是在新型智库的培育上，可以从应用类学科中选取部门基础较好的基地，加大投入、强化激励，促进和引导其向新型智库转型。

三是评估未制度化、常态化。湖北人文社科重点研究基地自设立以来已经运行了近 20 年，但其间仅仅在 2011 年进行过一次评估，原管理办法中的年度检查、报告制度也未很好地执行。在这种软约束的管理模式之下，基地运行效能完全取决于依托高校的重视程度、基地负责人的投入程度。

3. 改进措施

针对上述问题，从 2016 年开始，尽管新的管理办法未正式出台，湖北省教育厅还是尝试从其他方面进一步规划和加强基地的管理。

一是对设立的基地强调加强智库功能，并采取了"试运行"政策。在该省教育厅 2016 年 9 月启动的第二批"湖北省普通高校人文社会科学重点研究基地建设计划"中，明确要求各高校"突出服务导向，坚持理论创新与应用对策研究，努力把重点研究基地建设成为聚焦人才、开展科学研究与学术交流的高地，充分发挥智库作用，为党委政府决策提供智库支撑和一流的咨询服务”。同时，在基地的考核验收上，首次采用了“试运行”的政策。即三年建设期满后，经专家验收不合格的，直接取消重点研究基地资格，这较之于该省 2011 年评估中对不合格基地采取“限期整改”的做法要严厉很多，因此其约束作用也显著增强。

二是开展“湖北高校智库优秀决策咨询成果”评奖活动。2016 年 8 月，为贯彻全国“科技三会”精神，湖北省教育厅组织开展了“高校优秀科技成果转化项目和湖北高校智库优秀决策咨询研究成果评选”活动。以往的类似评奖中，基本上都是以科技成果为主，而此次评奖首次将智库成果纳入评奖序列。而且在申报条件上，明确规定“相关决策咨询研究成果依托学校人文社科重点研究基地、协同创新中心等科研平台完成，且研究成果已转化成为国家及我省有关部门、企事业单位的规划、政策、决策等，对推动实际工作作用明显，产生良好的经济社会效益”。在获奖高校中，既有华中农业大学等教育部直属高校，也有湖北大学、武汉纺织大学、湖北汽车工业学院等地方高校，研究内容集中在农业、扶贫、教育、民族事业、新兴产业发展等领域，基本上都是湖北经济社会发展中的热点与难点问题，体现了湖北省教育厅希望通过评奖活动的激励作用来促进智库建设的政策意图。

三是与一流学科建设相关联。国家“双一流”战略实施后，各地也陆续跟进，启动了地方版的“双一流”建设方案，一流学科建设成为各个高校的中心工作。为了促进一流学科与智库建设的互动，湖北的一流学科建设方案强调：“围绕国家和湖北发展需要，建设一批高端新型智库，产出一大批哲学社会科学重大研究成果和精神文化精品力作，提升我省文化软实力。”这就把基地建设与一流学科从制度上关联起来，由于基地这一学术组织形式与高校学院、学科联系较为紧密，如果能够得到相关学科的强力支持，凝聚一支相对稳定的学术队伍，有利于承担一些跨学科重大政策研究项目，在决策咨询领域产出更多的精品力作与标志性成果。

通过上述措施，湖北的人文社科重点研究基地，尤其是依托应用类学科而建设的基地，开始逐步顺应外部环境的变化，向新型智库转型。当然，由于评价体系与管理制度滞后，制约高校智库咨政的深层次矛盾并未得到解决。因此，这种转型是缓慢的，也是很不均衡的。

## 第二节 高校智库参与国家部委决策咨询的制度设计探索

在计划经济体制下，我国借鉴苏联模式，依托相关部门创办了很多行业特色型高校。其后，经过多次调整，尤其是2000年的全国高校调整中，这些高校或划归教育部直属，或下放到地方管理。在传统体制下，这些行业特色高校曾经在行业人才培养、政策研究、行业培训、国际交流等方面发挥过巨大作用，与行业主管部门、相关企事业单位都有着深度联系与文化传承。管理体制调整之后，这种传统“亲缘”与合作关系并未被完全切断，而且双方都有着重新恢复这种合作关系的良好愿望与内在激励。正因为如此，从2012年开始，很多行业特色型高校通过部省共建(国家相关部委与高校所在地方政府共建)、部部省共建(教育部、相关部委、高校所在地方政府)的形式，重新构建起了与原行业主管部门的良好合作关系。

以下就以原财政部所属六所财经类高校为例，对这些高校依托共建平台，深度参与国家财政事业改革发展决策咨询的制度设计，进行深入探讨。

### 一、制度环境

#### (一)共建高校参与财政部决策咨询的形式单一、渠道较窄，具有高显示度与影响力的标志性成果较少

按照共建协议，财政部将在学科建设、人才培养、科学研究、师资队伍、社会服务等方面加强对共建高校的支持、指导和支持共建高校参与国家财政经济领域的重大决策咨询。而共建高校也将借助共建平台，结合自身学科与人才优势，通过参与决策咨询、培养

高端人才等形式，为我国财政事业发展提供有力的智力支撑。从双方在决策咨询领域的合作来看，前期主要是通过课题研究的形式来开展的。具体程序是：每年年末，财政部向内部各个司局征求选题信息，汇总后再向共建高校发布课题公开招标信息，由共建高校组织教师申报。这些公开招标项目每年有 20 项左右，研究周期基本上是一年。每年年末课题完成后，由相关司局委托专家进行结项评审，并进行等级评定。除此之外，部分共建高校与相关司局还有其他合作形式，也基本上都以课题研究为主。

在这一合作模式之下，因为项目承担者都是共建高校的教师个人，其实质是个体咨政而非智库咨政，参与程度与决策影响力都比较有限。首先，高校智库参与决策咨询的方式是多元的，除了课题研究外，针对某一具体问题听取专家意见，召开座谈会、研讨会，通过“直通车”等特殊渠道直接向高层决策者报送政策建议，吸纳高校智库研究人员挂职直接参与决策，有些与决策者具有良好互动关系的专家甚至可以扮演“政策顾问”与“智囊”的角色，点对点地进行决策咨询，等等。从这个角度来看，课题研究只是决策咨询多元化手段中的一种，而且是效率较低的一种，更何况财政部每年组织的 20 多项课题，平均分配到各个共建高校也就 4~5 项，单从数量来看很难产生较大的决策影响力。其次，成果转化链过长、时效性差。共建课题的研究周期需要一年或几年，相关司局将其中优秀或良好的成果以简报或文件的形式报送给分管领导也需要较长时间。等到真正的决策高层看到相关成果时，其资料、信息甚至是观点都已经比较滞后了。最后，这种咨政方式是指令式的、命题式的，虽然体现了问题导向、需求导向，但缺少前瞻性、预测性的研究，智库最应该具有的思想引领功能未能发挥，成为决策者的附庸，高校智库及其研究者的主动性、创造性都受到很大的抑制。同时，这种咨政方式对于决策主体来说也是低效的，因为课题委托这种单一的咨政方式，相当于把政策研究的重要任务交给一个个孤立的个人，且公开招标的制度设计导致中标者经常变换，决策主体很难找到一个长期研究关注财政发展某一领域且水平一流的学术团队或组织，来获得长期稳定的智力支持。

### (二)由于内生动力不足，共建高校的财政决策咨询队伍建设普遍较为滞后，决策咨询能力建设亟待提升

在合作之初，在共建高校内部的学术评价体系中，联合研究项目认定、决策咨询成果评价普遍权重不高，也很少与教师的职称晋升挂钩。因此，教师申报联合研究项目的积极不是很高，有志于长期跟踪、专注财政领域政策研究的学者更是很少。同时，虽然共建项目也被称为“联合研究项目”，但相关司局仅仅是在明确需求、提供资料等方面为项目承担者提供一定帮助，很少选派专门人员实质性地参与课题研究工作，主要依靠个人力量来完成。而通过竞标式的课题遴选方式，很难全面考察项目申报者的人际资源、政策研究能力，以及对项目研究的投入度与专注度。因此，在联合研究项目的中标者中，有相当一部分很难达到研究计划的预期要求，普遍存在研究方法过于学术化，调研广度与深度不够，对财政系统的政策、体制不够熟悉，研究结论缺乏创新性、操作性等问题，总体来说研究成果的质量一般。

另外，受计划体制下形成的“跑步进京”旧观念影响，共建工作开展前期，很多共建高校都把工作重点放在向财政部争取经费、资源等方面，缺乏对决策咨询工作的整体谋划与布局，尤其是缺乏打造面向财政领域开展高水平决策咨询学术平台、研究队伍的具体规划与措施。同时，在共建工作的管理体制上也很不顺畅。有的是由科研部门管理，有的是由校办协调，还有的是某一学院或研究中心负责，而这些部门或学院基本都是扮演组织项目申报的“二传手”角色，功能比较单一，在整合优质学术资源、提升决策服务质量方面做得很不够。而财政领域政策研究项目基本上都要求跨学科、跨学院，甚至是跨校际、跨行业，与纯理论的学术研究存在很大差异，要求共建高校应当设立专业化的管理科层组织，具体负责对内学术资源整合、对外沟通协调，包括项目进展各个环节的质量控制，而不是简单地上传下达。

由于上述原因，共建工作开展两年后，距离双方的预期效果有很大差距。一方面，随着国家公共预算管理制度的不断完善，凭借社会关系、“跑步进京”的传统思路与做法很难行得通，很多共建

高校依托共建平台争资源的目标未能实现。而另一方面，财政部依托共建高校、打造一流财经智库的目标也未完全实现，这些都导致部校在决策咨询领域的合作陷入了需求与供给不对称的局面。一方面，随着国家全面深化改革工作的启动，财政领域的改革发展任务日益繁重，对共建高校决策咨询的需求也越来越旺盛；而另一方面，共建高校无论是在管理体制、运行机制、研究队伍、学术平台，还是决策咨询能力建设上，距离财政部的要求都有很大的差距，迫切需要进行改革。

（三）党的十八大以来，国家宏观层面的制度变化，为新形势下共建工作的开展提供了方向与路径指引

2012 年，随着党的十八大召开，以及高等教育领域改革的不断深化，从三个层面为共建工作提供了指引：

一是更加明确地强调要发挥“思想库”作用，进一步完善决策咨询制度体系，十八大报告中提出“促进科学决策、民主决策、依法决策，健全决策机制和程序，发挥思想库作用”，这是在中央文件层面将决策科学化、民主化、法治化与“思想库”关联起来，对于决策部门来说实质上是一种价值指引与外部约束，引导和规范其决策行为，进一步发挥高校、科研机构等智力支撑作用。事实上，为了贯彻落实这一精神，从 2013 年开始，一些国家部委或决策部门开始尝试和探索与高校共建新型智库。如 2013 年年底，中宣部、教育部联合印发了《关于地方党委宣传部门与高等学校共建新闻学院的意见》，积极推动地方党委与高校在人才培养、舆论传播、决策咨询领域的深度合作。该意见出台后，北京市委宣传部与中国人民大学、江苏省委宣传部与南京大学、山东省委宣传部与山东大学纷纷签订了共建协议，有些还在明晰共建方向与目标的前提下，制订了发展规划或行动计划。如 2014 年，湖北省委宣传部在与武汉大学的共建中，就明确提出“用 5 年左右的时间将武大新闻学院建设成为马克思主义新闻观的教育高地、培训高地和理论高地，国家高素质新闻传播人才等重要培训基地，新闻与文化产业发展国家级智库，在全国发挥示范、引

领和辐射作用”①。

二是十八届三中全会首次提出了中国特色新型智库建设的目标，将新型智库的功能界定为“推动国家治理体系与治理能力现代化的重要手段”。同时，十八届三中全会公报对于国家财政的功能定位，首次提出了“财政是国家治理基础与重要支柱”，二者在提升国家治理能力这一目标上进行了强关联，从制度上推动双方更加密切地开展合作。对于财政部门来说，这一定位的变化意味着其财政的功能不再是简单的“为国理财”，而是要运用财政手段，促进国家治理体系与治理能力的现代化。而要实现这一功能转型，仅仅依靠财政系统内部的智力资源是远远不够的，必须借助于“外脑”，而共建高校就是最合适的合作对象。

三是“2011 计划”的启动，清晰地表明了国家希望高校从观念上、制度上打破封闭办学、提升创新能力的政策意图。从价值导向上要求高校更加重视社会服务，更加注重政校企协同创新，在国家与地方的创新体系、决策咨询体系中发挥更大的作用。

更为重要的是，在 2012 年教育部组织的第三轮学科评估中，学科声誉首次作为一级指标，强调社会贡献。而在第四轮学科评估中，智库建设情况首次进入评价指标体系。同时，在评价标准上采取了标志性、代表性成果的考察方式，即典型案例，要求被评学科提供评估周期内智库建设的四个典型案例。

需要强调的是，这些外部制度环境的变化，对共建工作的影响并不是直接的、迅速的，而是随着政策的实施，逐步传导到共建工作领域的，其过程是间接的、缓慢的，在某些工作领域甚至是滞后的。

## 二、制度设计

针对共建工作存在的问题，从 2014 年开始，财政部与共建高校顺应外部形势的变化，对双方在决策咨询领域的合作制度进行了

① 别鸣：《湖北省委宣传部与武汉大学共建新闻学院》，《楚天都市报》2014 年 6 月 17 日。

调整与优化。在这一过程中，课题组负责人作为共建高校智库管理工作的负责人，参与了相关制度的调研、论证以及设计工作，并结合本单位实际提出了一些意见和建议，有些得到了采纳。为观察相关制度设计的运行效果，笔者团队在上述制度设计及实施初期，同样提出了4点研究假设，并在4年多的跟踪观察与研究中进行了验证。

研究假设之一：加强对高校智库和决策部门的外部约束，对于促进二者之间的深度合作具有正向促进作用。

研究假设之二：从评价体系改革着手增强内生动力，对于促进高校智库与决策部门之间的深度合作具有正向促进作用。

研究假设之三：构建常态化、制度化的高校智库与决策部门之间的对接机制，对于促进二者之间的深度合作具有正向促进作用。

研究假设之四：决策咨询成果质量是高校智库与决策部门之间能否建立起长效合作机制的决定性因素。

（一）强化竞争机制，规定联合研究项目管理

为提升联合研究课题质量，从2014年开始，负责共建工作的财政部综合司开始在项目设置上实施“双轨制”，即一方面，仍按照原来的合作意向征集、公开招标、项目委托的方式，组织常规性的委托课题；另一方面，设置了竞争性课题，即同一选题由两所共建高校的申报人同时展开研究，在年终结题时根据课题质量评定等级与经费投入额度。同时，原来的联合研究项目申报中，考虑到共建高校之间的平衡，基本上是按照平均分配的形式来进行委托，随着竞争性课题的开展，近几年的课题评审坚持了“质量优先、兼顾公平”的原则，如2017共有联合研究项目28项，委托性课题21项，竞争性课题7项，上海财经大学一所高校就中标了12项，其中，委托性课题9项，竞争性课题3项，两种类别的课题几乎占到了50%。

为进一步规范联合研究项目管理，财政部在充分调研的基础上，于2016年出台了《共建联合研究课题管理办法》，从以下四个方面规范项目管理：

1. 进一步规范了“委托与竞争相结合”的课题立项及遴选方式

该办法规定：“课题分配主要通过各共建高校公开申报、财政部统筹确定，部分课题可视情况采取委托或竞争的方式确定承担单位。”在实际操作中，为引导共建高校整合优势学术资源开展联合研究项目，主管司局不接受共建高校教师的个人申报，而是要求学校根据已发布的项目需求，有计划地组织教师搭建团队(尤其是跨学科团队)、撰写研究计划及方案，然后由学校进行初步评审后根据申报质量进行排序，报送到主管司局。由于高校对校内申报者的学术水平、政策研究能力、学术团队组织能力最为了解，这一排序对于主管司局最终确定中标者具有重要参考意义。

由于项目研究注重问题导向与应用导向，负责司局的意见也十分重要，当同一选题有多个申报者时，确定规则是共建高校与负责司局的排序是否相匹配。

2. 加强部校在项目开展中的工作协同

根据《共建联合研究课题管理办法》，主管司局在下达课题任务后，应尽快推进课题启动，对课题提出明确要求；及时跟踪了解各课题进展情况，适时组织课题中期评估，检查、通报、交流课题研究进展，督促课题实施按预期方向进行。而负责司局在接到课题任务后，应主动参与指导，督促课题组制定课题研究方案；跟踪了解课题动态进展，指导课题研究方向；根据工作实际，为课题研究提供相关业务数据和材料等资料支持。

3. 提升联合研究项目成果在共建高校学术评价体系中的权重与地位

为加强对共建高校项目承担人员的激励，《共建联合研究课题管理办法》明确规定，共建高校应当在职称评定、经费支持、成果认定等方面对课题具体承担人员给予不低于部级课题标准的条件支持，从而大大调动了项目申报的积极性。

4. 规范项目结项管理，加强对成果的评估，拓宽成果转化渠道

《共建联合研究课题管理办法》规定，共建课题的结项评审专家组应由不少于5名(一般为单数)相关领域专家和负责司局有关同志共同组成，重点就课题成果是否达到预期目标、具有理论和实

践意义等进行评议表决，并出具由专家组成员签名的《联合研究课题成果专家评审报告书》。同时强调，“主管司局应建立健全课题研究成果展示和应用平台，加强成果交流，扩大成果的运用范围，增强联合研究机制对财政工作的推动作用。及时对全年课题研究进行总结，对通过成果验收的课题组给予相应的成果认定”。

（二）遴选智库团队，开展中长期合作

针对部校在决策咨询领域方式单一、协同不够、影响力低、队伍不稳定等问题，同时也为了借鉴其他国家部委与高校长期合作的经验，从2017年开始，财政部开始探索以共建中长期智库团队的形式，促进部校的深度合作。具体措施如下：

1. 全面了解各共建高校科研机构设置情况

为加强与共建高校科研机构的合作，财政部主管司局对各全面共建高校科研机构设置、运行的情况进行了全面摸排，尤其是对与财政理论与实践研究相关的科研机构，以及具有跨学科特点的高层次学术平台进行了重点调查。

2. 了解相关业务司局的智力需求

主管司局在掌握共建高校科研机构详细信息后，按照相关性提交给业务司局。业务司局结合自身工作开展过程中的智力需求、合作意愿，赴相关共建高校进行广泛的调研与交流，并在此基础上形成初步合作意愿，报送到主管司局。主管司局对共建高校拟纳入中长期合作计划和科研机构的情况进行进一步了解，重点掌握这些科研机构的组织架构、学术团队、学术方向、研究成果、合作意愿等，对其学术研究水平、政策研究能力、组织发展的可持续性进行考察评价。

3. 主管司局进行匹配后最终遴选出第一批中长期智库团队

主管司局经过考察评价后，在统筹兼顾的基础上最终确定了30多个中长期智库团队，分别对口财政部的相关司局。为将双方合作纳入到制度化、规范化轨道，主管司局制定了合作协议格式，由合作双方以此为基础和框架签订协议，并可以结合各自的需求与特点增加相关的合作内容。从合作协议的内容来看，一方面，明确了双方在共建框架下开展中长期合作研究的主体与期限。双方的合作主体是业务司局与共建高校，具体承担合作研究的责任主体业务司局是相关的职能处室，共建高校的责任主体是相关科研机构。另一方面，明确了双方合作的基本权利与义务。业务司局有义务支持共建高校承担相关项目研究和决策咨询工作，在学科建设、人才培养、对外交流、科学研究、师资队伍建设、服务财政系统和社会等方面对共建高校给予支持和指导。共建高校也有义务积极发挥学科与专业优势，在财政领域相关重大问题决策上为业务司局提供研究支持和咨询服务，提出相关政策建议。为确保团队成员的时间与精力投入，主管司局在与共建高校协商时强调，团队负责人不一定非要大牌教授，也不需要挂名，一定要遴选能够全力以赴履行职责的专家，学术能力与政策研究能力较强的中青年教授甚至副教授也可以入选。

合作协议出台后，财政部各个业务司局纷纷与确定对口合作的共建高校进行了进一步磋商，就双方合作的协商议事机制、工作协同机制、考核评价机制等问题进行了深入交流，达成共识后形成最终的合作协议，向主管司局报备并签约后正式开始运行。

(三)结合共建高校优势与特色，着力打造高端智库平台

在完善项目管理，开展中长期合作的同时，财政部还积极鼓励和引导各共建高校发挥学科优势，遵循“协同创新”的理念与业务司局、其他决策部门及科研机构开展形式多样的合作，着力打造服务财政事业发展的高端智库。也正是在这一过程中，双方共同探索和培育出几家特色鲜明的智库平台。

1. 中央财经大学“中国财政发展协同创新中心”

该中心成立于2012年9月，是中央财经大学抓住部部省共建机遇，协同其他共建高校，以及财政部、国家税务总局、中国社科院所属科研机构，按照“实体化、跨学科、开放式”原则构建起来的财经智库，其主要愿景是“拓展世界财政发展的中国模式，推动形成财政理论的中国学派，建成具有重大国际影响力的财经智库”。经过几年的建设，该中心逐步建成了14支长期关注与研究财政改革发展的创新团队，如“构建科学的财政理论：提升财政理论的洞察力与预测力团队”“应对重大国家安全挑战的国防财政经

济能力建设研究团队”“中国新型城镇化与政府战略研究团队”“BEPS 对国际税收的挑战与应对研究团队”“环境经济与区域发展团队”等。同时，在政策研究、人才培养、体制机制创新等方面都取得了显著成绩。在政策研究方面，该中心十几支研究团队长期跟踪研究国际国内财政发展中的热点与难点问题，及时向决策部门提供决策咨询建议，产出了一大批具有较高影响力的决策咨询成果。在人才培养方面，该中心遵循“协同育人”的理念，从 2015 年开始设置本科“财政协同创新实验班”，逐步建立起涵盖本科、硕士、博士、国际交换生的全口径财经人才培养体系。同时，该中心依托共建平台，以学术沙龙、暑期学校、学术夏令营、兼职导师等形式，广泛邀请来自财政实务部门的专家实质性参与中心教育教学工作，在培养理论与实践紧密结合的高端拔尖创新财经人才方面取得了显著成绩。在体制机制创新方面，该中心作为共建工作的秘书处，不仅对口财政部政策研究室，而且与其他司局也开展全面的交流与合作，不仅具有管理与协调职能，而且具有很强的学术资源整合职能，为共建工作开展提供了坚实而又独具特色的组织保障。

2. 上海财经大学“中国公共财政研究院”

该研究院成立于 2012 年 8 月，是上海财经大学配合部部省共建工作开展、遵循协同创新理念而搭建的高端智库平台，是一个典型的“政学研”深度合作学术组织。“政”包括全国人大财经委、财政部、上海市财政局、江苏省财政厅；“学”包括其他五所共建高校，还有北京大学、武汉大学、厦门大学等名校；“研”主要是指中国社会科学院。

研究院的发展愿景是以中国公共财政建设为研究对象，紧紧围绕“公共财政思想与理论”“法制财政”“发展财政”“民生财政”与“绩效财政”五大主题，在为中国公共财政建设提供一流的政策咨询服务的同时，也逐步构建起更加完善的、具有中国特色的财政学理论体系和学科体系。

在内部治理结构上，研究院实行理事会领导下的院长负责制，由我国全国人大预算工作委员会前主任高强担任院长，明确一名执行院长负责日常事务。成立以来，研究院通过承担共建课题，定期发布《中国财政发展报告》，发表学术文章，加强与媒体合作等方式，不断扩大研究院的学术影响力、社会影响力与决策影响力，不仅成为服务共建工作的重要平台，而且逐步成长为全国一流的财经智库。

3. 江西财经大学“财政大数据分析中心”

该中心成立于2015年，是江西财经大学与财政部、江西省部省共建的重要平台，发挥着为财政部、江西财经大学以及社会各界提供财经大数据信息、财经问题咨政报告以及舆情智力支持的重要作用。

在当前的信息化时代，网络舆情不仅是决策部门实施科学决策的重要参考，也是分析与判断相关重大决策实施效果、社会反映的重要依据。江西财经大学敏锐地认识到了这一趋势，率先成立了财政大数据分析中心，通过网络信息抓取技术，构建起体系化的财政大数据分析平台。该平台不仅具有舆情查看、图形分析、趋势分析功能，还拥有一支专门的研究队伍，能够根据实时的舆情监测，提出舆情应急、舆情引导的相应对策与建议。正是由于这一平台在决策咨询领域所具有的特殊功能，引起了财政部办公厅的重视，并最终成为双方合作的重要共建平台。

在近两年的发展中，该中心在服务共建工作的同时，也不断拓展服务领域，进一步加大了服务地方、服务行业的力度，探索建立财政数据服务系统，逐步向专业化、信息化的高端财经智库转型。如2018年10月，世界VR产业大会在江西南昌开幕，该中心利用“财政舆情分析平台”对关于这一盛会的网络舆情进行了持续监测和分析，据此撰写了监测数据报告并呈送江西省领导阅示，得到了该省主要领导的高度重视。2018年10月20日，江西省省长易炼红还专程实地考察了该中心，现场检验“财政舆情分析平台”的实时分析效果。并希望该中心发挥特色优势，突出问题导向，力争为江西省实现高质量发展提供更加精准和操作性强的决策建议。①

---

①　匡琳：《财政大数据分析中心报告获省委书记刘奇批示》，http://news.jxufe.cn/news-show-84837.html，2018-10-17。

## 三、制度实施效果及其调整完善

上述制度实施运行几年以来，由于在设计思路上较好体现了对“外部约束乏力、内生动力不强、对接机制弱化”这三大矛盾的解决，以及对研究成果质量的控制，总体来说，取得了较好的效果。但是，由于对上述矛盾在解决程度上存在差异，加上各个执行主体在制度实施效果上存在差异，这一制度体系仍存在一些亟待解决的问题。而这些都从正反两面进一步验证了课题组在制度设计与实施之初提出的四点假设：

### （一）总体实施效果

1. 联合研究课题质量显著提升，成为共建高校参与国家财政领域决策咨询的重要渠道

在联合研究中，一方面，业务司局结合自身工作中的难点、焦点进行选题，体现了问题导向与政策导向；另一方面，由于规范了课题的过程管理，尤其是“双轨制”的制度设计，使得联合研究课题的质量得到了保障，很多研究成果直接转化为财政领域全面深化改革的法规、规章、规划和文件。例如，近几年我国财政领域全面深化改革的热点、难点工作，如《中华人民共和国会计法修订草案》的制定、财政事权划分与支出责任的职能调整、公务卡推广应用的相关规定、“工效挂钩”后事业单位的管理、财政在军民融合中的职能定位、动员私营部门参加“一带一路”融资、建立我国境外追赃的长效机制等，都是以联合研究课题的形式立项，并最终得到了转化和应用。

2. 通过中长期智库团队建设，探索开展高校智库与决策部门的深度合作

智库团队建设弥补了联合研究课题仅仅是年度项目、应急项目的不足，使得业务司局与共建高校能够在财政改革的某一领域合作开展前瞻性、战略性研究。同时，在这一制度创新实施的过程中，涌现了几支具有“交互嵌入”特点的智库团队。这些团队在为业务司局提供长期稳定智力支持的同时，也成为本校学科建设、人才培养的高水平创新团队。如中南财经政法大学与财政部会计司联合共

建的政府会计研究所就是这样一支优秀的智库团队。该研究所在部校开展中长期合作之前就有着良好的互动往来，中长期合作协议签订后，双方的合作被纳入了共建工作的总体框架，研究所得到了更加稳定的经费与政策支持，也因此能够更加专注地为会计司提供全方位智力支撑。而会计司根据合作协议，也能够将更多的业务领域向研究所开放，给予其更多的决策参与权。在合作模式上，双方探索建立起了独具特色的“旋转门”制度。一方面，研究所定期选派青年研究人员赴会计司挂职，深度参与相关政策、文件的研究与制定工作，其他团队成员也可以咨询专家的身份，受会计司的委托从事相关的决策咨询活动；另一方面，会计司的相关专家受聘担任研究所的兼职研究人员，以开办讲座、指导论文等形式实质性参与研究所会计专业的研究生培养工作。在这种具有双向嵌入特点的合作机制下，双方真正实现了双赢。

3. 高端特色智库成为共建高校深度参与国家财政领域决策咨询的重要载体

相对于联合研究课题与中长期智库团队来说，高端特色智库平台参与决策咨询的口径更广、范围更大、程度更深，且影响力并不仅仅局限于财政系统，而且辐射到其他领域、行业，在全国乃至国际上都产生了一定的影响力。更为重要的是，通过几年的运行，这些智库逐步成为共建高校促进学科交叉融合、培养复合型高端财经人才的重要平台。以江西财经大学的财政大数据分析中心为例，它既需要计算机、信息、统计等学科的支撑，也需要财政学、经济学、管理学、新闻传播学等相关学科的支撑，尤其需要知识结构能够涵盖上述多个学科的研究人员。多个学科的研究人员以项目和平台为纽带，共同进行财政舆情的分类、采集、整理、分析、研究工作，大大促进了这些相关学科的实质性融合，而这一点是传统学院很难做到的。

4. 共建高校主动服务国家财政事业发展的积极性、主动性显著增强，形成了共建工作的竞争机制与合力机制

虽然主管司局仅仅是在联合研究课题上引入了竞争机制，但这一制度设计产生了“鲇鱼效应”，使得各个共建高校在其他领域也

纷纷展开了竞争，形成了举全校之力支持共建工作的良好氛围。如上海财经大学就出台了专门的“服务国家财税行动计划”，结合本校学科优势对未来五年的共建工作进行了系统的规划与设计。又如2015年4月，东北财经大学的经济运行与财政政策研究基地获财政部批准成立，作为智库建设试点纳入部省共建框架。该基地自成立以来，组织了一流学术团队，结合国际国内经济形势，对经济运行趋势以及应当采取的财政政策调整进行了分析与研判，定期编发《预测专报》，直接报送财政部领导，其中有多篇报告获得批示，产生了较大的决策影响力。2017年4月，中南财经政法大学与财政部信息中心也在共建框架之下开展深度合作，共同成立了大数据研究院。该研究院整合该校的统计、计算机、财政、金融、法学、管理学等学科，为财政信息化工作推进过程中的难点问题提供集成式的解决方案。双方合作一段时期后，国内一些知名的大数据企业也加入进来，形成了管理部门提出需求、研究院负责方案设计、企业负责具体实施的“政校企”合作模式，取得了良好的效果。

（二）存在的问题

共建工作开展几年来，在取得较好成绩的同时，也逐步显现出一些亟待解决的问题：

1. 联合研究课题开展过程中，部校协同机制仍有待进一步完善

在联合研究课题确定后，虽然管理办法要求业务司局明确专人实质性地参与研究，但在实际研究工作中，能够做到这一点的业务司局并不太多。这一方面是由于很多业务司局工作繁忙，在时间、精力上确实难以兼顾；但也有一部分原因是业务司局对课题研究工作重视不够、合作意愿不强，从而使得课题承担人在调研的深度与广度，以及研究资料与信息的获取上面临一些障碍。另外，课题结项后，作为研究成果的研究报告转化为相关的政策文件仍需要一个较长的过程，如果业务司局合作意愿不强，课题负责人很难参与这一后期过程，因此也很难得到相关研究成果被采纳应用的证明，激励力度便会有所下降。

2. 中长期智库团队建设进展不均衡，部校之间的深度对接与互动机制尚未全面形成

中长期项目合作开展以来，虽然涌现出了一些优秀的智库团队，但总体进展并不均衡。部分团队与对口司局之间的合作协议未得到全面的落实，甚至流于形式。究其原因，或是由于对口司局重视不够、合作意愿不强，双方合作缺乏明确的项目纽带与任务驱动；或是由于共建高校智库团队负责人的政策研究水平一般，成果质量难以保障；或者是由于双方缺乏常态化、制度化的交流与协调机制，合作难以在沟通与互信中持续推进。更为重要的是，由于中长期智库团队建设是部校合作的一次探索与创新，事前并未研究制定具体的团队管理、运行、评价办法，只能凭借双方的合作意愿摸索前行，团队运行的效果如何对各方主体都缺乏约束力，而这正是造成团队建设进展不均衡的根本原因。

3. 高端智库平台建设存在一定的激励不相容现象

共建工作开展以来，六所共建高校基本上都建立了对口财政领域、提供专业化决策咨询服务的高端智库平台，且均按照实体化、专业化的模式运营，人员、经费投入都比较大，也确实产出了一批高质量的决策咨询成果。对于共建高校来说，无论是从办学声誉还是学科评估的角度来说，都希望主管司局能够对其在决策咨询领域的贡献进行准确的测度与评价。但是，对于主管司局来说，由于繁琐的行政科层制度以及工作流程，很难及时回应共建高校这一需求。同时，在当前的公共财政预算制度之下，财政部门甚至很难通过直接拨款的形式支持这些智库平台，在很大程度上影响了高端智库平台的内生积极性与发展可持续性。

4. 部校之间人员交流存在很大的制度障碍

在双方的人员交流上，共建高校前往业务司局挂职、实习渠道是畅通的。但在我国当前公务员管理制度之下，对公务人员兼职兼薪有着严格的限制，因此，尽管共建高校高端智库平台、高层次人才培养非常需要业务司局中既有丰富实践经验又有深厚理论功底的管理专家，但在实践中，这些管理专家在高校的学术兼职需要履行严格的审批手续，即使是退休后官员也有着一定的年限限制，很难实质性参与共建高校的研究团队。这在很大程度上导致了高校智库与决策部门之间的“旋转门”只能单向旋转，难以真正形成互动与互补机制。

（三）制度调整及完善

回顾近几年来的部校共建工作，共建高校参与财政领域决策咨询的制度设计之所以会在实践中不断优化，除了部校之间都有着较强的合作意愿以及制度环境的影响外，权威的、持续的外部评价机制也很重要。在2018年以前，这一评价机制是通过财政部每年年初召开的共建工作会议来实现的。在共建工作会议上，一般会对上一年度的共建工作进行总结，肯定成绩、提出问题，并在集思广益的基础上对共建高校参与决策咨询的相关制度进行调整优化。但是，2018年年底，连续举行了五年的部省共建工作会并没有召开，这使得本来运行就不够均衡的制度实施效果大打折扣。从这个角度来看，应当从以下两个方面着手，以推动建立更加完善的共建高校参与财政领域决策咨询的制度体系。

1. 进一步优化相关的制度设计

修改完善《部省共建联合研究课题项目管理暂行办法》，强调项目确定后，业务司局应当抽调专人进入课题组，全过程地参与课题研究工作。同时，课题结题后，在相关研究成果转化的过程中，主管司局与业务司局应当赋予项目负责人更多的决策参与权；研究制定中长期合作学术团队管理办法，建立健全智库团队的竞争机制、退出机制、考核评价机制，将其纳入制度化、规范化管理轨道；建立规范化的共建高校智库成果发布平台，运用“第三方评价、用户方评价”等手段，对各种形式的决策咨询成果进行评价，定期开展财政领域决策咨询成果评奖活动，加大对具有较高显示度与影响力研究成果的宣传力度。

2. 进一步强化外部约束，确保制度实施效果

联席会议制度对于及时总结共建工作、优化相关制度设计、强化对各行为主体的外部约束至关重要，应当采取轮执的方式定期在各个共建高校召开。同时，为进一步强化外部竞争、提升研究成果质量，可考虑在应用经济学学科实力较强的高校中选取一所，作为观察员列入共建高校，视其工作质量来决定其下一步参与共建工作的程度。

上述高校智库参与国家部委、地方政府的决策咨询是各方贯彻中央文件精神，并在其赋予的自主权限内进行了局部制度创新。通过对这些典型智库咨政的制度设计与实施情况的长期跟踪观察、研究，以及对相关研究假设的观察与验证，发现尽管这些局部制度创新整体上仍然处在一个尝试、探索与观察期，但在实践中也出现了很多的挫折与问题。一般来说，这些问题在经过双方的试错与沟通后已经或正在逐步得到解决。在当前制度模式之下，其发展趋势都呈现出由“非正式、松散式、低效率”向“契约式、紧密式、高效率”的转型。系统反思及总结近几年来其制度设计与实施的经验、教训与启示，对于我们从宏观上、整体上构建具有中国特色的高校智库咨政制度体系，具有十分重要的借鉴意义。

第一，高校智库参与决策咨询的制度设计是一项涉及多层次、多部门、多领域的系统工程，其制度体系构建既需要宏观、中观与微观层面的制度联动，也需要不同部门、不同领域之间的工作协同。同时，这一制度创新也会涉及多个行业、多个群体内部的利益格局调整。实践证明，只有秉持“激励相容、多方共赢”来构建这一制度体系，才能够得到合作各方最大限度的价值认同，使得这一制度创新得以顺利推进。

第二，通过行政主导、自上而下的方式，对于强化高校智库与决策部门思想与行为的外部约束，在短时期内初步构建起高校智库咨政的制度体系具有显著作用。但是，这种依靠行政力量形成的外部约束力是短暂的、难以持续的，只有上升到法律、法规、规章的制度层面，或者对行为主体具有强约束力的规则层面，才有可能最终建立起规范化、长效化的制度体系。对于政府部门来说，强化这一外部约束的关键是进一步完善决策咨询领域的立法，将专家咨询、智库参政作为重大决策的法定程序，尤其是要建立健全重大决策失误的责任追究与倒查制度。对于高校来说，强化这一外部约束的关键在于修改完善学科评估指标体系，从定性与定量相结合的角度，进一步提升智库建设的重要地位。

第三，提升高质量决策咨询成果在学术评价体系中的权重是强化高校智库内生动力的关键。要想实现这一目标，仅仅依靠相关政策、文件的方向指引，或是高校的自省自觉是远远不够的。应当建立刚性化、多元化的学术评价规则体系，真正从制度层面认可高质量决策咨询成果的学术价值，并将其制度化地纳入当前主流的学术评价体系。从这个角度来看，建议教育部尽快研究制定刚性的高校学术评价规则体系，并逐步纠正各级各类评估中“学术本位”以及“四唯”(唯论文、唯学历、唯职称、唯奖项)倾向，从价值导向、规则指引上真正使高校更加重视与改进社会服务工作，整合最优质的学术资源并真正融入各级决策咨询体系，为国家与地方经济社会发展作出更大的贡献。

第四，高校智库与决策部门之间的对接机制弱化问题，是当前实践中很多高校智库与决策部门合作效果不佳的重要原因。因此，当双方确立合作意向或签订合作意向后，一定要明确专人或专门机构负责日常对接工作，建立常态化、制度化的对接机制。同时，应当坚持联席会议或轮执会议制度，真正把高层的沟通与互信与中层的协调与推动结合起来，确保双方的合作目标与相关制度设计能够真正“落地”。

第五，当双方的合作关系建立起来之后，成果质量控制是这一合作关系是否可持续并真正做到互惠双赢的第一要义。因此，从合作初期开始，双方就应当在充分协商的基础上建立起研究成果的质量控制体系。具体来说，就是要明确双方合作项目每一个环节的质量标准，并共同抓好落实。同时，为了保持这种合作关系的灵活性，当面临最大决策难题时，作为智库成果需求方的决策部门还应当依托思想市场，寻求多种解决方案，并在其中选取最优方案。

第六，高校智库最大的优势在于依托高校强大的学科、人才等优势。因此，高校智库在功能定位上应当注重发挥与体现这一优势，紧紧围绕“战略研究、政策建言、人才培养、舆论引导、公共外交”这五大功能，实现各个功能之间的互补与互动。尤其是要构建新型智库与一流学科发展的互动机制，为依托高校的一流学科建设提供新动能，为一流人才培养提供高平台。绝不能成为脱离高校人才培养中心任务、一流学科重点工作的“孤岛”。

第七，高校智库咨政的制度设计是在信息不对称且面临多重价值冲突、体制冲突的情况下构建起来的。要想确保制度的顺利实施，一方面，要建立一种权威的、持续的外部评价与约束机制，使得合作各方能够在制度实施过程中不断进行动态的调整与纠错；另一方面，要在统筹兼顾的基础上，寻求一条改革成本最小化、内生动力最大化的实施路径，并从价值认同、舆论氛围、智库文化等方面着手，为相关制度的实施创造宽松良好的制度环境。

第八，“旋转门”制度是高校智库与决策部门之间实现资源互补、良性互动的关键。针对目前诸多制度障碍，可探索在一些高校与决策部门之间建立常态化的人才流动机制。一方面，可以参考日本高校经验，在双方内部设置“流动研究岗”，作为相互接纳人才流动的平台；另一方面，对于决策部门中一些学识、经验、能力突出的专家型干部，建议允许其进行少量的学术兼职，或简化相关审批手续，使其在做好本职工作的同时，也能够实质性参与到高校智库的学术与政策研究工作中来。

# 第五章

# 中国特色高校智库参与决策咨询的制度设计

从中西方政治文明史的发展历程来看，知识分子依托智库或者类似智库的学术组织参与决策咨询，是国家民主政治制度建设的重要组成部分，是政治权威与学术精英通过制度化、长效化的沟通与交流，进而实现“善治”的重要前提。

高校智库自身的发展与一国内部民主政治制度，尤其是决策咨询制度的改革发展是高度相关的。正因为如此，参与决策咨询的制度化、系统化程度是衡量一国高校智库建设成效的重要标准。英美等发达国家在近百年的探索中已经形成了相对完备的制度，高校智库普遍具有较高的决策影响力，在国家政治格局、公共决策中发挥着重要作用。反观中国，尽管自春秋战国时期开始就有着知识分子参政议政的政治传统，中华人民共和国成立以来各类具有智库功能的学术组织发取得了较大的发展，但只是在近几年才引起了自上而下的高度重视，距离系统化的制度安排仍有相当大的差距。

本章在充分吸纳借鉴中西方优良政治传统、政治文明的基础上，结合我国高校智库建设现状，尤其是部分地区高校智库参与决策咨询制度设计与实施的生动实践，从制度特色、制度模式、制度体系三个层面，就中国特色的高校智库参与决策咨询的制度设计问题进行深入的理论探讨。

## 第一节 中国特色新型高校智库的内涵解读

自2013年习近平总书记就我国智库作出重要批示以来，中国特色新型智库建设逐步上升到了推进国家治理体系与治理能力现代化的战略高度。近几年来，中共中央、国务院、全国全面深化改革领导小组出台了一系列文件，教育部也于2014年出台了《中国特色新型高校智库建设推进计划》。在这些政策文件中，“特色”与“新型”成为我国智库建设的重要价值导向与发展定位，但并没有对其政策意蕴与内涵进行清晰界定。以下，本节对“特色”与“新型”的内涵进行解读，并以此为逻辑起点来对我国高校智库参与决策咨询进行系统的制度设计。

### 一、对中国高校智库“特色”建设的内涵解读

与其他国家的高校智库相比，与国内其他智库大军相比，中国的高校智库主要有以下四点特色：

(一)在国家政治格局中的地位

从中西方智库的发展历程来看，智库要想产生决策影响力，智库所依托的社会组织、智库负责人、研究人员必须具有一定的政治地位或政治影响力，具有与政治权威或决策核心进行沟通与互动的资源、渠道与能力。我国的公立高校实行党委领导下的校长负责制，高校作为教育类事业单位、对应一定的行政级别进行管理。高校的党委书记、校长也按照学校在国家高等教育体系中的地位对应着一定的行政级别。如“985”工程高校的主要负责人通常享受副部级的行政级别与政治待遇，“211”工程高校以及其他地方本科院校的负责人通常享受厅级的行政级别与政治待遇。同时，作为人才培养的主阵地，高校内部研究公共政策的专家学者数量众多，各级决

策部门都会从高校遴选专家学者担任具有一定政治身份的参政议政角色，如各级人大代表、政协委员、国务院及省级政府参事。在我国多党合作、政治协商的政治体制框架之下，民主党派和无党派政治群体也是参政议政的重要组织形式，而高校专家学者则是这一组织形式的中坚群体。另外，高校智库的负责人通常是由具有较高学术影响力的知名学者担任，而这些知名学者往往又会因其学术影响力获得一定的政治身份，如各级政府聘请的决策咨询委员会委员，指导地方经济社会发展的“产业教授”。还有些知名学者会因其学术影响力而建立起与核心决策层的私人互动关系，从而使其政策建言能够省略很多中间环节，大大提升时效性与针对性。

事实上，在具有中国特色的政治制度，尤其是决策咨询制度体系之下，无论是大学、大学领导，还是高校智库、智库负责人、智库学者在国家政治格局中的地位、政治身份，都是与政治地位、参政议政渠道、对公共决策的话语权高度相关的，意味着决策参与权和政治影响力的高低。之所以高校“去行政化”改革提了很多年，但很难真正实行，其深层次原因就在于此。这一具有鲜明中国特色的现象从首批国家高端智库的入选名单中能够得到印证。在2015年公布的25家国家高端智库试点单位中，有六家高校智库，分别是北京大学国家发展研究院、清华大学国情研究院、中国人民大学国家发展与战略研究院、复旦大学中国研究院、武汉大学国际法研究所。这六家智库所依托的大学不仅均为“985”工程高校，而且智库负责人都是兼具政治影响力与学术影响力的著名专家学者。

(二)在国家高等教育体系中的定位

尽管我国在中华人民共和国成立之初就在高校创立了一批具有外交智库功能的研究所，改革开放之后教育部和各省也创建了一大批具有智库功能的人文社科重点研究基地，但一直到2012年十八大报告正式提出“思想库”建设之前，高校智库在中国高等教育体系中的定位都是比较边缘和弱化的。2012年以来，随着国家层面对智库建设重视程度的提升，高校智库在国家高等教育体系中的定位也发生了显著的变化，主要体现在以下三个方面，一是各地各高校对智库建设的重视程度、智库在全局工作中的重要程度显著提升。近几年来，“智库”开始成为我国高等教育领域的一个高频词，各地各高校挂牌成立的智库数量大大增长，有些地方还启动了高校智库建设的发展规划或专项计划。如安徽省出台了《安徽高校智库建设计划》，明确提出要“重点培育建设 10 个左右定位准确、特色鲜明、制度创新、规模适度、引领发展的安徽高校智库，培养造就一支坚持正确政治方向、德才兼备、富有创新精神的公共政策研究和决策咨询队伍”；上海市则出台了一系列配套文件，对上海高校智库建设的目标、任务、举措、保障、考核、评估等方面进行了系统的制度设计，并于 2013 年启动了首批 18 家高校智库建设的试点工作，取得了良好的成效。二是高校智库在高等教育体系中的顶层设计初现端倪。中央全面深化改革领导小组出台了加强中国特色新型智库建设的专门文件，制定了国家高端智库建设试点工作方案。教育部贯彻这些文件精神，出台了加强中国特色新型高校智库建设的文件。这些文件出台后，从顶层设计高度对高校智库建设提供了方向指引。自 2013 年以来，各地各高校也都根据上述文件精神，结合本地实际，积极探索具有地方特色的高校智库建设新路径、新办法。三是对决策咨询类成果的认定逐步进入高校主流的学术评价体系。在具有中国特色的大学职能内涵界定中，与决策咨询相关的智库职能通常被界定为大学社会服务职能的子目标，很多高校将决策咨询类成果排斥在主流的学术评价体系之外。但近几年来，随着智库建设战略地位的提升，决策咨询成果的学术价值逐步被越来越多的高校所认可。在第三轮学科评估中，智库建设成效首次进入评估指标体系，尽管权重还不够大，但也大大激发了各高校加强智库建设的内生动力。

（三）智库与决策核心的距离

高质量、独立性、影响力是国际公认的一流智库评价，其中，智库是否具有独立性，是否能够客观公正地发表政见是最为重要的评价标准。但是，如果与决策部门完全没有正常的沟通与交流渠道，没有必要的社会交往与人际互动，智库成果很难产生影响力，更不可能直接转化为公共政策决策。正因为如此，这种独立性是相对的，国际上很多一流的高校智库在崇尚和强调独立性的同时，也都通过“旋转门”机制等方式保持着与决策部门的良好互动关系。

相比较而言，中国高校智库与决策部门的距离是最为特殊的，主要体现在两个方面，一是公立高校虽然被纳入体制内的事业单位序列，但具有较高的办学自主权，人、财、物也相对独立。与同处体制内的党政军智库、社科院智库相比，中国高校智库与决策部门的距离相对较远。而与英美等国的高校智库，以及我国的民间智库相比，距离又相对较近。从这个角度来说，中国高校智库与决策部门的距离是处在介于体制内外的“体制间”，这种距离对于高校智库参与决策咨询的制度设计是大有裨益的。二是各个公立高校智库与决策部门的距离有差异。为打破计划体制下条块分割、部门办学、行业办学的旧体制，中国高校的管理体制经历了多次大的调整，最终形成了相对集中的院校管理体制。但是，旧体制下形成的高校与原办学隶属部门、行业的联系并未完全切断，只不过由紧密型转变为松散型。近年来，一些国家部委、行业主管部门为加强科学研究、技术创新、决策咨询以及行业特色人才培养，又通过联合共建的方式，与原归口管理高校建立了战略合作关系。例如，原地质部所属的三所高校——成都地质学院、华东地质学院、河北地质学院，在 2000 年的全国院校调整中划归地方管理后，从 2015 年开始，又通过部省共建的方式，与国土资源部建立起了密切的战略合作关系。2011 年，原由财政部归口管理的六所财经类院校——中央财经大学、上海财经大学、中南财经政法大学、江西财经大学、东北财经大学、山东财经大学，经财政部、教育部、院校所在地地方政府三方协商，通过部部省共建的方式，重新建立起了院校与原行业管理部门的密切关系。除此之外，在科学、国防、公安、外交、民族事务、体育卫生、民用航空等领域，有些高校仍然采取了部委管理的办学体制。

从高校智库与决策部门距离的角度来看，这些行业特色类高校在特定领域内，与决策部门的距离显然要比其他高校智库、其他类型智库要近，产生决策影响力的可能性也要大。只要这些高校智库利用好这一得天独厚的优势，就更容易形成自身的比较优势。

(四)智力资源的"富矿区"与"休眠区"

大学是全社会智力资源最为集中的领域，在智库建设上具有其他领域无可比拟的优势。从英美等智库发达国家的经验来看，70%的智库设立在大学里。我国大学的数量、哲学社会科学研究人员的数量、在校大学生(研究生)的数量都居世界前列，可以说是智力资源的"富矿区"，但在高校智库建设的数量与质量方面仍十分滞后，导致这一"富矿区"成为"休眠区"。从造成这一现象的深层次原因来看，可以归结为三个方面，即动力不足、能力不够、合力不强。只有解决好这三个方面的问题，才能够打破中国高校智力资源的"休眠区"状态，使其迸发出巨大的动能。

1. 动力不足方面

受"学术本位"的体制惯性影响，我国高校内部对决策咨询类科研成果的评价标准、评价方式、结果运用都存在很大的缺陷。在评价标准上，很多高校把成果获得某一级领导的签批作为标准，虽然方便操作，但存在简单化、主观化倾向。在评价方式上，很多高校仍沿用学者为主体的方式，对实务部门、行业专家的意见吸纳不够，也较少采用较为客观的第三方评价方式。在结果运用上，将决策咨询类成果与研究人员的职称职务晋升挂钩的高校仍比较少。针对这些问题，必须按照"分类评价、多元评价"的思路，自上而下推动学术评价体系的改革，从制度上认同和肯定决策咨询成果的学术价值，激发高校智库研究人员的内生动力。

2. 能力不够方面

在目前高校智库研究人员中，尽管也有一些优秀的政策科学家，但绝大部分是按照传统学科体制培养起来的学术型人才，从事政策科学研究所需要的跨学科、融通性人才十分缺乏；尤其缺少既具有深厚理论基础，又具有丰富实践经验的高端智库人才。在英美等高校智库发达国家，可以通过"旋转门"机制使智库研究人员的研究视野、知识结构、实践经验得到优化。而反观中国，由于公务员与事业单位管理体制的问题，在高校与决策部门之间很难形成人员相互交流的"旋转门"机制。同时，由于长期身处"学术本位"的环境之下，高校智库研究人员在研究范式、话语体系方面都与决策部门的实际需求存在较大差距。

3. 合力不强方面

高校智库从事决策咨询工作，不仅要依托大学内部各个学科的力量，而且要与大学外部的相关决策部门、行业企业、社会组织建立良好的互动关系。但我国高校智库的勃兴和发展时间较短，各方面的制度都还不够完善。事实上，在学术本位、学科划界而治的高校内部，提倡问题导向、学科交叉融合的智库往往处在弱势与边缘地位，普遍面临经费短缺、队伍薄弱等问题，很难有效整合其他学院、学科的学术资源，更难以建立起良好的外部战略合作关系。

## 二、对中国高校智库"新型"建设的内涵解读

高校智库主要是由高校内部传统的学院、系部、科研院所发展演变而来，其"新型"主要是相对于传统学术组织而言的，意味着对前者的创新和超越。同时，正是具备了以上鲜明的特色，当前中国的高校智库在价值目标、角色定位、组织形态、学术战略等方面都呈现出全新的形态。

(一)价值目标

人才培养、科学研究与社会服务通常被界定为现代大学的三大职能。在中国特色的高等教育理论体系中，文化传承创新被誉为第四大职能，也是中国特色社会主义大学的新的重要职能。从当前现状来看，高校智库作为高校内部创新性的学术组织，在价值目标设定上自然也遵循上述四大职能的要求，只不过在价值序列上与传统院系、科研院所有着显著差异。传统学院以人才培养为核心，倡导教研互动，兼顾社会服务与文化传承创新职能；传统科研院所以学科建设与科学研究为核心，规模不同地开展研究生教育，兼顾社会服务与文化传承创新职能；而高校智库则是以服务决策咨询、提升社会服务质量为核心，以助研为目标适度开展研究生教育，兼顾文化传承创新职能。

目标决定着路径，上述三种学术组织由于价值目标的不同，在发展路径、制度演变上也呈现出完全不同的状态。从我国高校内部治理的核心逻辑来看，基本上是遵循以人才培养为核心，以学科为

导向的。在高校内部，与这一核心逻辑契合度高的学术组织，所能够获取的资源最多，发展路径也最为顺畅。从这一角度来看，传统学院因其契合度高而居于中心地位，传统科研机构处于次中心地位，高校智库则通常处在边缘地位，制度创新面临着路径依赖效应、交易成本畸高等矛盾和问题。正因为如此，中国的高校智库要想打破体制障碍、加快制度创新，就必须对其价值目标的序列以及各个子目标之间的关系进行调整和优化。具体来说，就是要避免服务决策咨询的目标孤立化、静态化，坚持将服务决策咨询的首要目标与高校人才培养、学科建设深度结合起来，在服务决策咨询的过程中促进政策科学人才培养，促进相关学科建设。反之，政策科学人才培养、相关学科建设又会为决策咨询提供强有力的支撑。事实上，从当前各个高校智库的运行现状来看，凡是影响力较高、制度较为完善的智库，都能够把决策咨询职能与其他职能有机结合在一起，与学科、学院建立起深度互动关系，从而使智库在高校治理结构中的地位由边缘走向次中心甚至是中心。例如，在首批国家高端智库入选的六家高校智库中，基本上都是与人才培养、学科、学院紧密结合型的学术组织。清华大学国情研究院，就是依托该校的公共管理学院，联合人文与社会科学学院、教育研究院等，不仅在决策咨询方面具有较高的影响力，而且在从事国情研究的政策科学高端人才培养、新兴“中国学”学科建设等方面都走在前列。武汉大学国际法研究中心则主要依托该校法学院，通过内部“旋转门”机制实现学术资源的共享，形成了智库与人才培养、智库与学科、学院良性互动的发展格局。从英美等国一流高校智库建设的经验来看也是如此。如美国哈佛大学肯尼迪学院在公共政策、公共管理学科领域居国际一流地位，依托这一优势学科地位，学院设立了 15 个集人才培养、科学研究、决策咨询等职能为一体的高校智库，形成了独具特色的高校智库集群，在美国乃至国际政治中都具有很高的决策影响力，培养了一大批卓越的政策科学家。

（二）社会期待

如果按照决策影响力高低来对我国的智库体系进行圈层划分，党政军智库始终处在核心层，高校智库或具有智库功能的学术组织则一直处在相对外围甚至是边缘的圈层。近几年来，随着国家层面对新型智库建设重视程度的提升，这种相对稳定和均衡的圈层结构开始面临冲击，高校智库所面临的社会期待发生了重大变化。具体而言，就是全社会越来越期待高校智库由边缘走向中心，在整个智库体系、决策咨询体系，乃至国家创新体系中发挥更大的作用。而高校智库之所以会承载这种新的社会期待，主要有以下三点原因：

(1)在全球化、信息化的时代背景下，公共决策所要求的科学化、精准化程度越来越高。而随着我国全面深化改革步入攻坚阶段，经济社会发展所面临的复杂和困难层面也是前所未有的，公共决策一旦出现重大失误，往往会造成系统性风险。这些都要求决策部门在进行公共决策时更多地依赖“外脑”，尤其是智力资源丰富、地位相对超脱的高校智库。

(2)在我国五路“智库大军”中，由于条块分割的体制壁垒，彼此之间很少有协同。而在现代公共决策中，越来越需要通过跨学科、协同式的学术生产方式来解决复杂的社会问题，这自然大大增强了各个智库之间学术交流与战略协同的内生需求。由于智力资源丰富，各路智库大军对高校智库的协同需求都十分旺盛，纷纷以各种形式开展合作。有些合作方式已经由前期松散的、临时的项目合作、团队合作，开始转向依托双方共建学术组织的中长期战略合作。

(3)进一步发挥哲学社会科学对经济社会发展智力支撑作用的需要。长期以来，受学科导向的发展逻辑与条块分割的办学体制影响，我国哲学社会科学发展形成了相对封闭、自成体系的学术管理与运行模式。在这一学术管理模式之下，哲学社会科学研究不同程度地存在脱离实际、自娱自乐、粗放发展等现象，极大地抑制了哲学社会科学推动社会进步的重要功能。正因为如此，我国近年来就繁荣哲学社会科学和加强新型智库建设出台了一系列措施，希望通过高校智库这一制度创新，打破传统的体制壁垒，推动哲学社会发展由“学科导向”向“问题导向”的转型，提升对经济社会发展的贡献度。

（三）组织形态

作为高校内部的新型学术组织，分析高校智库组织形态的特点，可以通过它与高校内部的传统学术组织——院系和科研院所的比较中得出结论。一般而言，高校智库的制度创新主要体现在四个方面：

1. 开放性

从知识产品价值链的视角来看，传统院系更多地扮演生产者的角色，而智库则是对知识产品再加工后形成智力成果，并负责相关智力成果的营销与转化。正是这种角色分工的不同，智库无法像传统院系那样，即使是封闭运行也能够自成体系。只有坚持开放性，智库才能够在理论与实践之间搭建一种桥梁，确保角色职能的实现。

2. 协同性

智库所从事的决策咨询工作既需要对内协同，即整合校内学术资源，跨学科开展研究；也需要对外协同，即通过与决策或实务部门的深度对接，确保政策研究的精准性、操作性、科学性。正因为如此，相对传统院系来说，高校智库需要花费更多的人员、时间和精力来进行外部事务的协调。

3. 灵活性

由于人才培养需要稳定的师资队伍支撑，传统院系的人员，尤其是师资结构以相对稳定的固定编制为主，辅之以少量的兼职或外聘教授。在这一体制之下，人员的“进”与“出”都会面临较高的制度成本。而智库则不同，由于决策咨询工作通常是以项目为纽带，并且需要较多的外部专家参与，采取专兼职相结合的聘期制是最为有效的方式，如美国很多一流高校智库的兼职研究人员通常是专职研究人员的几倍甚至十几倍。除了用人机制外，由于智库开展的需要，国内很多高校把智库作为科研体制改革的“特区”，在经费预算、对外交流、考核评价等方面给予智库负责人更大的自主权。

4. 竞争性

从竞争的场域和对象来看，传统院系、科研机构所面临的竞争主要来自于高等教育领域，且主要是高校之间相关学科、专业实力的竞争。由于各个高校都面临着教育行政部门几年一轮的学科与专业评估，并且评估结果与资源获取直接挂钩，这种竞争所带来的约束是一种“硬约束”。而智库之间的竞争主要是思想市场中智力产品影响力的竞争，所面临的竞争主要来自于全国甚至是全球思想市场，主要是高校智库之间、高校智库与其他类型智库之间的竞争。由于我国尚未建立起权威的智库评价体系，尽管各个智库在思想市场所面临的竞争也很激烈，研究成果的质量、决策影响力的高低，往往会成为决定一家智库生存与发展的核心竞争力，但从本质上来说，这种竞争所带来的约束是一种“软约束”。

（四）学术战略

在学科导向的发展逻辑之下，我国高校传统学术组织的学术战略通常具有三个特点，一是以学科战略替代学术战略，强调各个学科的发展战略，而对具有整体性、系统性、交叉性的学术战略重视不够。事实上，从宏观层面来看，教育部一直以来要求高校编制三大规划，即学科规划、师资规划、校园建设规划，对学术战略有所忽视。二是坚持学术导向，在我国高校目前面临的、具有硬约束特点的外部评估中，主要有本科教学水平评估、学科评估、研究生学位与教育水平评估，这些评估指标体系通常又会以目标分解与压力传导的方式落实到各个传统学术组织。尽管近几年来高校社会服务成效、决策咨询贡献逐步进入了上述各类评价体系之中，但总体来说权重很低，对高校研究人员的激励不足，“不发表就出局”仍是高校内部根深蒂固的“学术潜规则”。三是研究范式偏重理论化，问题意识不强，深入实践不够。在“学术本位”的学术战略之下，使自己的研究成果能够公开发表，尤其是在国外刊物上发表通常会成研究者的最高目的，片面迎合国内外学术期刊的偏好，热衷于花里胡哨的“学术包装”，与研究选题所涉及的实务部门缺乏联系，为了解研究选题真实情况所进行的田野调查不够，言必称西方，对中国特色研究和关注不够，等等。

相对于传统学术组织，高校智库学术战略的创新性主要体现在三个方面，一是强调通过学科交叉与融合形成研究合力，从多学科视角为研究问题的解决提供系统化的解决方案。政策研究中的难点往往是带有综合性、复杂性的问题，如经济领域中的立法问题就会涉及法学、经济学、统计学、社会学、管理学等多学科。因此，智库在学术战略上必须善于整合多学科的学术资源，汇聚多学科的人才。二是坚持问题导向，“顶天立地”。智库是促进人文社会科学成果转化的重要载体，要实现这种转化，智库一方面要通过敏锐的问题意识、深入的调查研究，对经济社会发展中的各种难题找准症结、开对药方；另一方面，又要通过建立顺畅的建议献策渠道，努力使智力成果为决策层所知晓、所接受。正因为如此，“顶天立地”就成为高校智库极其重要的学术战略，使之既要扎根实践土壤，生产“真”知识，又要注重与决策部门的互动，转化“真”知识，不断提升智库的决策影响力。三是聚焦特定领域，针对某一领域开展中长期追踪研究，为国家与地方某一领域的公共决策提供持续的智力支撑。高校内部传统学科组织通常都是以学科甚至是专业来命名，制定学术战略的出发点是如何提升学术影响力。而高校智库在面临思想市场的激烈竞争时，唯有选准优势领域深耕细作，长线研究，才能够提升决策影响力。

## 第二节　中西方高校智库参与决策咨询的制度模式比较

通过对世界范围内高校智库参与决策咨询经验的考察可以看出，对于任何一项成功的制度设计来说，从表面上看是高校智库与决策部门良性互动关系的形成，是一国高等教育制度与决策咨询制度的良性结合，但从更深的层次来看，它是一项涉及多方主体、多重因素的系统工程，不仅充分体现了一国政治传统，尤其是民主政治制度的优势与特色，而且是对国家治理中多方主体间相互呼应与制度联动程度的一种检验。正因为如此，当我们从国内与国际、历史与现实的多维度视野来审视与思考中国特色新型高校智库建设时，必须把“彰显中国特色、构建新型智库”作为逻辑起点，并把“促进科学民主决策、提升国家治理水平”作为我们的理想和终极目标。

## 一、世界范围内高校智库参与咨询的典型制度模式

从世界典型国家的经验来看，高校智库参与决策咨询比较成功的主要有以下几种制度模式：

（一）相对独立式

“高质量、独立性、影响力”是国际公认的一流智库评价标准。其中，智库是否具有独立性，是否能够客观公正地发表咨政建议是最为重要的评价标准。但是，这种独立性是相对的，是在强调合作前提下的独立，非常类似于我国儒家思想中所倡导的“和而不同”。因为，如果智库只是一味地强调独立，与决策部门缺乏正常的交流渠道，那么智库成果很难引起决策层关注，更不用说产生决策影响力。正因为如此，国际上很多一流的高校智库在崇尚独立性的同时，也都通过各种方式保持着与决策部门的良好互动关系。

例如，新加坡历来以其良好的国家治理体系闻名于世界，民主政治制度和决策咨询体系十分完善，而高校智库正是其决策咨询体系的重要组成部分。从智库分布来看，新加坡智库绝大部分智库设立在大学，虽然数量不多，但普遍水平较高。很多一流高校智库不仅在本国具有较强的决策影响力，而且在国际政治中都发挥着重要作用。如新加坡国立大学的亚洲竞争力研究所、政策研究所、东亚研究所，新加坡南洋理工大学的国防与战略研究所等。

新加坡的高校智库基本上都是采取由政府相关部门与大学共建的模式，且很多是由国家领导人或部长直接开创和设立起来的。尽管高校智库与政府有着较为密切的关系，但在新加坡所特有的温和包容的政治文化中，政府部门通常能够与高校智库保持“一臂之距”，仅仅是对政府资助智库的财务状况进行审计监管，很少干涉或影响智库的学术自由与价值中立。由于新加坡是由人民行动党长期执政，在智库与决策部门之间，并没有类似美国高校智库与决策部门之间的“旋转门”机制，很少有研究人员的相互交流。从这个角度来看，新加坡高校智库参与决策咨询的制度模式可以概括为“相对独立”式。在这一制度模式之下，智库既能够保持与决策部门的良好互动关系，又能够坚持自身学术战略、研究方向、内部运

营的独立性。例如，新加坡国立大学的东亚研究所就是具有这一制度特色的典型智库。该研究所的经费主要源自政府拨款，接受政府与大学的双重领导，每周向新加坡各个主要政府部门递交两份政策研究报告，并与政府各职能部门保持经常性沟通，以便及时了解政府所关注的重大问题。与此同时，研究所无论是在学术研究，还是内部管理与运营上都保持了很高的独立性。除满足政府需求外，可以自定研究选题、自主编制经费预算，并根据研究工作需要选聘合适的研究人员。在这种相对独立的制度模式之下，东亚研究所逐步成长为成功的高校智库，在新加坡乃至整个东亚地区都具有较高的影响力。从深层次来看，它的独立性是一种基于软约束的相对独立，需要在政治逻辑与学术逻辑之间保持一种高度的默契，在独立性与高质量、影响力之间保持一种微妙的平衡。换言之，它在坚持学术逻辑的同时必须兼顾政治逻辑，在保持独立性的同时也必须以研究成果的高质量、影响力为前提；否则，这种相对独立必然难以持续。

（二）人际互动式

欧美地区的高校智库起步较早，已经历了近百年的时间。在美国宾夕法尼亚大学发布的《全球智库报告》系列中，“全球最佳大学附属型智库”的前 90 名中，欧美地区的高校智库一直占 80%左右。① 其中，美国的高校智库最为发达。尽管美国大学非常强调自身作为“客观政策研究者”的角色身份，但随着近年来政策倡导型智库在美国政治决策中地位的逐渐上升，美国智库的政党和意识形态倾向性日益明显。②

由于在两党制的政治体制之下，每次政府换届都会伴随内阁成员的大换血，这就为具有美国特色的“旋转门”机制奠定了基础。一方面，高校智库里兼具政治与学术精英双重身份的政策科学家众

---

① ［美］詹姆斯 · G. 麦甘：《2015 年全球智库报告》，上海社会科学院出版社 2016 年版，第 197 页。

② 王莉丽：《智力资本：中国智库核心竞争力》，中国人民大学出版社 2015 年版，第 71 页。

多，新政府可以从中遴选重要岗位的官员；另一方面，高校智库研究人员具有较高的政治地位、优厚的待遇，能够吸引换届后暂时退出政坛的政治家加盟。在这种长期的、双向的人员交流、吐故纳新中，美国很多高校智库成为高级政客"潜龙在渊"的重要平台。很多有才华的政治家在低潮期"蛰伏"在高校智库，遇到合适的时机就会复出；而处在核心决策层的政治家也往往十分注重与高校智库的沟通，听取专家学者的意见，为自己将来退出决策层后留好"后路"。正是凭借这种"旋转门"机制，美国的高校智库不仅与政府建立了无障碍的人才流动渠道，而且构建起深度互动的人际关系网络。从而在决策咨询上能够精准把握政府的需求，减少智力成果供需双方之间的沟通成本与制度成本，最大限度地提升决策影响力。①

需要强调的是，与相对独立型智库相比，美国大学的人际互动式智库与决策部门的关系显得过于"亲近"，能否影响决策在很大程度上取决于"你认识谁以及你和他有着怎样的关系"。同时，政党色彩与意识形态倾向浓厚，更多的是遵循政治逻辑而非学术逻辑运行。尽管决策影响力较高，但其研究成果的价值中立性、科学性、公正性会大打折扣。

（三）营销推广式

无论是新加坡相对独立式的高校智库，还是美国人际互动式的高校智库，都有一个共同点，即与决策部门的关系较近、建言献策的渠道畅通。只不过一种主要是基于政治传统的官方关系，另一种则是主要基于人际互动的私人关系；一种能够在关系较近的同时保持学术独立性，另一种则是具有较强的政党与意识形态倾向性。

但是，还有些国家的高校智库，在缺少与决策部门的沟通与互动渠道、私人高层关系的情形中，也能够成功影响决策。其主要策略在于：在智库研究上保持高度的独立性、专业化，坚持学术研究与政府研究的良性结合。同时，注重运用新媒体技术、市场化的营销手段，积极推广思想产品，通过以学术影响力、社会影响力的方

---

① 汪锋：《交互嵌入：一种理想的大学智库参与决策咨询的制度模式》，载《中国高教研究》2018 年第 11 期。

式，间接使决策部门采纳或接受智库的政府建议，进而产生决策影响力。这类高校智库通常是由高校内部纯粹的学术研究机构演变而来，加拿大、日本的部分高校智库就是这类智库的典型代表。① 如日本北海道大学的斯拉夫研究中心成立于20世纪50年代，经过几十年的发展，逐步从大学内部一个服务地缘政治决策的研究机构，跃升为具有较高国际学术影响力、全日本共同利用的研究型高校智库。与日本防卫研究所、早稻田大学亚太研究中心等智库不同，斯拉夫研究中心远离决策部门，并在创立之初就坚守多学科、开放性、学术性的原则，将自身定位为跨学科的"区域研究"，有意识地不从当时美国流行的决策研究、战略学的角度进行研究，而以学术性为基本导向。② 如该中心的学术刊物就秉持了这一原则，注重遴选与刊载高质量的学术成果，即使是刊登一些与政治、经济热点问题相关的选题，也是从学术角度进行深入探讨与长线研究，并不强调对策研究。

但是，由于几十年如一日地长期跟踪与专注这一领域的研究，斯拉夫研究中心不仅入选了日本文部省的"21世纪卓越研究机构计划"，逐步成长为东亚最佳且具有较高国际学术影响力的区域与国别研究机构，同时，也正是因为具备了一流的学术影响力，斯拉夫研究中心对日本外交战略决策的影响力也与日俱增，只不过与上述两类高校智库相比，这种决策影响力具有间接、无形、长期的特点。其影响力的产生主要通过三种方式，一是接受政府委托的重大项目。斯拉夫研究中心入选了"21世纪卓越研究机构计划"，多次获得日本政府的重大项目，并在2008年列入"新学术领域研究"这一国家最高层次的重大项目支持计划，这一类研究成果往往能够直接转化为政府的外交战略或决策。二是与"亲政府型"的科研机构开展学术交流与合作，如斯拉夫研究中心就与日本国际问题研究

① 阎德学：《斯拉夫·欧亚研究的"日本范式"》，载《俄罗斯研究》2016年第3期。

② 冯绍雷：《智库——国外高校国际研究院比较研究》，上海人民出版社2011年版，第203页。

所、防卫研究所等智库开展深度合作，或是共同组织学术会议，或是共同组建课题组开展政策研究。三是斯拉夫研究中心的政策研究成果以其卓越的学术影响力引起了决策层的关注。斯拉夫研究中心有十分完善的成果宣传与发布渠道，并具有广泛的学术与社会影响力。这种影响力形成了一种“压迫机制”，导致政府在这一领域的公共决策上往往首先要参考斯拉夫中心的相关研究成果。

## 二、我国高校智库参与决策咨询的制度模式

我国高校智库参与决策咨询的制度模式与上述三种模式都存在显著差异。早在20世纪60年代，为利用高校学术资源加强外交战略研究，我国在北京大学、中国人民大学等四所高校设立了国别研究基地，这些基地一度扮演了十分重要的外交智库角色。但在其后的高等教育体制改革调整中，这些研究基地的智库功能有所弱化。为提升哲学社会科学服务社会功能，教育部于1999年启动了人文社科重点研究基地建设，其中有相当一部分是具备智库功能的学术组织，在参与决策咨询中也发挥了重要作用。但是，在相当长的一段时期内，参与决策咨询仅仅是作为高校及其学术组织的一项非核心职能，其巨大潜能也未得到各级决策部门的高度重视，双方之间的互动缺乏系统的制度安排，仅仅是在一些行政规章或地方性法规中有所体现，一直到2013年，随着国家高端智库试点工作的启动，包括高校智库在内的智库建设才真正进入顶层制度设计层面。但总体而言，我国高校智库参与决策咨询的制度化程度仍然很低，双方之间的关系从本质上来说是“非正式、松散型、低效率”的。在这一制度模式之下，智库与决策部门之间的互动与沟通面临着高昂的制度成本，使得高校智库既缺乏与决策部门深度互动的路径与渠道，也很少能够具备美国一流高校智库那样的决策影响力。正因为如此，这一制度模式可以概括为“有限介入式”，即在缺少深度互动渠道的前提下，程度有限地介入到公共决策中。具体来说，主要有三个特点：

### （一）沟通渠道有限

在有限介入的制度模式之下，高校智库与决策部门之间的关系

类似行政上下级关系，其互动与沟通面临着高昂的制度成本。对于智库研究人员来说，除非与决策部门领导有良好的私人关系，否则，无论是了解决策需求信息、查询资料数据，还是报送研究成果，都需要通过行政公文流转程序逐级上报，并且要经过行政层次的多重筛选与过滤。

决策咨询研究对于针对性、操作性、时效性要求很高，在这一制度模式之下，高校智库的研究成果往往会在这三个方面大打折扣，要么因决策需求把握不准而缺乏针对性，要么因了解实际不够、调研不充分而缺少操作性，要么因报送程序太耗时而失去时效性。① 从这个角度来看，当前我国高校智库的研究成果质量普遍不高，固然有研究者自身学术视野、研究方法的缺陷，但信息不对称、渠道不畅通也是一大原因。

（二）参与权力有限

从发达国家高校智库参与决策咨询的一般规律来看，通常在决策事项的事前、事中、事后都会有不同程度的参与。如事前的调研、论证，事中的政策草案起草、建议案的听证，事后政策实施效果的评估与修正。而反观我国高校智库，除国家高端智库和少数高校与国家部委、地方政府共建的智库外，绝大部分只能在某一决策事项之前提出意见和建议，且很难得到及时的反馈。即使是由决策部门委托或关注的研究项目，高校智库的研究人员往往也只能按照领导的意图参与事前的调研和论证。同时，由于我国当前政府信息公开制度仍不够完善，政策实施效果的第三方评估如果没有决策部门的配合很难进行。而在“部门立法”“部门立规”的体制惯性下，除非有上级的行政指令，很少有决策部门愿意配合这项工作。正因为如此，这种事后的评价权也是很有限的。

（三）决策影响有限

在这一制度模式之下，高校智库的研究人员在政策研究工作中经常会面临信息不对称、渠道不畅通、参与权有限的困境。在这种

① 汪锋：《交互嵌入：一种理想的大学智库参与决策咨询的制度模式》，载《中国高教研究》2018 年第 11 期。

状态之下，其研究成果的质量自然不高，决策影响力也十分有限。更为严重的是，这一制度模式如不改变，高校智库与决策部门之间的关系必然会陷入不可逆的恶性循环中。一方面，高校智库的研究人员从事政策研究的内生动力本来就严重不足，如果研究工作再长期得不到决策部门的积极响应与配合，研究成果质量与决策影响力必然会进一步下降；另一方面，决策部门由于很难从高校智库那里得到针对性、时效性、操作性都很强的研究成果，对与高校智库开展深度合作的兴趣也必定会进一步下降，更不愿意主动地对接。

从“有限介入式”制度模式产生的根源来看，主要有三个方面的原因，一是持续的体制冲突。受传统条块分割的行政体制影响，决策部门与高校通常分别处在两个相对独立的行政系统之内，按照各自的制度规则运行。在公共决策问题上，决策部门通常遵循的制度规则是“问题导向，行政主导”，而高校遵循的制度规则是“学科导向、学术主导”。这就造成了二者在对待公共决策议题的立场、重点、思路，乃至话语体系等方面存在着较大的差异，并且逐步形成一种很难调和的体制冲突。二是过高的制度成本。在传统体制下，由于外部政治环境对科学与民主决策的要求并不像今天这么高，决策部门与高校按照各自的制度规则运行且相安无事。但是，当外部的政治环境要求二者实现深度的制度联动时，其体制冲突日益明显。同时，这种由外部力量所推动的强制性制度变迁面临着极高的制度成本。因为这种制度已经构成了两大相对独立的制度体系上的重要一环，与决策部门和高校内部既定的治理结构、利益格局高度关联，可以说是“牵一发而动全身”，使得制度创新面临着巨大的阻力。三是缺失的人才培养。一支高端的政策研究队伍是促成决策部门与高校良性互动关系的重要基础。而从现状来看，这一基础比较薄弱。政策研究是一门对跨学科、实践性要求很高的社会科学，既需要学校教育阶段的系统培养，也需要较长时期的实践锻炼。从民主政治较为完善、高校智库较为发达的国家的经验来看，在学校教育阶段就设计了系统的高端政策科学人才培养方案，而在实践环节，又往往通过“旋转门”等方式使研究人员的知识结构、研究视野得到进一步优化。而反观我国，在这两方面都存在一定的问题，高端政策科学人才比较稀缺，双方的协同与互动面临人才短板的制约。

## 三、“高校智库参与决策咨询制度设计”问卷调查及分析

综合以上分析，为更好地进行我国高校智库参与决策咨询的制度设计，从2018年3月开始，笔者的课题组从相关决策部门、高校、高校智库中选取100名调查对象，进行了问卷调查。

### (一)开展问卷调查的基本情况

由于高校智库参与决策咨询的制度设计是一项跨部门、跨领域的系统工程，考虑到调查对象的相关性、适宜性、全面性原则，此次调查主要选取了五大群体：一是决策部门领导或工作人员(23人)；二是高校科研管理部门领导或工作人员(31人)；三是高校智库负责人(14人)；四是高校智库研究人员(22人)；五是高校内部校、院两级学术委员(10人)。为方便调查，此次调查问题采用“问卷星”软件进行，问卷设计后，首先在上述五大群体中选取5人进行前期预调查。根据预调查的结果，课题组对问卷进行了修改完善，并形成了正式的调查问卷(参见附录)。

### (二)问卷分析

#### 1. 高校智库功能与作用发挥

当问及“您认为高校智库在我国国家与地方决策咨询体系中的作用发挥如何”时，有29%的人回答“很好”，35%的人回答“较好”，28%的人回答“一般”，8%的人回答“较差”。总体来看，对高校智库作用发挥持积极评价的占64%，与当前对高校智库作用发挥的主流评价具有较高的符合度。对于“教育部于2014年发布了《中国特色新型高校智库建设推进计划》(以下简称《推进计划》)，您对这一计划内容的了解程度如何”这一问题，有11%的人回答“很熟悉”，28%的人回答“基本熟悉”，35%的人回答“知道一些内容”，26%的人回答“不太了解”。这说明即使是利益相关者群体，对这一纲领性政策也不是很熟悉。

#### 2. 高校智库优势与劣势

在高校智库与其他类型智库相比的优势劣势问题上，受访者认

为最大优势依次为：人才汇聚，研究力量较强（83%）；学科齐全，科研实力较雄厚（80%）；独立性较强（39%）；研究经费较为充裕（28%）；与决策部门普遍有着良好的互动关系（26%）；管理体制较灵活（24%）。还有些受访者认为高校智库“更容易形成协调创新体系并发挥作用”，在学术资源整合上也具有显著优势。

最大的劣势依次为：智库研究人员的研究方法过于学术化，不“接地气”（68%）；研究队伍中缺少实务部门专家，破解发展难题的能力不强（65%）；研究人员以兼职为主，对政策研究的投入度不高（53%）；在高校内部封闭运行，缺乏与决策部门的良性互动（46%）；对决策咨询成果的学术评价权重不高，从事政策研究的内生动力不强（44%）；管理体制僵化，对政策需求把握不敏锐（35%）。

3. 高校智库参政议政的影响力

在高校智库的三大影响力问题上，有58%的人认为决策影响力最为重要，其次分别为社会影响力（18%）、学术影响力（8%），也有16%的受访者认为三者同等重要。在与其他类型智库三大影响力的比较方面，认为高校智库决策影响力、社会影响力一般或较差的占比超过了六成，但80%的受访者认为高校智库的学术影响力显著高于其他类型智库。在提升三大影响力的途径上，决策影响力方面排在第一位的是“加强政校协同，赋予高校智库更大的决策参与权”，占比73%；社会影响力方面排在第一位的是“以成果发布会等形式，定期展示智库研究成果”，占比74%；学术影响力方面排在第一位的是“产出高质量的学术成果，力争在本领域保持学术领先地位”，占比79%。

4. 高校智库内部治理与协同

在高校智库的内部治理与协同方面，受访者普遍认为高校智库作为一种新型的学术组织，对于高校人才培养、学科建设、社会服务、国际交流都具有很大的促进作用，但由于体制机制不顺，尤其是内部管理运营、考核评价机制不够完善，高校智库还未真正融入高校的学术组织体系之中，更不用说形成高效的内部治理与协同机制。例如，受访者普遍认为高校智库对于人才培养具有十分积极的促进作用，这体现在：有利于应用型学科师资培养；有利于促进教研互动，引导教师将智库成果转化为教学成果；有利于吸纳优秀学生参与政策研究，提升理论联系实践能力；有利于成为高端的、专业化政策科学人才培养平台。还有些受访者认为，智库建设有利于引导高校在人才培养中“加强理论与实践相结合，提升现实问题的学术性，提升学术研究的现实性”。但是，这只是一种理想状态，从实践来看，有接近六成的受访者认为当前高校智库与人才培养的关联度一般或较弱。

5. 高校智库与决策部门关系

尽管有76%的受访者认为高校智库具有较强的独立性，但受传统体制惯性的影响，在参政议政的过程中，高校智库与决策部门之间更多地类似于一种松散的上下级关系，而非平等合作关系。而这种行政主导的关系模式往往会使得高校智库的独立性大打折扣，在政策研究上更多地停留在解释政策、宣讲政策等方面，只能有限介入到决策咨询之中。

当问及“在实务部门管理专家与高校智库的合作方式上，您认为哪一种最适合高校智库”时，排在前三位的回答是：具体负责某一学术方向的研究工作(29%)；作为理事会或学术委员会成员，仅从学术战略上指导智库工作(25%)；挂名研究人员，少量参与研究工作(25%)。这说明高校智库在政策研究的方向指引、学术战略，乃至重大项目的开展中，都非常需要实务部门专家的参与和指导。

6. 高校智库参与决策咨询的制度设计与实施

在“智库参与决策咨询缺乏制度安排”这一问题上，受访者普遍认为主要原因是高校智库与决策部门之间存在一定的制度冲突，在改革过程中又缺乏沟通与制度联动，且高校内部的学术评价体系不完善，使得研究人员内生动力不强、成果质量一般，进而又影响了双方的合作关系，陷入恶性循环的状态。因此，当前最急需建立健全的也是这两个方面的制度。例如，有69%的人认为应当尽快构建高校智库与决策部门之间的对接与协同制度，61%的人认为应当进一步完善高校内部的学术评价制度。与此同时，有接近五成比例的受访者认为应当采取措施，进一步完善高校智库参与决策咨询的外部约束机制。例如，48%的人认为应当深入推进高等教育领域的高校智库管理制度创新，有 42%的人认为应当加强决策咨询的国家立法。

(三)调查结论及启示

在“高校智库参与决策咨询制度设计”这一问题上，上述五大群体是最重要的利益相关者。对于与此相关的一些主要矛盾和问题，这五大群体既有着基本共识，也具有相当大的差异。由于利益相关者的价值共识是相关制度设计与实施的重要前提，因此，我们在进行高校智库参与决策咨询的制度设计过程中，一方面，要努力寻求各方价值共识，并在这一共识的基础上进行制度设计；另一方面，也要考虑到各方主体在制度认知与需求等方面的差异，力争通过灵活的制度设计，最大限度地凝聚共识、形成合力，为制度创新的顺利推进奠定坚实的思想基础。

《中国特色新型高校智库建设推进计划》是高校智库建设的纲领性文件，但从调查情况来看，即使是在与高校智库建设相关度最高的五类群体中，对这一文件很熟悉或基本熟悉的也不足 40%，其制度实施的效果可想而知。另外，在高校智库的功能定位上，五大群体的共识程度很高，即普遍认为“政策建言、战略研究”这两大功能最为重要，但也恰恰是履行功能最薄弱的两大环节。这一结论对于我们把握制度设计的主要矛盾与工作重点具有很大的启示作用。

在高校智库的优势与劣势调查中，被调查对象普遍认为最大的优势是学科与人才，最大的劣势是在研究方法上不“接地气”，缺少实务专家，内生动力不强、对接机制弱化。这些优势与劣势均与人有关，涵盖了作为主体的人的动力、人的特质、人的依托、人的联系等。这充分说明了在高校智库建设上“人才是第一要务”，要求加快研究制定智库人才规划，并据此调整高等教育领域相关的学科与人才培养方案。

如前文所述，在高校智库的影响力问题上，受访对象普遍认为，三大影响力的重要性程度依次为决策影响力、社会影响力、学术影响力，其中认为决策影响力最为重要的占比将近60%，而认为与其他类型智库相比，高校智库决策影响力一般或较差的占64%。这些都充分说明，我们在制度设计与实施的过程中，应当把提升高校智库的决策影响力作为一个重要的目标。同时，在提升途径上，“加强政校协同”“改进研究方法”“畅通成果转化渠道”分列前三位，但建议“提高成果质量”“强化内部激励”“配备专职人员”的占比也很高，最高与最低的占比仅差约10个百分点。这充分说明了在提升决策影响力的制度设计过程中，对于上述六大因素都要充分地考量。除此之外，有些受访者还对如何提升高校智库的决策影响力提出了很好的建议，如有位来自决策部门的领导就提出：“高校智库不能为职称、报酬、名利，要走进基层，同时也要走出国门，在把握大局、顺应大势、研究大事上下功夫。”

在高校内部与协同方面，相对于高校传统学术组织来说，智库是一种制度创新，高校内部对这一组织形式的认知、认同仍处在探索阶段。正因为如此，它与高校当前的中心工作，即人才培养、一流学科建设的关联度仍有待加强。如有54%的受访者认为这一关联度一般或较弱。但是，新型智库建设对于高校中心工作具有潜在的、巨大的促进作用，如有88%的受访者认为新型智库能够显著提升相关学科的社会服务能力，59%的受访者认为新型智库建设有利于促进学科交叉融合。

在智库的管理、运营与评价方面，87%的受访者认为智库应当遵循“实体化、专业化”原则，并认为只要完善激励机制、加强培训，72%以上的优秀学者能够转化为优秀的政策科学家。在如何评价优秀的决策咨询成果方面，受访者最看重的因素依次为“认可其学术价值，纳入学术评价体系”“与研究人员职称晋升挂钩”“给予物质与精神奖励”。

上述调查结果说明，我们在进行相关制度设计，尤其是中观与微观层面的制度设计时，应当把优化学术评价体系、促进新型智库与人才培养、学科建设的内部协同，作为一个重要的切入点与着力点。

在高校智库与决策部门之间的关系模式上，有76%的受访者认为高校智库具有较高或一定的独立性。但是，受传统体制惯性影响，这种关系模式距离平等合作的理想关系仍有较大差距。例如，有73%的受访者认为二者之间的关系是一种相对松散的、类似上下级的关系。

在问及高校智库参与决策咨询缺乏制度安排的原因，“高校内部对决策咨询成果评价权重不高”“高校智库与决策部门之间缺乏改革共识与制度联动”“对于智库的考核评价不严，缺乏外部约束”分列前三名。在问及当前高校智库参与决策咨询最缺乏哪一类制度，其回答与上述原因具有逻辑上的一致性，分别为“高校智库与决策部门之间的对接与协同制度”“高校内部的学术评价制度改革”“高等教育领域的高校智库管理制度改革”。还有些来自决策部门的受访者提出，应当把“政策出台的智库参与过程”也以制度的形式规范下来，增强其约束力。这些结论对于我们认识制度创新过程中的轻重缓急具有十分重要的启示意义。

当问及高校智库与决策部门之间是否能够建立起制度化的长效合作机制，85%的受访者认为可以，这充分表明了在推进高校智库参政议政制度创新的过程中，所面临的利益相关者的信心指数是很高的。同时，在回答“影响高校智库与决策部门之间合作的决定性因素”时，“成果质量”居第一位，占比67%；“高校智库的内生动力”“双方的制度联动”分列第二、三位，但占比差别很少，均超过了50%。这表明，在进行相关制度设计时，应当把如何从体制机制上确保成果质量作为重要的考量因素，同时要兼顾内生动力、制度联动。

在推进高校智库参与决策咨询制度创新的改革模式问题中，49%的受访者认为应当采取“上下结合”的模式，充分调动各个层面的积极性。同时，当问及“在推动建立较为完善的高校智库参与决策咨询制度体系的过程中，您认为，确保这一制度体系顺利实施的关键是什么”，排名前列的回答依次为制度共识、双赢局面、领导重视、智库文化、执行力建设、考核评价，这充分印证了激励相容、各方协同、严格考核、狠抓执行在制度实施中的重要性。

## 第三节 我国高校智库参与决策咨询理想制度模式的构建

通过对国际范围内高校智库参与决策咨询典型模式的介绍，以及我国“有限介入式”制度模式的分析，我们能够看出：尽管我国的高校智库具有鲜明的中国特色与资源优势，但由于深层次的制度障碍，这种特色与优势仅仅是一种“潜能”，并没有得到充分的彰显与体现。因此，在借鉴国际国内经验的基础上，积极探索构建既适合中国国情又能充分激励高校智库特色与优势的制度模式，是我国当前推进决策咨询制度创新的当务之急。

### 一、基本原则

高校智库参与决策咨询是一种双向的制度联动与设计，其制度安排是一国决策咨询制度体系的重要组成部分。检验这一制度安排是否合理，可以从制度系统化程度、制度运行形态与制度实施效果等多个角度来考察。如在制度系统化程度方面，重点考察这一领域的相关制度是否完备，配套制度是否健全，制度联动是否顺畅；在制度运行状态方面，重点考察其竞争、激励机制是否完善，内生动力是否可持续；在制度实效效果方面，重点考察其是否有利于促进一国重大公共决策的科学化、民主化与法制化。由于面临着多重体制障碍，无论从哪个角度来进行评价和考察，我国有限介入式的制度模式都是低效的。而要想改变这一现状，就必须采取自上而下与自下而上相结合的方式，强力推进这一领域的制度创新。从古今中外民主政治的经验来看，高校智库参与决策咨询的成功制度设计，都必须遵循以下三个基本原则：

#### (一)适度独立

独立性是确保智库保持客观、中立立场，理性开展政策研究的重要前提。智库如果缺乏独立性，只能按照决策者的意图来解释政策、宣传政策，就会成为有库无智的附庸。这种功能的单一化不仅对智库自身的发展不利，而且存在很强的替代性，往往会成为可有可无的“花瓶式”机构，存在的价值不大。尤其是在崇尚学术自由、学术自治的大学内部，如果智库不坚持独立性，往往会被大学主流的价值观所排斥。但与此同时，这种独立是相对的，并不表明双方是一种对立关系，而是要求智库在保持一定距离、坚守自身价值追求的前提下，遵循“和而不同”原则构建与决策部门的良性互动关系，从而为更好地开展政策研究工作奠定扎实的基础。如上述几种制度模式中，新加坡模式是比较合理的，既与决策部门保持了“一臂之距”，又构建了双方良性互动的渠道与平台。

(二)深度互动

高校智库与决策部门建立深度互动关系，是消除信息不对称、渠道不畅通，确保政策研究成果质量的重要前提。美国高校智库之所以普遍具有较高的决策影响力，正是因为凭借“旋转门”机制，与决策部门建立起了“你中有我、我中有你”的合作关系，使得研究人员能够全过程地参与到重大公共决策的全过程。就我国而言，如果想真正构建起这种深度互动关系，一方面要优化顶层设计，加强决策咨询立法，将重大公共决策的专家论证与咨询纳入法制化轨道，从法律层面赋予高校智库更大的决策参与权；另一方面，应当从提升高校服务社会能力、创新能力的战略高度，进一步深化高等教育领域的评价体系改革、学术组织创新，紧紧围绕国家高端高校智库试点工作的开展，培育一批专业化、实体化的新型高校智库，培养一支高素质、稳定化的政策研究队伍。

(三)激励相容

针对高校智库与决策部门之间的双向动力不足，必须通过一定的制度设计强化双方的内生动力，使高校智库的研究人员能够将政策研究工作作为自身的“主业”，心甘情愿地精耕细作、产出精品，也使决策部门的工作人员能够自觉地为高校智库的政策研究工作创造更加宽松的环境，赋予其更多的决策参与权。同时，这两种内生动力相互作用所产生的结果是对双方都有利的，并且是可持续的。要想达到这种激励相容的理想状态，必须从三个方面着手来进行制度设计。首先，高校内部的制度创新，按即照“实体化、专业化”的原则，进一步明确智库的功能定位与组织架构。同时，推动决策咨询成果分类化、多元化评价，并将其与主流的学术评价体系对接，从制度上肯定其学术价值。其次，决策部门内部的制度创新，重点是要从立法、立规的角度，进一步规范决策咨询程序，引导决策部门自发地开展与高校智库的中长期战略合作，从制度设计层面为高校智库研究人员全过程地参与重大公共决策提供保障。最后，加强决策咨询研究成果的质量控制。在这一互动关系中，只有从体制机制上保障成果质量，才有可能形成双方深度协同、互惠双赢的长效机制。对于高校智库来说，成果质量高，自身的决策影响力、学术影响力与社会影响力自然就高，对研究人员则意味着更高的职业成就感、更多的职称职务晋升机会；对于决策部门来说，在决策咨询中能够得到来自高校智库长期的、稳定的、高质量的智力支撑，不但能够大大节省时间与精力，而且更容易出政绩。当然，这一质量控制的目标需要双方的共同努力才能达成。一方面，决策部门应当向高校智库提供精准的需求信息、必要的资料信息，并开辟畅通的调研渠道、参政渠道、成果报送渠道；另一方面，高校智库也应当遵循针对性、时效性、操作性原则，整合最优质的学术资源，努力为相关政策议题的解决提供有价值的建设性、创造性方案。

## 二、理想模式

从上述分析可以看出，我国高校智库参与决策咨询制度设计的主要目标是：充分发挥高校及其智库在我国决策咨询体系中的特色与优势，遵循“和而不同”原则，使高校智库在保持适度独立的前提下，深度参与决策咨询的制度安排。在此基础上，推动高校智库参政议政的制度模式由“非正式、松散型、低效率”的传统模式向“契约式、紧密型、高效率”的现代模式转型。

根据这一目标，在充分结合中国特色社会主义民主政治实际，以及国际国内高校智库参与决策咨询制度设计实践经验的基础上，我国高校智库参与决策咨询的理想制度模式应当是以“嵌入式”为主要特征。“嵌入”从物理学角度来讲，是指某一物体在保持适度独立的前提下，深度融入另一个物体中。具体到社会关系与人际交往上，通常是指双方在遵循“和而不同”原则的前提下，共同构建深度互动的社会交往关系。因此，这种嵌入不是单向的、静止的，而是双向的、动态的，是一种具有“交互嵌入”特点的组织形态。

这一模式既区别于新加坡模式、美国模式与日本模式，又是对我国当前“有限介入式”制度模式的超越。具体来说，主要有以下四个特点：

(一)组织上的交互嵌入

高校智库与决策部门聚焦某一政策研究领域，共同搭建具有实体化、专业化、非营利的研究机构，并通过这一平台的高效运作，建立起长期稳定、互惠双赢的合作机制。在这一合作模式之下，双方不再是传统体制下的行政上下级关系，而是地位平等的战略合作关系。一方面，高校智库在保持自身独立性的前提下，整体性地嵌入决策部门的政策研究平台之中；另一方面，决策部门也在相对独立的前提下，整体性地嵌入依托高校的科研平台体系之中。在治理结构上，可借鉴新加坡模式，双方互派相关人员共同组建理事会、咨询委员会或管理委员会，采取“融合、共治”的治理模式。

近几年来，各级决策部门与高校共建的智库数量显著增加。但这些智库绝大部分处在“有名无实、有库无智”状态，有些甚至仅仅是一时的宣传噱头，挂牌后再无声息。虽然也有些共建型的智库采取了实体化、专业化的运营模式，但由于未进行真正的组织上的交互嵌入，双方的“融合、共治”很难实现。

(二)资源上的交互嵌入

决策部门与高校智库的深度协同是确保政策研究质量的重要前提，因为双方都拥有一些对方所不具备的稀缺性资源，而深度协同正是要通过互补的方式，达到资源共享、合作研究的目的。在决策部门方面，资源主要包括决策需求，资料数据，调研途径，报送渠道，研究成果的推广、转化与应用；在高校智库方面，资源主要包括学科力量、图书情报、研究设施、学术平台、国际学术交流网络渠道等。在“有限介入式”制度模式之下，双方的资源互补是短期的、应急式的，且由于双向动力不足，这种资源互补的实现程度也很一般。鉴于此，应当从制度设计的角度，着力将这些稀缺资源制度化地嵌入双方共建的研究平台和学术网络之中，使这种资源互补由短期化、应急式向长期化、制度化转变。① 例如，在传统模式之下，调研渠道是高校智库开展研究过程中的一大难题，而这一难题对于决策部门来说凭借行政力量可以轻而易举地解决。但这种行政力量的运用是应急式的，只能满足高校智库的一时之需。鉴于此，可以考虑将双方共建的研究平台实质性地纳入决策部门的行政体制之下，从而将政策研究过程中所必需的行政力量延伸到共建平台。又如，在传统模式之下，公共决策的议题设定、具体方案、实施效果如何让公众接受和满意是一大难题，而高校智库则在这一问题的解决上具有重要作用。因为相对于决策部门来说，高校智库及其研究人员处于相对中立地位，其通过各种媒介发表的学术见解不仅具有学术影响力，而且往往会产生广泛的社会影响力，进而对公众态度和社会舆情产生重要的影响。事实上，很多高校智库的著名学者也是拥有上百万“粉丝”的网络“大 V”，兼具学术影响力与社会影响力。从这个角度来说，如果能够将高校智库的学术资源制度化地嵌入决策部门中，无疑也是大有裨益的。

### (三)人才上的交互嵌入

决策部门在人力资源上通常是按照公务员管理体制运行的，专门化的政策研究岗位很少，因此在研究研究方面经常是有心无力。而高校智库则是各类学科人才的聚集地，且有着专门的时间和精力进行政策研究工作。在传统体制下，高校智库的研究人员往往是通过项目合作的方式介入，也只能够满足决策部门的一时之需。另外，高校智库的研究人员在知识结构上通常都与政策研究所需要的多元化标准有一定差距。同时，非常缺少既具备一定政策研究知识，又非常熟悉决策部门体制机制、话语体系的人才，而这一类人才恰恰存在于决策部门中。在我国当前的公务员与事业单位人事管理体制之下，形成类似美国高校智库那样的“旋转门”机制仍存在很大障碍。如双方都有着严格的人事编制与岗位职责管理，公务员

① 汪锋：《交互嵌入：一种理想的大学智库参与决策咨询的制度模式》，载《中国高教研究》2018 年第 11 期。

的兼职兼薪又受到严格的控制，现行的挂职锻炼制度的主要目标与功能是培养干部，且需要经过相当复杂的组织程序。基于这一现状，可以借鉴日本的“派遣研究岗”模式。日本的做法是由政府、大学和研究机构向智库派遣研究员，并实行聘期制，工资仍由原单位发放，一个聘期 2～3 年。我国可以考虑在决策部门与高校智库内部均设置“流动研究岗”，不设行政级别、不占人事编制，每个聘期 2 年，聘期内工资仍由原单位发放，但可以在聘用单位领取绩效津贴。为加大激励力度，组织部门对公务员赴高校智库的任职经历视同于基层挂职锻炼，高校则应当将研究人员赴决策部门的任职经历与职称、职务晋升挂钩。这样一来，就能将急需的高端人才制度化地嵌入双方的合作平台之中，真正实现人才资源上的互补。

（四）文化上的交互嵌入

文化嵌入是指具有较高认同度的价值观念在影响和塑造嵌入群体中的作用和影响。在传统体制下，决策部门在涉及重大公共决策事项的选择上，往往根据本部门职责所面临问题的轻重缓急来确定。同时，在决策过程中习惯于从经验和数据出发，在解决方案上更侧重操作性，在决策文化上具有务实主义的特点。这种决策文化虽然从短期上有利于决策事项或问题的解决，但往往缺乏系统的理论支撑，很容易滑向经验主义，不利于解决问题长效机制的建立，甚至会出现决策失误。而由于传统体制下决策部门与高校智库之间的信息不对称、沟通不充分，高校智库的学者在从事决策咨询研究时很难摆脱学术文化的影响，习惯从理论和假设出发，以学术研究的范式来进行政策研究，在决策文化上具有求真溯源的特点。这种决策文化虽然从学理和逻辑体系上来看较为严谨，但由于与实践结合不紧，很容易滑向教条主义。从这个角度来看，双方的决策文化具有很强的互补性，而通过交互嵌入机制的建立，能够促进双方决策文化的交融与互补，为科学理性决策文化的形成奠定坚实的基础。①

① 汪锋：《交互嵌入：一种理想的大学智库参与决策咨询的制度模式》，载《中国高教研究》2018 年第 11 期。

## 三、制度体系

"交互嵌入"模式是源于一国政治传统、基于一定价值共识的制度设计，是一国民主政治制度体系在决策咨询领域的呈现，其根本目的是通过政治权利在相关主体间的恰当分享，促进公共决策的科学化、民主化。从这一制度体系的构成来看，既包括法律、政策、规范性文件等宏观层面的制度设计，也涵盖大学与决策部门内部的制度设计，还包括意识形态、伦理道德、传统习俗等非正式制度。

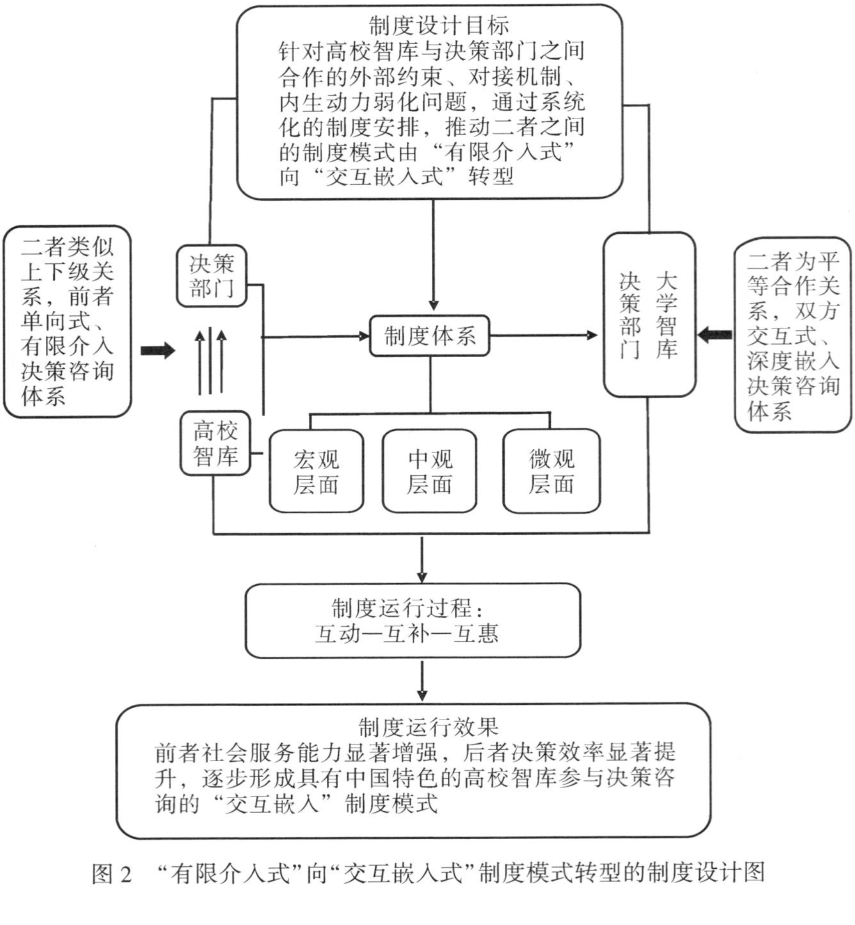


图2 "有限介入式"向"交互嵌入式"制度模式转型的制度设计图

根据上述思路及理想模式的设计，我国高校智库参与决策咨询应当由三个层面相互关联的制度体系构成，这一制度体系的内涵是广义的，既包括法律法规，也包括由管理部门制定的规范性文件、规则、管理办法等。

(一)宏观层面

法律保障是包括高校智库在内的智库开展政策研究的重要前提。从国际范围来看，高校智库较为发达的国家一般来说在决策咨询方面的立法也比较完善。美国、日本、韩国等国家甚至专门就智库的管理与运营进行立法。例如，美国的《联邦咨询委员会法》将决策咨询作为重大公共决策的法定程序，政府项目的论证、投资、运作、完成、实际效果都必须有不同的咨询报告。重大公共决策出台前至少要有两份翔实的咨询报告。同时，超过100万人口的城市都必须设立区域发展综合咨询机构。日本的《国家行政组织法》也明确规定，各层级的行政组织应当设立协议会和审议会等咨询组织，以确保政策制定的科学性。正是在这些法律法规的约束与指引下，决策部门会积极主动在思想市场上寻找合适的合作方，并尽可能地为这种合作创造宽松良好的制度环境。而由于参政议政有了坚实的法律保障，高校智库也会主动与决策部门开展需求对接与深度合作，通过决策影响力的提升来带动自身学术与社会影响力的提升。

目前，我国在决策咨询方面的立法较为薄弱，仅有一些相关的条款、规定分散在部门规章或地方性法规之中，且多为原则性、倡导性规定，不仅立法层级、效力不高，而且缺乏操作性与约束力。国务院法制办公室在2017年就拟出台的《重大行政决策程序暂行条例》在全国范围内征求了意见，但至2019年9月1日才决定施行。中共中央2016年出台的《关于新形势下党内政治生活的若干准则》虽然也明确提出：各级党组织做出重大决策部署前，应当“广泛听取各方面意见和建议，凝聚智慧和力量，做到科学决策、民主决策、依法决策”，但具体的实施办法与决策程序仍有待完善。事实上，也正是由于这一立法立规环节上的薄弱，导致公共决策领域存在着大量的“自由羁量权”“灰色地带”，不仅成为腐败的温床，也造成了实践中大量的盲目决策、非理性决策现象。为此，当前迫切需要从立法高度尽快建立健全重大决策责任倒查与追究制度，并通过该制度的实施，促进决策部门的科学、民主、依法决策，改变领导人的思想认知与行为模式。只有如此，决策部门才能真正摒弃高高在上的衙门作风、不负责任的盲目决策。事实上，《中共中央关于推进依法治国若干重大问题的决定》已经强调，要加强对行使职权和履行法定义务情况的考核监督，加大责任追究和倒查力度，对不依法履行职责或者违反法定权限和程序实施行政行为的，要依法追究法律责任。

正因为如此，应当加快我国决策咨询领域的立法，充分利用法律的引导和规范作用，为包括高校智库在内的智库参与决策咨询创造更良好的制度环境。例如，在《重大行政决策程序暂行条例(征求意见稿)》中，就首次从国家立法的层面，就重大行政决策的目标、事项、原则、程序、执行、评估、法律责任等问题作出了具体的规定。如明确提出，"科学、民主、依法决策情况应当作为政府领导班子和领导干部考核评价的重要内容"，并就专家论证的程序以及专家库建设做了详尽的规定，其立法意图在于从制度上约束行政领导的盲目决策、冲动决策、"翻烧饼式决策"。在决策程序的启动上，首次提出"决策机关领导人员提出决策事项建议的，交有关部门、机构研究论证"，"人大代表、政协委员等通过建议、提案等方式提出的决策事项建议，以及公民、法人、其他组织提出的书面决策事项建议，交有关单位研究论证"。这里所涉及的"有关机构、其他组织"就包括智库在内。①

上述立法草案虽然是决策咨询立法领域的一大进步，也为高校智库的参政议政开辟了更加直接的渠道。但是，在推进决策民主化领域，该草案更多关注的是公众参与以及专家个体的参政议政，对智库这一组织化的参政议政主体较少涉及，在立法视野与立法内容上均有一定的局限性。因为，无论是社会公众，还是咨询专家，都无法为决策咨询提供长期的、稳定的、专业的、精准的咨政建议。

① http://zqyj.chinalaw.gov.cn/readmore? listType=1&id=1886,2019-05-20。

正因为如此，建议该草案专门设立“政策研究机构”章节，对智库参与咨询咨询的准入条件、方式、渠道、程序等做出详细的规定，为智库参政议政提供法律保障。具体来说，应当涵盖三个方面的内容：一是规定各级政府应当对现行体制的政策研究资源进行整合，减少行政事务职能，加强政策研究职能，进一步明晰其在重大决策过程中的职责定位，提升决策咨询质量。二是进一步完善各级政府的专家咨询委员会制度，推动其由“松散型、虚体化、个体化”向“紧密型、实体化、组织化”转型，通过“聘用制公务员”“专职咨政顾问”“流动研究岗”等形式，推动建立专兼职相结合的咨询专家委员会制度。引导咨询专家根据决策事项组成项目组，联合出具专业化的咨政意见，并将其纳入法定的决策程序。三是积极支持高校、企业、社会组织设立从事政策研究的专业组织，通过各种途径参政议政，鼓励各级政府及其政策研究机构、专家咨询委员会与高校智库、民间智库、企业智库开展合作，探索建立以政策研究为主要功能的政产学研组织，推动双方形成长期稳定的战略合作关系。

除了加强行政决策领域的立法外，我国党的建设领域、立法领域、司法领域、监察领域也可借鉴国务院法制办公室研究制定《重大行政决策程序暂行条例》的做法，进一步加强决策咨询立法立规工作，积极推动本领域的决策民主化、科学化、法制化。事实上，在上述领域内，目前已经有很多决策部门与高校智库合作的案例。例如，在党的建设领域，2016 年，湖北省委与武汉大学联合成立了“党内法规研究中心”，其目标定位是“建设党内法规理论研究与创新基地、党内法规制度教育培训与人才培养基地，打造全国党内法规研究的旗舰中心，努力成为国家高端智库”。在立法领域，全国很多地方的人大常委会积极开展与高校智库合作，联合设立地方立法研究中心，借助高校的研究力量，为地方立法提供经常化、制度化的智力支撑。如在 2013 年，广东省人大常委会就与中山大学、华南理工大学等五所高校合作，成立了广东省地方立法研究评估与咨询服务基地。在监察领域，中国政法大学于 2017 年成立了“国家监察与反腐败研究中心”，该中心的主要职能定位就是加强新形势下国家监察与反腐败的理论与实践研究，与相关决策部门共建国家监察与反腐败示范基地，提供有价值、有影响力的决策咨询成果。

(二)中观层面

中观层面主要是指有关高校智库建设的一系列规范性文件、规定、管理办法，根据这些制度制定出台的文件，又可以划分为两个层面：一是国家层面的规范性文件。目前主要有中共中央办公厅、国务院办公厅2015年1月印发的《关于加强中国特色新型智库建设的意见》，2015年11月19日，中央全面深化改革领导小组第十八次会议审议通过的《国家高端智库建设试点工作方案》，以及随后出台的配套文件，即《国家高端智库管理办法(试行)》《国家高端智库专项经费管理办法(试行)》。另外，在国务院2015年印发的《统筹推进世界一流大学与一流学科建设总体方案》中，特别强调"打造一批具有中国特色和世界影响的新型高校智库，提高服务国家决策的能力"。二是高等教育领域的规范性文件，目前主要有教育部2014年出台的《中国特色新型高校智库建设推进计划》，中共教育部党组2015年印发的《中共教育部党组关于认真学习贯彻党的十八届五中全会精神的通知》。在2017年教育部、财政部、国家发展改革委制定的《统筹推进世界一流大学和一流学科建设实施办法(暂行)》中，在"双一流"大学的遴选条件中明确规定："科研成果转化绩效突出，形成具有中国特色和世界影响的新型高端智库，为国家和区域经济转型、产业升级和技术变革、服务国家安全和社会公共安全做出突出贡献，运用新知识新理论认识世界、传承文明、科学普及、资政育人和服务社会成效显著。"①除此之外，自国家与教育部有关智库建设的相关文件出台以来，各省教育行政部门也结合地方实际，出台了许多地方版的"新型高校智库建设推进计划"以及管理办法。

上述制度体系虽然为高校智库建设提供了价值、方向与路径指引，但总体来说，仍处在制度体系的初创阶段，不但在操作性上有待加强，而且在与高等教育领域内部其他相关制度的衔接与配套方

① 引自2017年教育部、财政部、国家发展改革委联合制定下发的《统筹推进世界一流大学和一流学科建设实施办法(暂行)》，第7条第5款。

面存在较大缺陷。应当从以下三个方面予以加强和改进。

(1)进一步明晰高校智库作为具有中国特色的新型学术组织的功能定位、发展规划、保障措施。虽然近几年国家及教育部出台了一系列关于智库建设的文件，但是，作为一种在高校内部生长起来的创新型学术组织，智库在高校全局工作中的地位和角色是什么？不同类型的高校在智库建设的目标与路径上有何区别？智库与传统学术组织的区别与联系是什么？与学科建设的关系是什么？这些都需要在制度的顶层设计方面予以明确。因此，建议教育部尽快研究制定《普通高等学校新型智库建设指引(试行)》，对这些问题予以明确。

(2)高等教育领域已经实施了多个系列的研究基地建设计划，如教育部人文社科重点研究基地建设计划、2011 协同创新中心建设计划、教育部国别与区域研究中心建设计划等。这些计划所支持的研究机构很多是具有智库功能的学术组织，这一类研究中心建设计划与高校智库建设计划之间的关系是什么？同时，从 2018 年开始，教育部开始启动全国部省共建协同创新中心的遴选工作，而在作为遴选对象的各地建设的很多协同创新中心中，也有相当一部分是具有智库功能尤其是科技智库功能的学术组织，这一新的支持计划与《中国特色新型高校智库建设推进计划》是何种关系？这些都需要从制度层面予以明确。在这一问题上，建议教育部结合《中国特色新型高校智库建设推进计划》的实施，对现有分属不同序列、不同职能部门管理的学术平台支持计划予以整合，遵循"分类管理、动态调控、优胜劣汰"的原则，逐步建立健全更加统一、完善的高校智库体系。在具体措施上，可以采取"三步走"的策略：第一步，对现有纳入各类支持计划的基地平台进行分类，原则上可分为三类，即学术学科型、决策咨询型、部省共建型，学术学科型基地一般是依托基础性学科建立起来的，主要从事基础研究研究；决策咨询型则是依托应用型人文社会学科而建的，主要功能是决策咨询；部省共建型即教育部与相关部委、各省区共建的、具有决策咨询功能的学术组织，所依托学科既有人文社会学科，也有理工学科。第二步，配合国家高端智库试点工作的深入开展，启动与此相对应的教育部高端高校智库试点工作，这一试点工作并不是重新遴选，而是将原基地平台支持计划中的全部决策咨询型、部分部省共建型剥离出来，分阶段地纳入高端高校智库建设支持计划。第三步，根据入选高校智库的研究方向与领域，推动智库与该领域的决策部门建立中长期战略合作关系，跨领域较大的可以借鉴之前教育部、财政部与地方三方合作的方式，推动智库与决策部门真正实现制度联动与战略协同，为确保决策咨询质量奠定坚实的制度基础。

(3)运用学术评价与学科建设的指挥棒作用，适度提升高校智库建设在高校全局工作中的权重。由于内生动力不足，虽然目前高校智库建设表面看起来热闹，但很多是“有库无智”、虚有其表，智库在绝大多数高校仍然未融入教学科研与人才培养体系，处于边缘化状态。虽然在第四轮学科评估的指标体系中对智库建设有所体现，但权重较少。正因为如此，在现行的学术与学科评价指标体系中，尤其是在哲学社会科学领域应用类学科的评价上，应当进一步提升高校智库建设的权重。尤其是在新一轮学科评估指标体系的设计中，对于应用类学科，应当把“学科社会贡献”作为单独的一级指标，对相关学科在一定周期内的社会贡献度进行综合评价。既要考察其是否发挥了学科特色与优势，产出了高质量的社会服务成果，也要观测该学科是否建有一定层级、数量的实体化、专业化智库，这些智库是否拥有畅通的参政议政渠道、发达的社会关系网络，学术影响力、社会影响力与决策影响力如何，等等。

(三)微观层面

主要是指高校结合自身学科优势与学术战略制定的与智库建设相关的内部制度，主要有三个方面：

1. 发展规划类

在契合国家与地方经济社会发展需求的基础上，结合校情制定高校智库的发展规划，明晰新型智库建设的中长期目标、重点领域、资源投入、队伍建设，等等。例如，南京大学是我国高校智库建设起步较早的高校，该校制定了《南京大学关于加强新型高校智库建设的意见》，积极探索走发挥学科优势、面向中国问题、高瞻国际议题、战略研究与决策咨询服务并重的新型高校智库建设之路。又如中国人民大学在2015年制定出台了《中国人民大学中国特色新型智库建设推进计划》，不仅提出了新型高校智库建设的四大目标与十大举措，而且着力探索构建以理事会为核心、三位一体的高校智库治理体系，即："以首席专家制、高级研究员、智库科研岗位为核心的专兼职滚动人才管理体系；以内部成果购买制为核心的智库激励体系；以专报为主体的、多元的智库供求对接体系；以智库发展专项基金制为核心的资金保障体制；以学校四大信息中心为核心的信息共享机制和大网络体系。"①

2. 管理办法类

新型智库与高校传统学术组织在发展目标、功能定位、运作模式等方面都具有显著差异，为加强这一类新型学术组织的管理，很多高校出台了专门的管理办法。如吉林大学就制定出台了《吉林大学智库建设实施办法》，明确了校内各层次智库的遴选程序、发展模式、保障条件、内部治理、归口管理部门等。福州大学也于2015年出台了《福州大学专业智库建设管理办法》，明确了校内各专业智库的申报和审批程序、建设任务与建设标准、建设经费与周期，以及专业智库的考核评价与验收。

3. 学术评价类

为增强高校智库发展的内生动力，一些高校开始尝试在学术评价体系中增加决策咨询类成果的权重，如2017年《华中师范大学科研成果奖励实施办法》中，在社会服务成果类中明确规定："高质量的研究咨询报告"纳入学校的成果奖励计划。另外，在"突出建设成就类"，明确规定相关学院或学科新建"国家部委其他研究平台"，也纳入学校的奖励计划。② 又如，武汉大学在该校《高水平科研成果奖励暂行办法(2016年修订版)》中也明确规定，对于第一完成单位为武汉大学的咨询报告，如果能够证明被决策部门采纳应用并产生重要影响力，按照其层级进行奖励。

从上述各高校制定的内部制度来看，尽管能够满足本校智库建

① 朱庆葆：《智库建设应"规划在前、规范在先"》，《光明日报》2015年11月12日。

② http://xxb.ccnu.edu.cn/info/1015/2406.htm,2019-05-23。

设的一时之需，但总体来说，改革力度不大，基本是对原有管理制度的简单修订。就其制度设计与实施效果的力度来说，还远远难以适应建立系统的高校智库参与决策咨询制度体系的需要。从当前来看，各高校应当重点在以下三个方面的制度设计上加大创新、取得突破。

第一，进一步完善高校内部智库设立、管理与考核制度。在近几年的“智库热”中，很多高校成立了智库或冠以“智库”称谓的研究机构。由于我国当前高校智库建设正处在起步和试点阶段，在智库的设立、管理与考核上并没有一个相对规范和权威的标准，而在高校现行的学术组织管理体制之下，对于高校智库的设立、管理与考核更是一个“盲区”。正因为如此，这些高校智库在组织形态上呈现出五花八门的态势，管理与考核也很不规范。有的设立在学院，由学院教师兼职从事研究工作；有的聘请知识专家或退休官员担任负责人，相对独立运行；还有些仅仅是挂个牌、有名无实、有库无智。针对这一问题，各高校可以结合本校实际，探索建立特色化的智库设立、管理与考核制度，逐步将智库纳入到学校内部统一的学术组织管理体系之中。

在智库设立方面，各高校应当在敏锐把握国家与地方经济社会发展智力需求的基础上，结合本校学术学科发展的优势与特色，制定智库建设的发展规划。对未来五年或十年规划期内高校智库建设的方向、重点、经费与研究人员投入、数量与质量要求等进行科学的规划设计。在智库的设立方面，应当遵循本校的智库建设发展规划，重点从三个维度来进行考察评价。一是拟设智库的学术方向是否与规划既定的方向一致，是否以服务决策咨询为首要与核心功能。智库以研究和解决实际问题为最高目标，过于学术化、理论化的拟设研究机构显然与智库的职能定位不符。二是是否能够有效整合与利用本校的优势学术资源。每个高校都有自身的优势与特色学科，只有依托这些学科开展决策咨询工作，才能保证研究质量。三是是否采取实体化、专业化的运行方式，重点考察拟设智库是否有高水平的学术团队、专职化的学术与行政人员、专门的研究经费与办公场所。

在智库管理方面，为保持智库的独立性、灵活性，应当采取管理重心下移与充分授权方式，在学术战略、研究队伍、经费预算、学术交流与合作等方面给予智库负责人充分的自主权。在条件允许的情形下，也可以考虑采取与相关决策部门、行业企业、科研院所、其他智库共建的方式。如中国人民大学重阳金融院就是利用校友捐赠建立起来的金融智库，在运作模式上采取了开放协同的理事会模式，理事会成员涵盖政、校、企三方，独立性很强。除此之外，也可以借鉴美国高校智库的管理模式，将条件成熟的智库注册为社会公益类法人，以灵活性与独立性更高的社会组织模式运行。

在智库考核方面，重点要从三个方面来考察：首先，考察其决策影响力。主要考察智库在考察周期内向决策部门提供了多少咨政报告、建议，获得批示采纳的情况；承担了多少项决策部门委托的咨政类项目，进展如何；智库及其研究人员与决策部门的互动关系如何，参加决策部门组织的工作调研、座谈会、意见征求会情况，决策部门领导或工作人员赴高校智库交流、讲学、座谈的情况，等等。其次，考察其学术影响力，主要考察该智库在考察周期内公开发表或出版的学术文章、专著、学术报告情况，以及其在学术界的影响力，虽未公开发表但具有一定学术影响力的内刊也在考察之内。同时，智库召开国际、国内学术会议，举办各类学术讲座、研究生助研情况，也是考察学术影响力的重要标准。最后，考察其社会影响力，重点考察智库运用新媒体宣传、推广思想产品情况，包括高校智库的网站、微博、微信公众号建设情况，注册用户和网民访问量，各类媒体宣传和介绍智库的相关报道，智库研究人员在报纸杂志发表文章情况，智库研究人员接受媒体访谈情况，等等。

需要强调的是，在传统体制下高校内部设立的具有智库功能的学术组织还有很多，如教育部人文社科重点研究基地，省级人文社科研究基地，高校与实务部门共建的科研机构、协同创新中心。对于这些学术组织，需要在进一步明晰职能的基础上进行分类管理，防止智库泛化现象。只有以决策咨询为首要与核心职能，且具有一定决策影响力的学术组织才能称为智库，纳入智库序列的学术组织管理。

第二，进一步完善决策咨询成果的学术评价制度。尽管教育部于2011年出台了《教育部关于进一步改进高等学校哲学社会科学研究评价的意见》，但目前我国高校学术评价体系的“学科导向、学术本位”色彩仍十分浓厚。在这一评价体系之下，决策咨询类成果的学术评价普遍面临成果形式单一、学术认同不够、成果运用不够的共性问题，极大地抑制了高校智库发展的内生动力。针对这些问题，可以从两个方面着手，进一步完善决策咨询成果评价制度。

首先，推动决策咨询成果形式多元化认定。目前，很多高校将决策咨询成果是否得到各级领导的肯定性批示作为成果认定的唯一标准。这在实践中不但很难操作，而且难以客观全面地反映决策咨询成果质量。事实上，除了领导批示之外，还有一些重要的成果形式应当纳入评价体系之内。如高校智库的研究人员承担决策部门委托的政策研究类项目情况，负责相关法律法规、规章制度草案的创立、修订情况，负责决策部门专业性较强的规范性文件、发展规划、工作方案起草情况。另外，应当逐步把高校中各级人大代表、政协委员、民主党派、政府参事、政府咨询委员或产业顾问吸纳为智库的专兼职研究人员，逐步引导他们由个体式参政向组织化参政转变。在此基础上，他们以代表委员和智库研究人员双重身份所提交的建议、提案、调查报告，只要决策部门能够提供采纳应用证明的，也应当予以认定，纳入智库成果评价体系。

其次，推动决策咨询成果的学术价值认定。与高校传统学术评价体系之下的学术论文、著作、课题研究报告相比，决策咨询成果在选题内容、文章篇幅、话语体系、成果运用等方面都有着显著差异。例如，一般来说，目前很多决策部门送呈领导参阅的《调研成果要报》篇幅一般在3000字，要求直陈问题、言简意赅、语言通俗、资料翔实。如需提出意见、建议的，要求撰写者十分熟悉现状，尤其要熟悉该领域的法律法规、政策、体制机制运行现状。提出的意见建议不仅要有很强的针对性、建设性，而且对改进工作有较强的指导性、操作性。正因为如此，一篇高质量的咨政建议可能篇幅不长，但往往需要研究者进行大量的资料搜集、调查研究、座谈访谈工作，从事学术研究所付出的劳动可能远远超过撰写一篇同题材的学术论文。事实上，从我国当前哲学社会科学成果的层次与结构来看，能够对解决某一领域发展难题起到显著指导和推动作用的咨政报告，远比一流的学术论文更加稀缺。

但尽管如此，在我国当前高校传统的学术评价体系之下，决策咨询类成果的学术价值并没有得到应有的认同，甚至长期被轻视。很少有高校将决策咨询成果纳入学术评价体系之中，与一定级别的学术论文相对应或等同。在实践中，很多高校采取了分类管理的办法，通常有两种方式。一种方式是将决策咨询成果单独作为一个序列进行学术评价，对优秀成果予以奖励，但不与主流的学术评价体系以及研究人员的职称晋升挂钩。另一种方式是将智库专职研究人员作为一个单独的人事管理序列，决策咨询成果的评价结果只与这一类研究人员的职称评聘挂钩。从这两种方式的实施效果来看，尽管都对智库成果进行了形式上的评价，但都因为缺乏主流学术标准的参照，其学术价值事实上还是没有得到应有的肯定。在学术本位的高校内部，这一评价方式对研究人员的激励作用显然会很弱，而这正是相当一部分高校智库决策咨询成果质量不高的深层次原因。

有鉴于此，高校内部应当尽快推进决策咨询成果的学术价值认定。在具体的制度设计上，首先，可在校学术委员会之下设立决策咨询成果学术评价专门委员会，受学术委员会的委托对本校的相关成果进行同行评议。在委员会人员的构成上，可采取“三三制”的方式，由三个专家群体构成：一是相关学科领域的专家学者，主要对决策咨询成果的学术观点、理论创新进行评价；二是相关决策部门，尤其是成果所涉及委托方、用户方的专家，主要对决策咨询成果的应用价值、实践效果进行评价；三是专门从事决策咨询工作的专家，各高校可从各级党委、政府或党委、政府聘请的决策咨询委员会中遴选多年来从事政策研究的专家，主要对研究人员理论与实践相结合能力、政策研究能力进行综合评价。同时，应当按照质量高低对评价结果进行分级，并与高校内部主流的学术评价分级标准相对应，与研究人员的职称评聘挂钩。唯有如此，才能真正从制度上解决决策咨询成果的学术价值评价问题。

第三，进一步完善决策咨询研究队伍的建设与管理制度。由于智库研究在高校全局工作中的战略地位、重要性还没有得到普遍认同，研究队伍建设总体来说仍很薄弱。很多高校依托学院学科的教师兼职从事智库研究工作，还有些高校虽然也采取聘任制的方式聘用了一些专业研究人员，但由于这些研究人员未从整体上纳入高校师资队伍建设序列，也未参与教育教学工作，“孤悬”于高校人才培养这一核心工作之外，其身份认同感、职业发展前景都比较差。正因为如此，研究队伍力量不强、能力结构存在缺陷成为当前制约高校智库发展的一大难题。针对这类问题，应当从以下两方面的制度设计着手，进一步加强决策咨询研究队伍的建设与管理。一方面，应当将智库专职研究人员作为专职教师队伍中的一个类别，纳入学校师资队伍建设的整体规划之中，明确界定其主要职责是从事决策咨询研究工作，一般不承担本科教学工作。由于部分高校智库承担了相关学科的研究生培养工作，这些研究人员中条件符合的也可以参与少量的硕士、博士生培养工作。另外，由于智库研究工作的特殊性，这类专职研究人员数量不宜过多，主要采取专兼职相结合的方式。在兼职研究人员的聘任上，可采取讲座教授、客座教授等更加灵活的聘用制度。另一方面，建立健全内部“旋转门”制度。为充分整合利用本校的学术资源，形成智库与学院、学科相互促进的良性发展机制，应当在学科、学院、智库之间搭建起人才无障碍流动的制度桥梁。在具体制度设计上，学院相关教师中，对决策咨询有兴趣、有能力的，可以通过聘任岗位的转换，在智库工作一个或多个聘期，聘期结束后再返回学院。智库研究人员希望转型为教学型教师的，也可以通过校内转岗程序实现流动。为保持研究队伍的稳定性，可以每年规定“转进转出”的岗位数量。

# 第六章

# 我国高校智库参与决策咨询的制度实施

"交互嵌入式"制度模式是基于我国高校智库参与决策咨询的历史传统与发展现状，并在充分借鉴国际经验的基础上进行的理想化制度设计。这一制度设计并不仅仅是一般意义上的制度创新，而是一场涉及政治、经济、教育、文化等多个领域的深刻变革。要想顺利推进这一变革，就必须从战略实施层面进行精心的谋划与布局。

从我国现行高校智库参与决策咨询"有限介入式"制度模式的发展历程来看，初始阶段制度设计的目标十分宏大和理想化，希望高校智库能够深度介入国家各级决策咨询体系之中，发挥重要的影响力。但在改革实践中，制度实施力度很不均衡，总体效果一般。有些地区、部分领域的政策得到了落实，但也些地区、部分领域的政策未能"落地"。造成这一现象的原因是多方面的，但主要有一"硬"一"软"两个方面。在"硬"的方面，主要是在改革路径设计上存在缺陷，即片面强调行政主导，对调动各方积极性、推进综合配套改革重视不够、措施不到位；在“软”的方面，主要是在培育与营造有利于智库建设的文化环境方面存在不足，导致制度实施中相关各方的价值共识不够、舆论支持不够，与高校智库建设紧密相关的智库文化建设、思想市场建设滞后。

针对上述问题，除了建立健全宏观、中观、微观三个层面的正式制度体系外，我们还应当在全面总结“有限介入式”制度模式实施经验与教训的基础上，进一步优化制度实施的改革路径，完善制度实施的文化环境。只有如此，我们才能在新旧两种制度模式的交锋与转型中，最大限度地降低改革阻力，最大限度地激发改革动力，确保“交互嵌入式”制度设计的落实。

## 第一节　近年来我国高校智库参政议政制度实施效果评价

自2013年十八届三中全会提出“建设中国特色新型智库，建立健全决策咨询制度”以来，我国从中央到地方已经出台了一系列与高校智库参与决策咨询相关的制度。对这些制度实施的总体效果进行评价，找准问题和原因，是构建“交互嵌入式”制度模式的重要前提。

### 一、高校智库参政议政制度实施取得的积极效果

#### (一)推动了高校智库热潮的兴起，智库数量大幅增加

近几年来，随着中共中央办公厅、国务院办公厅相关意见、教育部相关计划的出台，以及国家高端智库试点工作的开展，各地各高校掀起了智库建设的热潮。全国共有十几个省区出台了智库建设推进计划，明确了包括高校智库在内的智库建设目标，认定和支持了一批新型高校智库。在116所“985”与“211”工程高校中，绝大部分设立了以“智库”冠名的新型科研机构，其他地方高校也自主设立了一大批智库平台。下面，以我国“985”与“211”工程高校数量排在前三的城市为例，对这一时期高校智库规模增长情况进行分析。

1. 北京市重点高校智库建设情况

北京市有重点高校 26 所。在这 26 所高校中，北京大学、清华大学、中国人民大学于 2015 年入选第一批国家高端智库试点高校，北京师范大学中国教育与社会发展研究院于 2017 年入选第一批国家高端智库培育计划。其他高校也结合各自的学科优势，积极探索与国家部委、科研院所、中央企业合作共建高端智库的新路径。如北京航空航天大学与中国科学院合作，成立了我国航空领域第一个国家级战略研究机构——中国航空工程科技发展战略研究院，该研究院借鉴美国国家航空航天局（NASA）咨询中心模式，致力于打造我国航空航天领域的高端科技政策智库；北京理工大学能源与环境政策研究中心与国家发展与改革委员会能源研究所签订了战略合作协议，在国家能源战略及能源政策领域开展深度合作；中国农业大学成立了国家农业农村发展研究院，依托该校在农业科技领域和农业政策领域的学科优势和研究力量，对我国农业农村发展过程中具有全局性、战略性重大问题进行系统全面的研究，该研究院聘请了全国政协常委、经济委员会副主任、中央农村工作领导小组原副组长、中国农业政策领域著名学者陈锡文担任首任院长。① 除上述高校之外，其他在京高校也结合自身的办学特点与学科优势，建设了一批较有影响力的高校智库，由于地处北京，贴近决策中心，且属于我国高等教育的“国家队”，这些智库绝大部分采取了与国家级决策部门共建的形式，在决策咨询成果转化与决策影响力的提升上具有得天独厚的优势。

2. 上海市重点高校智库建设情况

上海市共有重点高校 10 所。其中，复旦大学入选第一批国家高端智库试点单位，上海交通大学有中国发展研究院、第三部门研究中心等三家智库入选由中国社科院 2016 年发布的“中国智库综合评价核心智库榜单”，有国家海洋战略与权益研究基地等十几家智库入选上海市智库、软科学、决策咨询基地；同济大学的可持续发

① 《中国农业大学成立“中国农业农村发展研究院”》，http://politics.gmw.cn/2016-12/27/content_23351536.htm，2016-12-27。

展与新型城镇化研究院、德国研究中心两家智库均入选由中国社科院和南京大学发布的核心智库榜单，2018 年 3 月，该校还以土木、建筑、经济、管理、计算机等多学科资源为基础，按照政校企“三螺旋”协同创新的模式，成立了同济大学建筑产业创新发展研究院，定位成为中国建筑产业创新发展顶尖智库之一；华东师范大学作为传统的人文社科类强校，经过多年的建设，目前已经形成了由教育部基地、上海社会科学创新研究基地、上海市高校智库、共建智库、国别研究基地、共建智库、校重点培育智库等组成的智库方阵，综合实力较强。其他六所重点高校也都契合国家及上海市经济社会发展中的重大需求，依托优势学科，构建一大批特色鲜明的高校智库。如上海外国语大学的中国国际舆情研究中心，中国社科院、上海市政府、上海大学三方共建的上海研究院，华东理工大学的社会工作与社会政策研究院，东华大学与中国纺织服装教育学会、中国纺织规划研究会合作共建的纺织行业“一带一路”国际合作发展研究中心，上海财经大学的公共政策与治理研究院，等等。

3. 西安市重点高校智库建设情况

西安市共有重点高校 8 所，其中，西安交通大学与陕西省决策咨询委员会签订智库建设战略合作协议，开了高校智库与政府智库深度合作的先河。双方以信息共享、资源整合、课题研究为着力点，合作推进陕西特色新型智库体系建设、提升决策咨询集成研究水平。西北工业大学发挥学科优势，紧密契合国家与地方智力需求，先后成立了军民融合发展战略中心与无人系统战略发展研究中心，在这一领域发挥了重要的决策影响力。西北农林科技大学聚焦农业农村领域，先后成立了西部发展研究院、乡村振兴战略研究中心等新型智库，并与中国农业大学合作成立了中国南南农业合作学院，得到了联合国、有关国际组织以及国家有关部委的大力支持，在推动高校智库国际化方面作出了有益的探索。陕西师范大学注重发挥地域优势，先后成立了中亚研究所、中国西部边疆研究院、西北国土资源研究中心等新型智库。2016 年，该校教育实验经济研究所申报的“西部贫困地区农村人力资本培育智库建设”获批国家“高校学科创新引智计划”，成为我国首个致力于农村人力资本培育的国际化、专业化智库；西安电子科技大学充分利用经济、管理与信息相融合的学科优势，于 2015 年成立了丝绸之路经济带发展研究所，并定期举办高端国际学术论坛，发布最新研究成果，在这一领域产生了较高的学术影响力。长安大学也积极响应“一带一路”的国家战略，充分发挥该校在公路交通、国土资源、城乡建设等领域的学科优势，成立了“‘一带一路’工程教育中心”，致力于打造我国工程领域的高端智库。

从上述三大地区在高校智库参与决策咨询领域的表现可以看出，加强新型智库建设、提升社会服务水平逐步成为这一时期各个高校的重点工作，“教学决定生存、科研决定水平、智库决定地位”越来越成为一种价值共识。正因为如此，短短五年间，我国高校智库的数量实现了前所未有的大幅增长，并基本涵盖了国家政治建设、经济建设、文化建设、社会建设、生态文明建设五大领域。

（二）决策部门与高校智库之间的深度互动有所增强

《关于加强中国特色新型智库建设的意见》中对于决策部门如何加强与智库合作，进一步提升决策科学化、民主化、法治化水平也提出了许多新要求。五年来，各地各高校贯彻这一要求，双方间的互动显著增强。如在中央层面，很多国家部委在积极尝试开展与高校智库的深度合作，如财政部在推动“部部省”共建工作中，从 2017 年开始，就改变了以往的“项目制”合作方式，尝试与六所共建高校的智库合作，着力培育稳定的中长期智库团队。在具体措施上，财政部首先对六所共建高校的学术资源，尤其是智库平台进行了调查摸底，并根据部内各个业务司局的智力需求进行初选。最后，由各个业务司局与高校智库在充分协商的基础上，签订中长期战略合作协议，协议期限一般在 3～5 年。根据合作协议，双方在政策研究、人才培养、培训教育等领域开展全方位的交流与合作。一方面，共建高校依托入选智库，根据业务司局的需求组建一支以中青年教师为主体的智库团队，全天候响应司局的智力需求，并通过挂职、短期交流等深度介入到司局的改革发展工作中去。另一方面，业务司局全方位支持共建高校及对口智库的学科建设、科学研究、社会服务等工作，为其社会服务成果的转化提供高层次的平台。

近几年来，外交部为依托高校研究力量进一步加强国家外交战略研究，继与北京大学、吉林大学合作共建研究基地之后，又与教育部合作，在全国各高校遴选了一大批区域与国别研究智库，其中的一些后来居上，已经发挥出重要的智力支撑作用。如浙江师范大学的非洲研究院，遵循“非洲情怀、中国特色、全球视野”的定位，坚持学术影响力与决策影响力并重，产出了一大批务实管用的决策咨询成果，成立仅仅十年，就迅速成长为这一领域的高端智库。从2011年开始，该研究院在外交部支持下定期举办“中非智库论坛”，成为中非合作论坛框架下的常态对话交流平台，产生了广泛的决策影响力与国际影响力。同时，该研究院创设的交叉学科“非洲学”及其人才培养体系，填补了国内这一领域的空白。正因为成效显著，该研究院学术团队被教育部授予“全国高校黄大年式教师团队”的荣誉称号，研究院先后位列美国宾夕法尼亚大学《全球智库报告2016》“大学附属最佳区域研究中心”全球第19名、《中国大学智库发展报告(2017)》“中国大学智库机构百强排行榜”中国大学顶级智库30强；相继入选中国社会科学院中国社会科学评价研究院“中国智库综合评价核心智库榜单”、中国智库索引(CTTI)“中国高校智库综合评分TOP100”。与此同时，外交部还与上海等地合作，从高校智库中选拔驻外外交机构人才，加强国际组织后备人才培养，推动智库人才队伍建设。实践证明，这不仅有助于培育具有全球视野和战略眼光的智库人才，有助于培养准确领会中央对外方针政策、适应哲学社会科学事业发展的国际组织人才，而且有利于做好新形势下的对外工作，积极推进对外工作理论和实践创新。

国家民委办公厅2016年12月制定出台了《国家民委民族工作智库建设规划(2016—2020)》，明确提出要“整合和发挥委属高校智库功能，发挥外脑作用，提高服务决策能力”，并计划在五年时间内，通过加强与委属高校、科研机构合作，共建30家质量较高、影响较大的民族理论与政策研究基地。中央民族大学、中南民族大学、西南民族大学、北方民族大学、西北民族大学、大连民族学院六家委属高校均入选基地支持计划。2018年1月，国家民委印发了《国家民委民族理论与政策研究基地管理办法》，明确了国家民委与智库共建单位的职责，以及基地的考核评价办法。该办法规定：基地建设周期为三年，按照“竞争入选、定期评估、不合格淘汰”的原则进行检查与评估，重点考察研究水平以及服务社会的能力和效果。

## 二、高校智库参政议政制度实施中存在的问题

尽管取得了一些成效，但我国高校智库参与决策咨询现行制度在实施中仍面临着很多突出的矛盾与问题。从这些问题产生的原因来看，有些与改革路径设计不优化有关，也有些与文化环境不宽松相关。

### （一）“自上而下、行政主导”的改革模式难以形成制度实施合力

我国近几年高校智库参与决策咨询制度实施的路径是以“自上而下、行政主导”为主要特征的。即首先由中央根据经济社会发展的战略需要，对中国特色新型智库建设的目标、重点、措施、步骤进行总体设计，作为高校智库主管部门的教育部，以及地方党委、政府以落实中央精神的形式迅速跟进，各高校按照中央、相关国家部委、地方党委政府的文件精神去落实。从制度经济学的视角来看，这一实施路径的本质是一种由行政主导的强制性制度变迁，其特点是目标明确、思想统一、行动迅速，能较快实现阶段性目标。但缺点是不利于激发各地各高校的内生动力，容易形成运动式的改革，深层次矛盾被掩盖后，难以形成长效机制。更为重要的是，由于这一改革主要是由教育部以及各级教育行政主管部门负责推进的，对其他相关改革主体，尤其是决策咨询部门的约束力很弱，缺乏制度联动，很难形成改革合力。

### （二）“条块分割”的行政体制导致制度实施效果参差不齐

受传统计划经济体制惯性影响，我国现行民主政治体制仍存在一定缺陷，如中央与地方事权划分不够清晰，行政管理上条块分割，从而使得中央层面政策的传导、制度的实施容易面临“肠梗阻”现象。事实上，在高校智库参与决策咨询的顶层制度设计中，由于各地各高校情况千差万别，很多中央层面出台的制度均在最后规定，“各地各高校结合实际，制定相应的实施细则”，这一做法尽管具有一定灵活性，但也使得制度的约束力大大降低。正因为如

此，在中央层面有关高校智库咨政的一系列制度出台后，各地各高校在理解与执行上也出现了五花八门的局面，既有理解透彻、执行到位的；也有领悟不深、选择性执行的，甚至还有不执行的现象。加上目前所采取的运动式改革难以充分调动各方改革主体的积极性，部门主导的单向度改革也难以形成有效的制度联动与协同效应，等等，这些都使得制度实施的效果大打折扣。

（三）配套制度改革不到位，使得很多制度设计难以真正“落地”

宏观层面缺乏制度联动是制约高校智库参政议政制度实施效果的一个重要原因。如《关于加强中国特色新型智库建设的意见》从推动决策程序民主化、加强智库管理、提升智库国际影响力等多个方面作出了明确规定。在决策程序民主化方面，《关于加强中国特色新型智库建设的意见》规定：“完善重大决策意见征集制度。涉及公共利益和人民群众切身利益的决策事项，要通过举行听证会、座谈会、论证会等多种形式，广泛听取智库的意见和建议，增强决策透明度和公众参与度。鼓励人大代表、政协委员、政府参事、文史馆员与智库开展合作研究。探索建立决策部门对智库咨询意见的回应和反馈机制，促进政府决策与智库建议之间良性互动。”从实践来看，由于国家层面关于行政决策程序的立法尚未正式出台，法律约束力不够，导致这一制度实施很不到位。一些地方决策部门重大决策并没有完全遵循“公众参与、专家论证、风险评估、合法性审查”的程序，有些仅仅征询体制内党政智库的意见，很少专门听取相关智库的专业意见，由此造成的政策“朝令夕改”“翻烧饼”现象，甚至是引发社会不稳定因素的现象仍在一定范围内存在。

为建立决策咨询成果供给的长效机制，《关于加强中国特色新型智库建设的意见》强调将决策咨询服务纳入政府采购体系，“探索建立政府主导、社会力量参与的决策咨询服务供给体系，稳步推进提供服务主体多元化和提供方式多样化，满足政府部门多层次、多方面的决策需求。研究制定政府向智库购买决策咨询服务的指导意见，明确购买方和服务方的责任和义务。凡属智库提供的咨询报告、政策方案、规划设计、调研数据等，均可纳入政府采购范围和政府购买服务指导性目录”。但是，由于决策部门与高校智库间缺乏常态化的沟通与协作机制，加上智库本身存在的体制机制矛盾，尽管决策部门可以通过“公开招标、邀请招标、竞争性谈判、单一来源”等方式向高校智库进行采购，但产品质量往往难以保证。这自然会严重影响到决策部门与高校智库开展合作的积极性，也使得高校智库在决策咨询多元化供给体系中的作用未能得到充分的发挥。

过于僵化的科研管理体制也是制约高校智库发展的一大制度障碍。近几年来，尽管国家层面已经召开多次会议、出台了一系列制度，要求减少高校科研管理中的繁文缛节，释放科研活力。但是，在实践中，对科研过程管理过于繁琐、细化的现象仍普遍存在，而对成果质量的控制、评价却存在较大缺陷。在这种科研管理体制之下，高校产出了很多预算合理、程序规范却质量不高的研究成果，真正为决策部门急需的高质量成果较少，包括智库研究人员在内的科研工作者仍然需要花费大量的时间与精力去研究和应对财务报销制度。同时，虽然 2016 年 5 月中央组织部、中央外办等六部门联合下发了《关于加强和改进教学科研人员因公临时出国管理工作的指导意见》，对高校教学科研国际学术交流不再参公管理，但“一事一批、日程公示”的规定仍然过于繁琐，不利于调动高校智库研究人员从事国际学术交流的积极性与主动性。

同时，由于智库在我国属于一种尚未明确建设标准与准入门槛的新型学术组织，除了注册为法人机构的需要向工商行政部门申请外，其他非法人机构各行各业都可以自行设立，从而导致了智库归口管理上的无序局面。在高校智库的归口管理上，纳入教育部等国家部委、地方政府管理的仅仅是少数经过遴选程序的智库，其他由高校自设的智库也缺乏一个宏观的管理部门。尽管《关于加强中国特色新型智库建设的意见》强调：“有关部门和业务主管单位要按照谁主管、谁负责和属地管理、归口管理的原则，切实负起管理责任，建章立制，立好规矩，制定具体明晰的标准规范和管理措施，确保智库所从事的各项活动符合党的路线方针政策，遵守国家法律法规。加强统筹协调，做好整体规划，优化资源配置，避免重复建设，防止一哄而上和无序发展。”但在实践中，智库管理的规范化、制度化程度仍亟待提高，粗放管理、多头管理和管理缺位现象并存。尤其是在建设标准上，尽管教育部出台了相关的高校智库建设推进计划，但仅仅是方向性的，操作性不强。有些地方党委、政府在按照属地原则管理地方高校智库时，不同程度地存在职能交叉和体制不顺现象。例如，省级人文社科重点研究基地中有相当一部分是具有智库功能的学术组织，在管理体制上一般归口地方教育行政部门。智库研究需要与决策部门深度对接，但由于教育行政部门在地方党委、政府序列中处于中间层而非领导层，在把握决策需求、协调各方力量、整合行政资源上显得力不从心。从这个角度来说，这一类高校智库直接归口地方党委、政府的政策研究部门在管理体制上是最为顺畅的。因为作为体制内的智库，政策研究室既了解高层领导的决策需求，在协调各方、整合资源方面也具有特殊优势。由于国家高端智库试点工作的牵头部门是中共中央宣传部，各地新型智库的宏观管理部门也可以考虑采取宣传部门主管，地方党委与政府政策研究室、教育行政部门协管的方式。

（四）动力不足，造成改革主体在制度实施中缺乏主动性与创造性

高校是“交互嵌入式”制度实施中最为重要的改革主体，具有人才密集、学科齐全、对外交流广泛的特殊优势，从党和政府到社会公众都对高校智库寄予厚望。如《关于加强中国特色新型智库建设的意见》明确提出：“深化高校智库管理体制改革，创新组织形式，整合优质资源，着力打造一批党和政府信得过、用得上的新型智库。”教育部《中国特色新型高校智库建设推进计划》也强调，高校智库应当发挥战略研究、政策建言、人才培养、舆论引导、公共外交的重要功能，重点建设“以学者为核心、以机构建设为重点、以项目为抓手、以成果转化为平台”的四类新型高校智库。① 但从近几年制度实施的效果来看，由于缺乏外部约束与内生动力，高校智库缺乏推进改革的主动性与创造性，潜在优势并未得到充分发挥。事实上，除了列入中央及地方专项支持计划的智库、基地外，

---

① http://old.moe.gov.cn/publicfiles/business/htmlfiles/moe/s7061/201402/164598.html,2019-04-23。

很多这一时期成立的高校智库在内涵建设上十分薄弱，甚至沦为“无专项经费、无专职人员、无优质成果”的“三无”科研机构。尤其是在“打造党和政府信得过、用得上的新型智库”方面，制度实施效果较差。很多地方党委、政府都依托高校设置了一批所谓的智库，也投入了大量研究经费，但由于体制机制改革进展缓慢，高校智库的潜力和动能受到很大抑制，很难产出高质量的决策咨询成果，有些地方甚至陷入投入与产出严重不符的两难境地。

同时，尽管《中国特色新型高校智库建设推进计划》提出了建设四类新型智库的目标，但对如何建、何时建并未做出清晰的指引。正因为如此，目前很多高校虽然更名或新设了一批智库，但基本上“换汤不换药”，仍在遵循传统学术组织的规律或规则，以学术导向而非问题导向的范式去从事政策研究工作，与决策部门缺乏互动与交流，其产出的低效自然难以避免。另外，高校智库的地位相对独立，在利用公共媒体探讨、解读、宣传、阐释相关重大决策时，往往对广大受众更有说服力。但是，由于高校教师或研究人员在电视、网络等新媒体上接受专访、发表文章在绝大部分高校未纳入学术评价体系，很多高校智库都忽视甚至是轻视决策咨询成果的舆论宣传工作，至于未雨绸缪地做好相关公共决策的舆论引导工作，更是鲜有高校智库去这样做。

（五）队伍建设滞后，使得制度实施缺乏强有力的人才支撑

由于起步较晚，在我国的高等教育体系中，缺乏专业化、高端化的智库人才培养体系，而仅仅是有一些相关的专业人才培养，如MPA、行政管理、公共管理专业的硕士、博士生培养，且偏理论化、学术化，很难适应当前高校智库发展的需要。同时，从国际经验来看，在决策部门与高校智库之间搭建长效化的“旋转门”机制，也是培养高端智库人才的重要渠道。为此，《关于加强中国特色新型智库建设的意见》强调，“各级党委和政府要把人才队伍作为智库建设重点，实施中国特色新型智库高端人才培养规划。推动党政机关与智库之间人才有序流动，推荐智库专家到党政部门挂职任职。深化智库人才岗位聘用、职称评定等人事管理制度改革”。但在实践中，中央层面的各类高端人才支持计划中，并未将高端智库

人才纳入。在地方层面，仅有个别省份启动了高端智库人才的遴选与培养工作。如山东省2015年出台了《关于加快智库高端人才队伍建设的实施意见》，并于2017年遴选了首批28个智库高端人才团队，其中有11个团队的负责人来自山东大学、济南大学等高校，其他团队负责人、成员主要来自地方社科院、党校、科研院所、行业企业。虽然这一智库人才遴选与培养方式具有一定的制度创新意义，但由于智库团队与决策部门之间，以及团队成员之间缺乏经常化、常态化的协作平台，很难形成高效的决策咨询工作机制。另外，由于我国当前公务员管理与企事业单位人事管理的制度兼容与联动不够，党政机关与智库之间人才有序流动很难实现。智库专家若要赴党政部门挂职任职，尚可以通过推荐干部挂职、选派产业教授等多种方式进行，但党政部门赴智库挂职交流则存在诸多制度障碍，在实践中很难落实。尤其是对于达到一定行政级别的党政干部，在兼职兼薪上有着严格的规定，即使是退休后也很难立刻到智库任职，从而使这些既具有一定理论功底，又具有丰富实践经验的宝贵“银色资源”难以得到有效的开发与利用。

另外，为提升我国智库的国际竞争力与国际影响力，《关于加强中国特色新型智库建设的意见》强调，“建立与国际知名智库交流合作机制，开展国际合作项目研究，积极参与国际智库平台对话。坚持引进来与走出去相结合，吸纳海外智库专家、汉学家等优秀人才，支持我国高端智库设立海外分支机构，推荐知名智库专家到有关国际组织任职。简化智库外事活动管理、中外专家交流、举办或参加国际会议等方面的审批程序”。但在实践中，国内能够与国际知名智库建立常态性交流合作机制的，仅仅有中国人民大学重阳金融研究院等少数国家高端智库，以及北京大学、清华大学、复旦大学、南京大学、南开大学、华中科技大学等十几所名校。能够通过各种途径推荐到有关国际组织任职的，更是少之又少。虽然近年来教育部、国家外国专家局通过“高校学科创新引智基地”建设，在全国100多所高校建立了近200个引智基地，吸纳近千名外国专家，但绝大部分是科技领域的一流专家，人文社科领域的顶尖专家较少。以法学领域的引智基地为例，目前全国仅有3家，分别是中国政法大学的“证据科学”“法治与全球治理”，中南财经政法大学的“新时代科技革命与知识产权”。

正是由于国内外智库人才队伍建设的薄弱，尤其是缺乏优秀的“政策科学家”，使得各地在推进高校智库参政议政制度实施的过程中，经常会不同程度地遭遇人才“瓶颈”。

(六)非正式制度薄弱，难以为正式制度的实施创造良好的文化环境

从制度经济学的理论视角来看，非正式制度是指人们在长期交往中无意识形成的、不成文的、指导人们行为的道德观念、伦理规范、风俗习惯等，它对于正式制度的制定、实施与变迁都具有十分重要的支撑、引导和补充作用，甚至会起到“润滑剂”与“助推器”的特殊作用。在我国当前高校智库参政议政的制度实施中，非正式制度主要是指全社会对这一制度的道德认知、社会期待、舆论氛围，利益相关者所特有的价值共识、智库文化，思想市场的竞争与活跃程度，等等。我国近几年高校智库参政议政制度之所以实施效果不佳，非正式制度不完善也是一个重要原因。尤其是在价值共识的形成、舆论氛围的营造、智库文化的培育等方面一直较为薄弱。

## 第二节　优化高校智库参政议政制度实施的改革路径

高校智库参与决策咨询是一项涉及多领域、多部门的制度设计与系统改革，由于传统体制所形成的路径依赖效应，这一系统改革在实践中面临着巨大的阻力。鉴于此，应当针对当前改革中的主要矛盾，进一步优化改革的策略与路径，力争最大限度地降低改革阻力，以最小的制度成本取得最优的改革效果。

### 一、“自上而下”与“自下而上”相结合

针对“自上而下、行政主导”制度实施模式的缺陷，应当推动建立“自下而上、各方参与”的制度实施模式，并将这两种模式有机结合起来，最大限度地调动各方改革主体的积极性与创造性。所

谓自下而上，是指赋予各地各高校充分的改革自主权，允许其在制度设计的总体框架内大胆探索、先行先试，并对这一过程中经实践证明行之有效的先进理念、制度、措施进行及时的宣传、提升与推广。事实上，近几年来，各地各高校在掀起智库建设热潮的同时，也确实探索出了一些宝贵的经验，而及时将这些经验完善并吸纳到整体制度设计之中，对于促进制度的顺利实施、落地生根具有十分重要的意义。例如，在高校智库的遴选、培育方面，各地各高校采取了指定式、委托式、认定式、竞争式等多种方式，但实践证明，以上海市为典型代表的竞争式效果最佳。为了将这种来自基层的改革经验推广到全国，可以在研究制定《中国特色新型高校智库建设指引》中予以体现，引导各地各高校遵循“开放竞争、动态考核、优胜劣汰”的原则，遴选和培育一批试点高校智库，并通过以点带面的形式推动本区域的高校智库建设。又如，在智库成果的认定上，尽管《关于加强中国特色新型智库建设的意见》和《中国特色新型高校智库建设推进计划》都提出了一些原则性的要求，但在实践中各地各高校做法不一，且绝大部分高校尚未将智库成果纳入主流学术评价体系之中。而安徽省委教育工委、安徽省教育厅在2015年就出台了《安徽高校智库成果认定办法》，其中的一些措施对于探索建立全国普通高校智库成果认定办法都具有很强的借鉴意义，如高校智库成果形式的多元化认定，成果质量的第三方评价，以及评分式的量化评价体系，等等。

在“各方参与”方面，应当改变由教育行政部门一家主导高校智库改革的模式，探索建立宏观层面的改革协作机制。事实上，随着国家层面对智库建设重视程度的提升，各个决策部门也越来越重视本领域的智库建设，尤其是与高校在智库建设方面的交流与合作，希望能够借助“外脑”，进一步提升决策民主化、科学化程度。例如，在国务院30多个部委与直属机构中，绝大部分通过合作共建的方式，与高校智库开展了多种形式的合作。鉴于此，在探索按照决策领域构建新型高校专业智库时，应当采取由教育行政部门牵头、各相关决策部门参与、高校智库具体承接的联动方式，在凝聚共识、深度协同、形成合力的基础上确保制度设计的顺利实施。如在构建地方法治高校智库时，除教育行政部门外，智库建设的参与部门还应当有地方人大、省委政法委、省政府法治办、高级人民法院、高级人民检察院、省法学会等。在具体协作方式上，可以通过联席会议的方式，共同商议决策此类高校智库建设的基础条件、经费投入、研究人员、内部管理、成果转化、考核评价、对接机制，议定方案后共同组织实施，惟其如此，才能确保此类专业高校智库的开放、协同与落地。

## 二、“内生动力”与“外部约束”相结合

从新制度经济学的视角来看，我国当前行政主导的高校智库改革模式是一种强制性的制度变迁，是在内外部条件都不够成熟与充分的情形下，依靠行政力量与外部约束强行推进的一种改革。这种改革模式有利有弊，优势在于能够在短期内有效降低改革阻力，加快改革进程；劣势则在于容易形成“运行式”改革，难以形成长效机制并确保制度设计真正实施到位。对于我国而言，为激发高校智库的巨大潜力，适应我国民主政治建设的需要，迅速建立起高校智库参与决策咨询的制度框架体系，在改革初期运用强制性制度变迁手段是可行的，也是必要的。事实上，自 2013 年以来，经过五年多的改革，我国的高校智库在数量稳步增长的同时，也逐步打破了传统制度体系的坚冰，初步建立起了新的、具有鲜明中国特色的高校智库参与决策咨询的制度框架。在这一新旧制度体系转换的改革时点上，为确保改革效果，应当转变强制性变迁的改革模式，采取以诱致性变迁为主、强制性变迁为辅的方式来推进改革。具体来说，就是要逐步减少行政推动，注重激发内生动力，发挥各方改革主体的积极性与创造性。在具体的改革措施上，关键是要通过制度创新，来创造能够让各方改革主体竞相追逐的“获利机会”，并通过其自发、自愿的逐利行为来推动既定制度设计的顺利实施与自然演进。例如，对于高校这一改革主体来说，在传统学术本位的评价体系下，无论是学校还是研究人员，能够从智库建设中获利的都比较少。基于这一现状，对于宏观层面的制度设计者来说，重点应当围绕如何让高校从智库建设中“名利双收”上下功夫。对于这一问

题，除了提升智库建设在各类学术评估中的权重外，还应当定期组织开展优秀高校智库、优秀智库成果的评选活动。对于在智库建设上卓有成效的高校或成果突出的研究者，教育行政部门、相关决策部门在经费投入、平台建设、项目申报、人才培养、国际学术交流等方面应当给予重点支持和政策倾斜。如教育部早在2009年出台的《高等学校科学研究优秀成果奖(人文社会科学)奖励办法》中，就已经明确了决策咨询类成果的评选标准，即“在解决国家和区域经济社会发展中的重大现实问题上有所突破，为党和各级政府有关部门、企事业单位提供了具有重要参考价值的决策咨询意见和建议，产生显著的经济效益和社会效益”。但这一奖励办法的对象仅仅是研究者个人而非智库，且评奖周期过长、数量较少，对高校的激励作用不强。近几年来，中国社会科学院、南京大学等也顺应中国特色新型智库建设的形势需要，开展了形式多样的评奖活动。如南京大学社会科学研究评价中心开发的CTTI评价体系，经过几年的运作已经产生了较为广泛的学术影响力与社会影响力。又如中国社会科学院也于2017年成立了“中国社会科学评价研究院”，并于2018年联合《经济日报》开展了“中国智库咨政建言奖”“中国智库学术成果奖”“中国智库创新人才奖”评选活动。另外，在近几年各地组织的人文社会科学优秀成果奖评选中，决策咨询成果所受到的重视程度都有了显著的提升。

从上述几类评奖活动来看，或是评选对象单一、周期过长，或是创设时期较短，公信力、影响力有待观察，对于从整体上促进高校智库参与决策咨询制度设计的顺利实施作用不太大。鉴于此，应当遵循“分类评价、重在激励”的原则，由教育行政部门牵头，将智库成果从《高等学校科学研究优秀成果奖(人文社会科学)奖励办法》中单列出来，研究制定权威、公正的奖励办法。在评选周期上，由于决策咨询研究的时效性较强，可每一年或每两年评选一次；在评选对象上，既包括对研究者个人智库成果的评价，也应当涵盖对高校智库的总体评价；在评选方式上，应当坚持学术评价与用户方评价、利益相关者、同行评议相结合，尤其是应当将相关领域的实务专家吸纳为评审专家；在奖励方式上，除了物质和精神奖励外，应当在学术资源的获取上给予相应倾斜。

对于决策部门来说，创造“获利机会”的关键是引导高校智库发挥优势，专注于决策部门想做却做不了、做不好的决策过程与环节，使决策部门能够真正从与高校智库的合作中受益。这些决策过程与环节主要包括四个方面：一是决策前的广泛调研，尤其是需要大量样本、大量数据时，高校智库学科齐全、人才汇聚的优势能够得到充分发挥；二是决策中的政策草案拟定，高校智库的地位超脱，只有较好地把握相关政策需求，由其拟定的政策草案往往会更具独立性与权威性；三是相关重大决策出台后的阐释与宣传工作，一项重大决策出台后，由高校智库的专家来进行阐释与宣传，往往能够令社会公众更加信服；四是相关重大决策的实施效果评估工作，由高校智库作为独立第三方来对相关政策实施效果进行评估，是保障此类评估客观公正的重要前提。

通过提升在上述领域的决策咨询能力，高校智库往往能够对决策部门的重大决策起到重要的智力支撑作用，大大提升决策部门的合作意愿。但仅仅如此的话，所产生的激励作用仍不够强，要想最大限度地调动决策部门的积极性，还必须运用“晋升锦标赛”理论，将重大决策的决策效率与官员晋升挂钩，将官员分管工作领域内的重大决策效率，包括贯彻落实国家重大决策的实际效果与其职务晋升高度关联。如在近几年的精准扶贫工作中，中央明确规定，贫困县不脱贫，该县的县委书记不得提拔调动。在这一制度约束之下，各地对精准扶贫工作中决策科学化、民主化的重视程度大为提升，落实中央决策的积极性、创造性也显著增强，从而为这一重大决策的实施、各项惠民政策的落地奠定了坚实的基础。

### 三、“存量优化”与“增量改革”相结合

相对于我国高校传统的、以“学术本位、学科导向”的基层学术组织而言，中国特色新型高校智库是一种全新的学术组织，也是高校智库咨政制度实施、落地的“最后一公里”。这类学术组织要想在高校内部生成、成长与壮大起来，并在参与决策咨询中发挥重

要作用，不仅要摆脱路径依赖效应，而且要付出高昂的制度转换成本。因此，在推进高校智库咨政制度的实施过程中，应当结合实际，采取适宜的改革模式，尽可能降低这种制度成本。从改革主体的角度来看，目前各地各高校主要采取了两种改革模式：

第一种是“存量优化”，即按照新型智库建设标准，对原本具有智库功能的学术组织进行制度优化与改良，使之逐步向新型智库转型。如2015年，教育部在对全国人文社会科学重点研究基地的评估中，在指标体系中对基地“社会服务能力”的评价权重大大增加。在这一评价体系的引导下，近几年，一些优秀的人文社会科学重点研究基地已经实现了由“学术导向”向“问题导向”的转型，逐步转型为国家与地方重要的决策咨询新型智库。在2015年评估中排名靠前的人文社会科学重点研究基地中，很多都成为相关领域的一流智库，产出了一系列具有较高影响力与显示度的社会服务成果。另外，很多高校自设或列入各级各类支持计划的智库，也都是依托原有科研机构来进行建设的。

从“存量优化”的共性特点来看，这种转型主要体现在三个方面：一是学术战略调整，将服务决策咨询定位为组织的核心功能，并注重紧密契合国家与地方经济社会发展中的重大需求开展针对性的政策研究；二是体制机制创新，各地各高校通过不同形式赋予了智库更大的自主权，甚至作为学术科研活动的“特区”来进行支持，在这些政策红利下，与传统封闭、僵化的基层学术组织相比，智库在体制机制的开放、协同、灵活度上确实显著提升；三是研究队伍培养，政策研究在研究理念、范式、方法等方面与传统学术研究有着很大差异，为适应组织发展的需要，智库不得不通过各种方式加强研究队伍培养，高校智库中专职从事政策研究的人员数量有较大增长。

从“存量优化”这一改革模式的特点来看，既有一定优势，也存在诸多问题。优势在于前期改革成本较小，能够顺应形势需要，较快地构建起新型高校智库的体制构架与研究平台。缺点在于与传统体制紧密联系、交织在一起，会面临长期持续的体制冲突，因此制度创新的空间有限，转型过程较慢。

第二种是“增量改革”，即在创设之初就按照中国特色新型智库的标准，高起点规划，高标准建设，并相对独立于大学及其教学科研机构。同时，与相关决策部门深度合作，高度重视研究成果的宣传推广与采纳应用，能够在较短的时期内提升智库的社会影响力与决策影响力。与通过“存量优化”方式改革而来的高校智库相比，这类具有“增量改革”特点的智库主要有三个方面的不同：一是独立性更强，这类智库通过独立建制、设立法人机构等方式，与高校内部的院系、其他学术组织没有隶属关系，甚至制定形成了相对独立的管理制度及运营体系，其制度创新的空间更大；二是灵活度更高，由于较少受到传统体制的羁绊与束缚，这类智库能够根据内外部环境的变化，适时调整与优化战略目标，大胆地进行体制机制创新；三是影响力更大，基于上述两种因素，这类智库往往能够敏锐把握思想市场的需求，充分发挥高校智库的优势，专注于其他智库想做却难以做到、做好的领域，产出“适销对路”的思想产品，从而迅速提升智库的社会影响力与决策影响力。

总体而言，“增量改革”模式如果运用得当，能够较好发挥高校智库的“后发优势”，实现较快的发展，甚至是超常规、跨越式的发展；反之，如果运用不当，也容易使这类智库成为“孤岛”，在失去依托高校学科、人才等方面的强力支撑的同时，也失去了高校智库所特有的优势与核心竞争能力。事实上，在2013年以来的“智库热”中，一些高校在推动本校部分科研机构向新型智库转型的同时，也新设立了一些所谓的智库。但由于制度设计不完善、缺乏体制机制创新，这些智库要么“新瓶装旧酒”，影响力平平，要么有名无实、有库无智，成为“学术皮包公司”。

在“增量改革”模式的运用上，最成功的案例就是中国人民大学的重阳金融研究院。该研究院成立于2013年1月，是重阳集团董事长裘国根先生捐款2亿元并设立教育基金运营的主要资助项目。研究院采取了“联席理事会”的全新内部治理模式，在管理与运营上具有高度的自主权，研究院既能够依托中国人民大学有效整合学术资源，也能够相对独立地市场化运营，充分吸纳和利用各种社会资源。虽然成立刚刚几年时间，就已经搭建起了一个具有广泛学术、社会与决策影响力的高端智库平台，取得了一系列殊荣，完成了普通高校智库用10年、20年也难以完成的阶段性战略目标。如被中国官方指定为G20智库峰会(T20)共同牵头智库、“一带一路”中国智库合作联盟常务理事、中国-伊朗官学共建“一带一路”的中方牵头智库，中国金融学会绿色金融专业委员会秘书处也设在该研究院。2016年，该研究院再次入选由美国宾夕法尼亚大学推出的、国际公认度最高《全球智库报告》的“全球顶级智库150强”，这已经是其自2014年以来连续第三次入选。又如南京大学的“长江产业经济研究院”成立于2015年，主要依托南京大学雄厚的经管学科优势，在创设之初就定位为智政、智企、智媒深度协同的新型智库，紧密契合国家与地方产业现代化中的热点、难点问题开展研究，在短短几年间就迅速成长为国内一流的财经智库，先后入选江苏省首批重点高端智库，并于2017年跻身国家高端智库建设培育单位。

从“存量优化”与“增量改革”的特点来看，二者各有利弊。在改革实践中，最好的方式是在扬长避短的基础上把二者有机结合起来，既要注重现有学术资源的整合与存量优化，也要把握改革时机，适时推动增量改革。同时，无论采取哪种改革方式，都要注重顺势而为，真正使高校智库能够借助制度创新，形成强大发展动力，不仅能够迅速摆脱传统体制的路径依赖，而且能够成为高校体制改革甚至是办学体制改革的“桥头堡”，为提升高校社会服务能力作出卓越贡献。

## 第三节　完善高校智库参政议政制度实施的文化环境

为确保高校智库参政议政制度的顺利实施，除了引导和督促各地从上到下建立健全环环相扣的正式制度体系，不断优化改革路径之外，还应当注重加强与高校智库参政议政相关的非正式制度建设，进一步完善相关制度实施的文化环境。

## 一、价值共识

从决策科学的角度来看，很多重大公共决策需要从政治、经济、文化、社会等多学科视角来进行理论审视，寻求价值共识，在具体制度设计与公共政策制定过程中更需要跨部门、跨领域合作。从这个角度来说，价值共识是公共政策制定的前提，也是确保其得以顺利实施的基础。但是，在“自上而下”、以强制性制度变迁为主要特点的改革中，与高校智库咨政相关的很多制度是在未取得广泛价值共识，或者仅仅是在领导层面形成“局部共识”的情形下出台的。以教育部2014年出台的《中国特色新型高校智库建设推进计划》为例，根据这一文件精神，高校智库被赋予了战略研究、人才培养、建言献策、舆论引导、公共外交五大职能，同时在国际学术交流、研究队伍建设、内部管理运营、研究经费投入等方面享有种种“政策红利”，可以说是把智库的地位提升到了与传统学院相同甚至是更高的战略地位。然而，在政策实施过程中，一些高校的领导对此并不完全认同，因此政策执行的效果自然一般。又如，为推进智库人才交流，该文件强调：“与有关部门密切配合，有计划地推荐高校智库核心专家到政府部门和国际组织挂职任职。聘请有较高理论素养的党政、企事业单位领导干部参与高校智库研究工作，形成政产学研用之间人才交叉流动的良好格局。”①这一涉及多部门配合的规定更是需要高度的价值共识与制度协同，但在实践中，相关政策部门、国际组织、企事业单位对于吸纳高校智库专家挂职任职并不是很认同和配合，有较高理论素养的党政、企事业单位领导干部也很难实质性地参与高校智库的研究工作，“政产学研用”之间的人才流动仍面临着很大的观念与制度障碍。在实践中，正是因为价值共识的缺乏，使得本来就缺乏约束力的制度显得苍白无力，难以落地。

在我国当前智库建设的实践中，价值共识缺乏、外部协同不够等现象并不仅仅出现在教育领域，在条块分割的行政体制影响下，

① http://old.moe.gov.cn/publicfiles/business/htmlfiles/moe/s7061/201402/164598.html，2019-07-11。

各个部门、行业在智库建设上“各自为阵、自说自话、自成体系”的现象相当严重。以文化领域的专业化智库建设为例，文化部从2016年开始实施“文化艺术智库体系建设工程”，准备用几年的时间，“构建起地方到中央、覆盖文化事业和文化产业、政产学研用一体的文化艺术智库体系”。而从实施和推进这一体系建设工程的主体来看，都是文化部下辖的文化企事业单位，与作为文化主阵地的高校及其智库之间的交流合作非常之少。事实上，从决策科学化的角度来看，国家文化智库建设的具体方案与制度设计可由文化和旅游部、教育部、国家广播电视总局、国家知识产权局等相关部委来共同协商，达成共识后再逐步推进。已经设立的高校文化智库也应当积极加强同文化和旅游部门的合作，优秀的智库可以通过合作共建形式纳入国家文化智库体系之中。

鉴于上述经验教训，在推进高校智库参政议政的“交互嵌入式”制度体系实施过程中，应当把最大限度地凝聚价值共识作为一项重要的基础性工作，从三个方面来抓好落实。一是在制度设计上，无论是宏观、中观还是微观层面的制度设计，都应当广泛征集各方意见建议，尤其是吸纳利益相关者的意见和建议。在具体制度设计中既要避免保守，或因缺乏改革创新精神而落入窠臼；也要防止超前，或因过于理想化而难以落实，在立足各地各高校实际的基础上，循序渐进，稳步推进。即使是各高校制定的与智库建设相关的内部管理文件，也应当充分征求广大教师的意见与诉求，使其不但认同、执行制度，而且能够创造性地推动制度实施。二是相关制度出台后，应当扎实做好政策的宣传、阐释与跟踪落实工作。仍以《中国特色新型高校智库建设推进计划》为例，文件出台后，应当采取召开新闻发布会、政策答疑会、专题学术研讨会等多种形式进行宣传，鼓励各地各高校研究制定相应的实施细则。同时，在制定实施一定周期后，应当对各地各高校的实施效果进行检查与评价，并结合检查评价中发现的问题或对现有制度进行修订，或出台新的配套制度。三是结合高校专业化智库建设，进一步加强与相关决策部门的沟通交流与制度联动，使与高校智库咨政相关的多方主体间的价值共识上升为制度共识。以《中国特色新型高校智库建设推进计划》确定的八大领域为例，在经济领域的专业化智库建设中，教育部应当会同发改委、财政部、商务部、人民银行、国家市场监督管理总局等相关部委，联合研究制定经济智库的建设标准、遴选程序、经费投入、考核评价等规则，并积极推动各高校结合自身学科优势，与经济领域的相关实务部门合作建立新型高校智库。事实上，从近几年来很多地方高校智库的建设经验来看，很多经济类智库已经采取了与实务部门深度合作的方式。

## 二、社会舆论

2013 年以来，社会舆论对智库的关注经历了一段时期的热潮后，关注度明显下降，对高校智库的关注更是较少。受“学术本位”的体制惯性影响，大多数高校智库不擅长思想产品的宣传、推广与营销，即使产出了一些高质量的成果，社会公众也知之甚少、关注也较少。这与国外很多一流的高校智库高度重视宣传、策划与营销形成了鲜明的对比。从国外一流高校智库的经验来看，用于思想产品宣传与推广的预算一般会占到年度预算的 10%；在智库发展的某一阶段，社会影响力工作甚至会成为组织发展的首要战略目标。同时，在思想市场与智库产业都比较发达的国家，一项重大公共政策决策从酝酿、制定、出台，到执行、评估的全过程都有智库专家的参与和“发声”，常常会对社会舆论产生重要影响。而在这些来自不同类型的智库专家中，高校智库的专家因其独立学者的身份往往更具社会公信力与影响力。从这个角度来看，我国高校智库迫切需要走出“象牙塔”，从以下三个方面着手，在影响社会舆论的同时，提升自身的社会影响力。

### （一）建立健全智库内部专业化的宣传策划队伍

在高校智库的人员构成上，除了专兼职研究人员、行政人员，还应当配备一定比例的宣传策划人员，最好是具有丰富媒体从业经验的专业人员。在这方面，中国人民大学重阳金融研究院的经验就很值得借鉴。该研究院不仅聘请资深新闻媒体从业人员担任执行院长，而且组建了一支专业化团队负责宣传策划，专业编辑负责学术刊物、研究报告的编发工作，使智库成果的表达更加通俗化、大众化，更容易为社会大众所接受。如该研究所编发的《人大重阳研究报告》每一期都在其门户网站公开发布，注册会员可以免费观看。从其门户网站上传的资料与数据来看，截至2018年9月，注册会员能够免费观看与下载49期《研究报告》、200多期《研究动态》。同时，这些研究报告、研究动态紧紧围绕国际国内金融发展领域的热点和难点问题，邀约学术大家、业界专家进行权威解读、阐释；既具有深厚的学术底蕴，也具有新闻报告所特有的针对性、时效性、可读性，不仅吸引了大量学术界、业界的读者，而且有很多感兴趣的普通社会公众观看与浏览，对于智库社会影响力的提升、思想产品的传播起到了极大的促进作用。

（二）积极开展与权威媒体的合作与交流，建立立体化、常态化的宣传推广网络

各种形式的媒体是影响和引导社会舆论的主阵地，高校智库在加强自身宣传策划的同时，如果能够与权威媒体建立起长期战略合作关系，不仅能对社会舆论的走向产生一定影响力，而且可以对自身社会影响力的提升起到事半功倍的效果。事实上，随着我国智库建设的逐步深入，国内一些权威媒体也希望加强与智库尤其是高校智库的合作，提升媒体的文化品位、思想内涵与公众关注度。如《人民日报》就成立了“人民智库”，并将其定位为“党中央机关报发挥党治国理政的重要资源与重要手段作用的最新载体”。2017年以来，该报还先后成立了“人民日报海外网智库”“人民日报区域协同发展智库”等多家专业智库，利用权威媒体的传播优势在服务国家治国理政中发挥着越来越大的作用。又如，2014年12月，《光明日报》在全国平面媒体中首次推出了以“智库”命名的专刊，创刊至今已推出200余期《智库专刊》，刊发了众多智库专家的研究文章及访谈。同时，该报还与南京大学智库研究与评价中心合作，定期发布国内智库研究、评价的理论成果与学术动态，成为高校智库与权威媒体强强联合、互利双赢的典范案例。

（三）创新学术活动形式，使智库思想产品的传播更加贴近实际、深入人心

目前，我国大部分高校智库的学术活动以起草研究报告、撰写

政策建议、召开学术会议为主，影响力限制在一个相对狭窄的范围，对社会公众的影响力很小。针对这一问题，国外很多一流的高校智库采取了灵活多样的形式，尤其是更容易为广大社会公众接受的形式，千方百计地在更广的范围内传播智库思想。如加拿大的一些高校智库就将智库成果通过电影的艺术形式进行表达和传播；美国的很多高校智库通过网络公开课的形式吸引更多的人来关注和传播本智库的思想；还有些欧洲的高校智库注重发挥公共外交职能，定期举办各种主题的国际高峰论坛，吸引各国学术团体、新闻媒体等社会组织参加，产生了广泛的国际影响力。在持续一定时期后，有些国际高峰论坛甚至成为重要的、国家间的公共外交平台，吸引了很多国家派出正式代表出席会议、发表言论。

对我国的高校智库而言，可以借鉴国际经验，结合实际开展针对不同群体的学术活动。如针对大学生群体，可以通过举办暑期学校的形式，吸引对本智库研究领域感兴趣的优秀大学生，既可以传播智库思想，也可以培养和吸纳未来的智库人才；针对政府与企事业单位工作人员，可结合各种形式的教育培训活动，通过交流座谈、讨论辩论的形式来传播智库思想；针对文化程度较低的农民群体，则可以将智库思想观点制作成专题影片、宣传画册等形式，提升传播效果；对于城市普通民众，则可以利用广播电视台、公共图书馆、文化馆等宣传文化阵地，定期举办各种名家讲坛。智库专家可以利用这些平台，发表对公共政策制定、实施、评价及发展趋向的见解。在上述多元化的学术活动中，高校智库的专家在表达观点和见解时要避免过于学术化、抽象化，努力将深奥的学术观点转换为通俗易懂朴实的大众语言，让更多的人了解和接受智库的思想观点。

同时，针对我国高校智库普遍国际影响力低的问题，各智库还应当结合当前正在实施的文化“走出去”战略，通过参加国际学术会议，建立长期战略合作关系，设立智库海外分基地等形式，进一步加强与相关领域国际智库的学术交流，勇于发出“中国声音”，提升智库的国际学术影响力。如近几年来，北京大学、清华大学、中国人民大学、复旦大学、武汉大学等国内名校就利用外交领域的“中外人文交流机制”，进一步加大了与国外一流高校智库的学术交流与合作。2017 年 9 月，中国人民大学还与美国哥伦比亚大学共同举办了“中美大学校长与智库论坛”，来自中外十几所高校的专家学者围绕“中美关系回顾：经济、政治、文化的交流”“下一个 50 年：塑造中美互信互利之策”“深化中美人文交流机制的探索”“‘一带一路’倡议：中美两方的视角”四个议题展开讨论，产生了广泛的社会影响。2018 年 4 月，为鼓励和引导教育部人文社科重点研究基地海外共建基地建设，教育部部长陈宝生还亲自出席了内地四所高校与澳门科技大学共建人文社科重点研究基地伙伴基地及联合实验室的揭牌仪式。

除了智库间的国际学术交流外，当我国面临公共外交领域的重大问题与挑战时，高校智库还可以借助国际学术交流与合作网络，通过国际论坛、会议、对话等形式积极发声，为争取更加有利的国际舆论氛围作出应有贡献。如近几年来，针对南海问题、中美贸易争端等，一些国内高校智库从学术交流角度切入，积极在国际舞台上发声，取得了良好的效果。如 2016 年，在菲律宾单方面抛出“南海仲裁案”这一国际事件中，针对美国利用国际舆论对我国的无端指责，中国人民大学重阳金融研究院与美国著名智库“卡内基国际和平基金会”在华盛顿共同举办了“中美智库南海问题对话会”，双方都邀请了在野的重量级嘉宾。中国方面是前国务委员戴秉国，美国方面是前常务副国务卿内格罗蓬特。通过这种非官方但官方又高度关注的智库对话，为我国扭转当时在国际舆论中的不利地位，建立与美国思想界的多元化沟通渠道创造了良好的条件。

### 三、思想市场

所谓思想市场，从广义来看，主要是指在一国内部各种学术、观点、言论、宗教信仰的表达与它们之间的竞争，而从狭义来看，思想市场是与智库高度关联的一个词汇，主要是指在一国的公共决策领域，各种理论、观点、建议的汇聚与交锋场所。一般来说，思想市场越发达，一国的民主政治制度越完善，重大决策的科学化、民主化水平也就越高。

事实上，发展思想市场、凝聚价值共识、促进社会发展，既是我国传统政治文明的宝贵传承，也是中国特色社会主义民主政治制度建设的重要经验。历史上凡是思想市场及其竞争机制较为完善的时期，一般也是国力较为强盛、人民安居乐业的时期。尤其是近年来，随着中国共产党领导下的多党合作与政治协商这一具有中国特色的政治制度的不断完善，在重大公共决策上的公众参与权利、机会、渠道都有了很大的改善。对于这一政治现象，新加坡学者郑永年形象地称之为“内部多元化”。与此同时，在思想市场的核心主体——智库建设上，我国从 2013 年开始加强了顶层制度设计，从宏观上、战略上构建起了中国思想市场的制度框架，明确了各路“智库大军”的定位与分工，在先后两批国家高端智库(包括国家高端智库建设培育单位)的遴选中，充分考虑到了体制内外各种智库大军的布局，对于我国思想市场建设起到了重要的基石作用。

但是，如果把“依法、有序、竞争、多元、高效”作为思想市场完善程度的评价标准，我国的思想市场建设仍相当滞后。2011年，诺贝尔奖获得者、著名经济学家科斯在高度赞赏中国改革开放取得重大成就的同时，也一针见血地指出，中国经济面临的一个重要问题是缺乏思想市场，这是导致经济诸多弊端和险象丛生的根源。从内涵来看，科斯所谈的思想市场实际上是指经济领域各种创新性知识、技术的产生及运用于实践。他认为在当今中国思想市场严重滞后于商品市场的发展；理论的创新、观念的创新严重滞后于经济制度的创新、经济模式的创新。事实上，时至今日，作为思想市场的建设主体，我国学术界对思想市场建设的重要性认识仍相当滞后，还有些学者把思想市场建设与巩固意识形态阵地对立起来，陷入避谈、少谈思想市场的误区。① 鉴于此，需要从以下三个方面着手来进一步加强我国的思想市场建设。

---

① 对于任何一个国家来说，坚持和巩固意识形态都是维护国家安全的必要手段。而思想市场与此并不矛盾，它是指各方主体在坚持一国意识形态的前提下，对重大公共决策的价值判断、学术观点、意见建议的集合体。一个良好的思想市场不仅是依法有序的，而且是充分竞争、多元与高效的，对于推进国家治理体系与国家治理能力现代化具有重要意义。

首先，培育与激活思想市场。从目前来看，无论是普通民众、社会组织，还是各类智库，对重大公共决策发表意见和建议的机会都比较多，渠道也较为畅通。例如，从中央到地方，在制定法律、法规或行政规章时，一般都会通过线上、线下媒体公开征求意见。但尽管如此，各方主体主动参与公共决策的意愿和动力很弱。究其原因，主要有三个方面：一是决策部门对各方主体提出的意见建议反馈不够及时甚至根本不反馈；二是某一重大公共决策尤其是专业性、技术性较强的方案出台前，决策部门事前很少向利益相关者群体进行详尽的政策解读，导致一些思想市场主体缺少参与决策的信息、知识；三是思想市场的规则与秩序尚未形成，各方主体依法、有序、有理、有据地参与公共决策的理性意识有待提升。在一个公开、透明、民主的思想市场中，倡导思想表达的自由，前提是必须遵循一定的法律法规、公序良俗。而反观我国，不仅思想市场尚在发育与形成之中，与之相适应的规则与秩序也相当滞后。尤其是在互联网技术高度发达的今天，每个人都可以运用自媒体技术表达自己对于公众决策的见解，而在规则与秩序不健全的情形下，很容易导致思想市场的畸形发育，甚至是偏离主流价值观。针对这些问题，我国应当以尽快研究制定《公众参与重大决策暂行办法》，引导各方主体依法、有序地参与公众决策。① 在此基础上，进一步规范重大决策出台前的专家论证、意见征集、草案解读、沟通反馈机制，充分调动包括智库在内的各方主体参与公众决策的内生动力。

其次，推动形成更加完善的思想市场竞争机制。从目前我国思想市场中各方主体的竞争态势来看，呈现出一个相当低效与矛盾的格局。一方面，各方主体的竞争力主要是根据其体制距离而非“思想产品”的质量决定的，越是靠近体制内的思想主体，掌握的信息、知识越充分，对于公众决策所可能产生的影响力也越大，在竞争中处于相对优势地位。但由于受行政科层、职业伦理、角色身份

① 目前，在规范公众参与重大决策的专门立法方面，我国仅有生态环境部出台的一部规范性文件，即《环境影响评价公众参与暂行办法》，还有些规定散见于其他法律、法规与规章的条款中，立法很不系统，约束力也比较弱。

等体制惯性影响，越是靠近体制内、在竞争中处于优势的思想主体，越是不愿充分表达自己的思想观点，其“思想产品”的质量与其在思想市场中的竞争优势不相匹配。另一方面，越是远离体制内的思想主体，其独立性越强，代表与凝聚的民意越集中。但由于掌握的信息、知识不充分，对于公众决策所可能产生的影响力不大，在竞争中处于相对劣势地位。鉴于此，应当从完善我国思想市场的表达、发现与转化机制着手，推动形成更加完善的思想市场竞争机制。

在思想表达机制方面，关键是要通过立法立规，赋予各方主体充分的公共决策知情权，并拥有自由表达观点的权利，以及将自身观点，尤其是针对某一公共决策的具体建议意见呈送相关决策部门的渠道，这一点对于处在体制外的思想市场主体来说尤其重要。因为在现行体制下，体制外的思想市场主体的思想表达渠道非常狭窄，很难受到决策层的关注和重视。

在思想发现机制方面，当完善的思想表达机制建立起来后，关于重大公共决策的各方观点、意见通常会以各种形式呈现在决策层面前。在这种情形下，应当坚持决策民主化程序，通过决策部门研判、智库专家论证、利益相关者讨论等多种方式，在众多的“思想产品”中发现和选择最优方案。如 2018 年，全国人大就《中华人民共和国个人所得税法修正案(草案)》在全国范围内进行了意见征集，最终征集意见超过 13 万条，既包括公民个人意见，也包括体制内外的各类智库提出的意见与建议。全国人大对这些意见与建议进行系统归纳与梳理后，召开了多次研讨与论证会，最终经由法定程序通过了草案。从该草案的主要内容来看，其核心部分，如个税起征点确定为 5000 元，9 级个人所得税累进税率调整为 7 级，等等，皆来自于思想市场中公民个人或智库专家的建议。

在思想创新机制方面，我国当前正在全面深化改革的攻坚期，国家与地方经济社会发展中都面临着一些具有高度复杂性、专业性的焦点、难点问题，迫切需要来自包括智库在内的思想市场各方主体的智力支撑，并且这种智力支撑不是一般性的知识，而是具有前瞻性、创新性、操作性的“智识”。受体制惯性、竞争格局等多重因素影响，我国当前的思想市场最缺少的就是这种“智识”。在这一问题上，最关键的就是要创设公正、公开、透明的竞争环境，引导各方主体在畅所欲言的同时，能够不断提升建言献策质量，为破解发展难题提供新理念、新思路、新举措。

再次，积极促进智库与思想市场的良性互动。在一个不够完善的思想市场中，智库在思想产品的供给上既缺少内在动力，也缺乏外部竞争压力。随着思想市场的逐步完善，思想产品质量将会成为一个智库生存与发展的决定性因素。那些“有名无实”“有库无智”的所谓智库将会逐步被淘汰出局，而经过竞争机制筛选后留下来的智库，将会在思想市场上获得更多的参与权、话语权，产生更大的影响力。在这一过程中，一方面，智库因思想市场各项机制的不断完善而赢得更广阔的发展空间；另一方面，思想市场也会因核心主体的“洗牌”和优化而更加有序规范。而为了达到这一目标，迫切需要给当前的“智库热”降温，尽快研究制定各类中国特色新型智库的建设标准，确立市场准入条件，逐步淘汰近几年跟风成立的一些有名无实的智库，为思想发展奠定更加坚实的基础。

## 四、智库文化

自春秋时期的“稷下学宫”以来，以“知识报国”的政治追求，以及无论身处何种环境都秉持的“位卑未敢忘忧国”“文死谏、武死战”的精神，都像一种“文化基因”一样世代传承并深刻影响着中国一代又一代的知识分子，成为我国政治文明史上的宝贵遗产。尽管某一历史时期这种精神和理念可能会受到压制，但是一旦政治气候适宜，知识分子参与决策咨询的热情会迅速迸发。高校知识分子汇聚，从理论上说，也应该是传承这一文化基因的地方。但是，受学科专业设置过细、学术文化保守封闭等因素影响，近年来，我国知识分子的整体精神气质已经发生了深刻的变化。其主要表现在，浮躁功利的教育体系培养出一批批“精致的利己主义者”，政治热情消退，只关心现实的精神与物质利益。尤其是在“学术学科导向”的主流学术评价体系之下，参政议政并不会给自身带来直接的、显著的现实利益，更是使得一些高校学者对政策研究缺乏兴趣与热情，“知识报国”的文化基因在这一部分群体中出现了断层的现象。另一方面，尽管近年来国家出台了一系列促进高等教育协同创新、对外开放的改革措施，但高校在计划体系下形成的、相对封闭的办学体制并未得到根本扭转。尤其是在现行的评价体系之下，社会服务所占的权重较轻，很多高校对参与决策咨询的重视程度不高，盲目追求所谓的“纯学术”，在哲学社会科学领域缺乏文化自信，盲目崇拜西方。在这一体制之下，缺少了“知识报国”的文化土壤，高校智库很难茁壮成长与壮大起来。从这个角度来说，应当从以下三个方面着手，大力加强高校的智库文化建设：

首先，进一步优化哲学社会科学评价体系，尤其是对应用类学科，要大幅提升学科社会贡献的权重，彻底改变以论文、项目、获奖为核心的传统评价体系，引导哲学社会科学领域的教学与科研工作者更加关注社会、关注民生，不仅提升自身运用理论分析与解决实际问题的能力，而且要注重把这种能力传授给学生。目前，有些高校盲目追求国际化，把教师出国访学作为职称晋升的刚性条件，而忽视了教师赴实务部门的研修，导致了很多应用类学科的师资中，大部分是从“家门到校门”的学术型人才，而那些既具有深厚理论功底，又兼具实践经验的教师非常稀缺，师资队伍立足智库、服务社会的整体能力亟待提高。为此，可以将教师赴实务部门研修作为应用类学科教师职称职务晋升的必要条件，从人事制度着手打破高校相对封闭的评价体系与办学模式。

其次，对国家与地方各类高端人才计划进行梳理、归并，不仅要逐步改变各种学术头衔满天飞、教授依靠这些“帽子”到处“走穴”的现象，而且要按照“分类评价、开放竞争”的原则，调整优化以学术标准为核心的评价体系，在高校中推动建立一支更加专业化的高端智库人才队伍。具体来说，可以考虑启动“高端智库人才”梯队建设与培养工程，在评价标准上，不仅要看候选者的学术资历、能力与贡献，而且要考察其在决策咨询方面的能力与贡献。在这一工程实施过程中，可以按照“领军人才—科研骨干—青年学者”三个层次来进行培养和推进。在领军人才方面，可以考虑分批次将国家高端智库（包括培育单位）的负责人，各省（直辖市、自治区）遴选的智库负责人纳入培养计划，并通过实施促进其与相关决策部门的深度对接、与海外著名智库的学术交流与合作，以更好地发挥其领军作用。同时，从资源投入、资政渠道、外部协同等各个方面为其参政议政创造更加宽松的环境。在科研骨干方面，着力培养各高校在决策咨询领域具有较强能力、较大贡献的学术骨干，尤其是通过中国特色“旋转门”机制的建立，进一步提升其参与决策咨询的理论与实践水平。在青年学者方面，重点是依托政治学、管理学等一流学科建设，采取委托培养、定向培养、联合培养等形式，进一步加强跨学科的政策科学高端人才培养。

最后，结合高校教师队伍与师德师风建设，积极开展以传承与弘扬“学以致用、知识报国”传统智库文化为主题的系列教育活动，对在决策咨询领域有突出贡献的高校智库专家进行大力宣传。同时，注重发挥高校智库在人才培养方面的特殊优势，引导更多优秀的学生参与到决策咨询工作中来，使其成为传承与弘扬传统智库文化的重要力量。

### 五、智库联盟

在我国当前的几路智库大军中，高校智库起步较晚。同时，各个智库之间很少有专业化的合作与分工，导致高校智库的整体影响力较低。近几年来，一些高校智库开始认识到这个问题，探索通过建立国内外智库联盟、加强智库间合作的方式来集体发声。尽管这种智库联盟只是一种非正式的制度安排，但它能够汇聚各方力量与智慧、凝聚共识、形成合力，从而得到学术界、决策层以及社会公众更广泛的关注。如 2017 年 9 月，由教育部发起的“高校高端智库联盟成立仪式暨首届圆桌会议”在北京召开。该联盟不仅吸纳了入选国家高端智库及培育单位的高校智库，而且从教育部人文社科重点研究基地中遴选了部分优秀基地加入。根据此次会议发布的《高校高端智库联盟公约》，这 31 家高校智库将以党和政府“信得过、用得上”为标准，集聚具有较大影响力和国际知名度的智库，打造智库标杆，形成高校高端智库协同发展的示范集群。

2018 年 3 月，由中国人民大学发起成立的“世界大学智库联盟”正式组建，其主旨是依托世界一流高校智力资源，支持所在各国政府决策，通力合作为人类命运共同体的构建作出贡献，全球26家中外高校及其研究机构和所属智库负责人参加了此次会议，同时有9家来自五大洲世界一流大学智库联盟的成员高校代表团参加。① 通过这样一些联盟活动的开展，高校智库正逐步由“单兵作战”时代向“整体发力”时代转型，越来越多的高校智库开始通过结盟的方式，努力寻求外部合作，促进资源共享，提升自身影响。

在高校智库联盟的组建上，除了按照依托高校办学水平、智库实力外，还可以依照以下三个方面的共性特点来组建：

一是按照专业化领域来组建。如我国当前在地方法治、农业农村、区域经济、金融发展、社会保障等领域就分布着多家高校智库，这些智库可以根据自身的学术战略，通过结盟的方式来抱团取暖，相互借鉴。这种结盟对于从整体上提升高校智库的专业化水平，尤其是带动相对滞后型高校智库的发展尤其重要。如在农业农村领域高校智库联盟的组建上，可以以教育部人文社科重点研究基地——华中师范大学中国农村研究院为发起智库，吸纳其他高校同类型智库组建联盟，并以联盟公约的形式明确中国农业与农村问题高校智库的学术战略、发展目标、建设标准，从而将发起智库的示范与带动效应最大化。

二是按照地域分布来组建。一般来说，处在同一地域的高校智库在服务地方经济社会发展上具有很多共性之处。这些高校智库如果能够结成联盟，能够形成合力并解决单个智库难以破解的发展难题。同时，这种智库联盟的结盟对象不仅包括同一区域的所有高校智库，还可以吸纳其他类型的智库，通过开放多元的形式提升联系的整体实力。如2015年，为响应国家“一带一路”倡议，中共中央对外联络部牵头，联合国务院发展研究中心、中国社会科学院、复旦大学成立了“一带一路”智库合作联盟，吸引了国内“一带一路”沿线的50多家智库参加，并通过定期召开会议、发布研究报告等

① 闫勇：《世界大学智库联盟在中国人民大学宣布成立》，《中国社会科学报》2018年5月15日。

形式，不断向决策层、学术界、社会公众传达联盟对于国家“一带一路”倡议的价值判断、学术解读、政策建议。为了进一步提升成果发布的影响力，该联盟还于2018年联合中国互联网新闻中心和中联部当代世界研究中心等单位，建立了更加立体化、规范化的成果发布平台。经过几年的运行后，该联盟已经成为我国“一带一路”的战略设计、政策制定、合作交流的核心智库集群。它在产生更大影响力的同时，“朋友圈”也由国内扩展到国外的“一带一路”沿线国家，对我国“一带一路”倡议的实施起到了重要的智力支撑作用。

三是按照高校类型来组建。同一类型的高校学科布局、办学水平相当，社会服务面向也基本一致。如我国在计划体制下部门办学所形成的行业特色高校就是如此。这一类型的高校中属于教育部直属的共有28所，地方所属的有几百所，涉及农业、林业、水利、地质、矿产、石油、电力、通信、化工、建筑、交通、财经、政法等多个领域。这些高校与原隶属部门本来就有着良好的合作传统与亲密关系，在学科设置、人才培养、科学研究等方面又与原行业或产业有着高度关联性。这一类型的高校智库结盟，针对行业或产业领域的重大问题开展联合研究，共同发布研究成果，能够在特定行业或产业的法律、法规、政策制定上掌握更大的话语权，产生更大的影响力。如2015年11月，水利部就印发了《水利部关于大力加强水利智库建设的实施意见》，鼓励原水利部系统的共建高校聚焦水利行业需求，进一步加强行业协同，积极为国家与地方水利事业发展建言献策。但是，从近几年高校水利智库发展情况来看，基本上处于各自为阵、小而散状态。如果能够由高水平行业特色高校牵头组建联盟，高校水利智库的整体发展规模、质量与效能将会有较大的提高。具体来说，可由水利类高校中一所办学水平较高的大学牵头，明确高校水利智库联盟的准入条件、建设标准、学术战略，并与水利部、地方政府签订中长期战略合作协议，探索在高校智库联盟与决策部门之间建立一种长期稳定、互惠双赢的合作关系。

总之，通过采取上述措施，有利于形成全社会都来关心、支持、参与高校智库建设的良好文化环境，使改革主体由过去高校智库与决策部门的“二人转”，逐步转变为全社会共同参与的“大合唱”。唯有如此，我们才能最大限度地降低相关制度的实施成本，为“交互嵌入式”制度的顺利实施奠定更加坚实的基础。

# 参考文献


1. The Think Tanks and Civil Societies Program. The Global Go to Think-Tanks 2010: The Leading Public Research Organization in the World[M]. Pennsylvania: University of Pennsylvania, 2011: 12.

2. Paul Dickson. Think Tanks. New York: Atheneum, 1971.

3. James G. McGann. The Global Go-to Think Tanks Report 2013. Philadelphia: University of Pennsylvania: Think Tanks and Civil Societies Program, 2014.

4. James G. McGann. The Global Go-to Think Tanks Report 2013. Philadelphia: University of Pennsylvania: Think Tanks and Civil Societies Program, 2015.

5. Thomas Medvetz. Think in American, [M] Chicago university Press, 2012.

6. Zhihong Zeng. Research on Path of the New Colleges and Universities Think Tank Construction With Chinese Characteristics, [J] Canadian Social Science, 2015.

7. [美]安德鲁·里奇. 智库：公共政策和专家治策的政治

学[M]. 潘羽辉，译. 上海：上海社会科学院出版社，2010.

8. 冯绍雷. 智库：国外高校国际研究院比较研究[M]. 上海：上海人民出版社，2011.

9. 王健. 智库转型：理论创新与实践探索[M]. 北京：生活·读书·新知三联书店，2012.

10. 李凌. 智库产业：演化机理与发展机制[M]. 北京：生活·读书·新知三联书店，2012.

11. 王佩亨. 海外智库：世界主要国家智库考察报告[M]. 北京：中国财政经济出版社，2014.

12. [美]詹姆斯·麦甘恩，[美]理查德·萨巴蒂尼. 全球智库：政策网络与治理[M]. 韩雪，王小文，译校. 上海：上海交通大学出版社，2015.

13. 王莉丽. 智力资本：中国智库核心竞争力[M]. 北京：中国人民大学出版社，2015.

14. 胡光宇. 大学智库[M]. 北京：清华大学出版社，2015.

15. 郑永年，等. 内部多元主义与中国新型智库建设[M]. 北京：人民东方出版传媒，2016.

16. 柯银斌，吕晓莉. 智库是怎样炼成的？国外智库国际化案例研究[M]. 南京：江苏人民出版社，2016.

17. 中国特色高等教育思想体系研究课题组. 中国特色高等教育思想体系论纲[M]. 北京：高等教育出版社，2017.

18. [加]唐纳德·E. 埃布尔森. 北极之光：加拿大智库概览[M]. 复旦发展研究院，译. 上海：上海社会科学院出版社，2017.

19. 李刚，王斯敏，陈媛媛. CTTI 智库报告(2017)[M]南京：南京大学出版社，2018.

20. 朱旭峰. 构建中国特色新型智库研究的理论框架[J]. 中国行政管理，2014(5).

21. 郭华桥. 研究型大学智库建设模式与困境突围——基于“学者”使命的视角[J]. 中国高教研究，2014(5).

22. 张新培，赵文华. 研究型大学与高水平智库协同发展及启示[J]. 中国高教研究，2014(8).

23. 张宏宝. “中国模式”新型大学智库治理体系的建构与发展[J]. 华南师范大学学报(社会科学版)，2015(6).

24. 文少保. 高校智库服务政府决策的逻辑起点、难点与策略——国家治理能力现代化的视角[J]. 中国高教研究，2015(1).

25. 任强. 学术与政治：大学智库与政府的互动逻辑[J]. 教育评论，2015(9).

26. 侯定凯. 国外一流高校智库的全球扩张[J]. 中国高教研究，2015(8).

27. 沈国麟，李婺. 高校智库建设：构建知识生产和社会实践的良性互动[J]. 新疆师范大学学报，2015(4).

28. 文少保. 高校智库服务教育综合改革的价值、困境与实现路径[J]. 高教探索，2015(12).

29. 顾岩峰. 省域政府为主导的高校智库建设研究——以政校共建研究基地中(中心、所)建设为视角[J]. 学校管理，2015(12).

30. 徐维英，田晓明. 高校智库建设的独特优势与问题[J]. 江苏高教，2016(2).

31. 田山俊，何振海. 一流大学“智库群”的崛起：哈佛大学的智库建设路径[J]. 教育研究，2016(4).

32. 吴志远. 新媒体环境下提升高校智库国际影响力的省略——以“中国南海研究协同创新中心”为例[J]. 新媒体，2016(5).

33. 韩万渠. 中国高校智库的组织变迁、发展困境与对策研究[J]. 高教探索，2016(5).

34. 唐平秋，蒋晓飞. 基于期望理论的高校智库研究人员激励：困境与对策[J]. 中国行政管理，2017(1).

35. 武慧娟，秦雯，孙鸿飞. 激励视角下高校智库协同决策机制研究——以吉林省高校智库建设为例[J]. 现代情报，2017(3).

36. 熊立勇，宋伟. 双向嵌入：高校科技智库与政府关系的新视角[J]. 中国高校科技，2017(10).

37. 刘福才，张继明. 高校智库的价值定位与可持续发展[J].

教育研究，2017(10).

38. 张田，刘吉林. 试论高校智库与政府良好沟通机制的构建——基于彼得·德鲁克的知识型管理沟通理论[J]. 当代教育科学，2017(12).

39. 杨沐，林珅. 中国特色新型高校智库的探索与多维度能力建设——基于华南理工大学公共政策研究院的个案研究 [J]. 智库理论与实践，2018(1).

40. 沈国麟. 中国新型高校智库建设的3个矛盾[J]. 智库理论与实践，2018(3).

41. 任强. 我国高校智库研究的主题特征与发展趋势——基于CSSCI期刊关键词的可视化分析[J]. 高教探索，2018(4).

42. 阎亚军，杨波. 学科逻辑视域下的高校智库建设——基于"双一流"建设的思考[J]，教育研究，2018(5).

43. 李晶，刘晖. 旋转门：高校智库服务政府决策的制度创新[J]. 教育发展研究，2018(7).

44. 何振海，刘尚月. 世界一流大学的智库治理策略及其观照——以普林斯顿大学公共与国际事务学院为例[J]. 中国高教研究，2018(8).

45. 汪锋. 交互嵌入：一种理想的大学智库参与决策咨询的制度模式. [J]. 中国高教研究，2018(11).

46 沈国麟. 同城协同：上海高校智库建设实践探索[J]. 社会科学文摘，2018(10).

47. 刘宏. 新加坡高校智库：立足狮城、放眼亚洲[J]. 社会科学文摘，2018(9).

48. 胡天助. 学术与政治：大学智库专家的角色定位[J]. 北京航空航天大学学报(社会科学版)，2018(5).

# 附录：问卷调查

尊敬的：__________________

您好！此次调查是为了配合开展全国教育科学规划课题“高校智库参与决策咨询的制度设计”的研究而进行的，请您结合实际认真填写，谢谢您的配合！（本问卷调查的高校智库，主要是指高校自设或与决策部门共建的、具有决策咨询功能的学术组织）

一、您认为高校智库在我国国家与地方决策咨询体系中的作用发挥如何？

（一）很好　　（二）较好

（三）一般　　（四）较差

二、教育部于2014年发布了《中国特色新型高校智库建设推进计划》(以下简称《推进计划》)，您对这一计划内容的了解程度如何？

（一）很熟悉　　（二）基本熟悉

（三）知道一些内容　　（四）不太了解

三、《推进计划》中提出，“高校智库应当发挥战略研究、政策建言、人才培养、舆论引导、公共外交的重要功能”，您认为在这五大功能中，哪些功能最重要？（最多选两个）

（一）战略研究　　（二）政策建言

（三）人才培养　　（四）舆论引导

（五）公共外交

四、根据您的观察，在上述五大功能中，我国的高校智库在哪项功能履行上比较薄弱？

（一）战略研究　　（二）政策建言

（三）人才培养　　（四）舆论引导

（五）公共外交

五、您认为与其他类型的智库相比，高校智库在参与决策咨询中有哪些优势？（可多选，您认为还有其他选项，可在下划线上填写）

（一）学科齐全，科研实力较雄厚

（二）人才汇聚，研究力量较强

（三）独立性较强

（四）管理体制较灵活

（五）研究经费较为充裕

（六）与决策部门普遍有着良好的互动关系

其他：________________

六、您认为与其他类型的智库相比，高校智库在参与决策咨询中有哪些劣势？（可多选，您认为还有其他选项，可在下划线上填写）

（一）对决策咨询成果的学术评价权重不高，从事政策研究的内生动力不强

（二）智库研究人员的研究方法过于学术化，不“接地气”

(三)研究队伍中缺少实务部门专家，破解发展难题的能力不强

(四)研究人员以兼职为主，对政策研究的投入度不高

(五)管理体制僵化，对政策需求把握不敏锐

(六)在高校内部封闭运行，缺乏与决策部门的良性互动

其他：__________________

七、您认为中国特色新型高校智库的“新型”体现在哪些方面？(可多选，您认为还有其他选项，可在下划线上填写)

(一)功能定位新　　(二)组织形式新

(三)管理制度新　　(四)运行体制新

(五)研究方法新　　(六)评价标准新

其他：__________________

八、评价智库一般会从学术影响力、社会影响力、决策影响力等多个角度来进行，您认为这三大影响力中，哪一种影响力最强？

(一)学术影响力　　(二)社会影响力

(三)决策影响力　　(四)都同等重要

九、您认为与其他类型的智库存相比，如党政军智库、社科院智库、民间智库，高校智库的决策影响力如何？

(一)很强　　(二)较强

(三)一般　　(四)较差

十、您认为与其他类型的智库相比，如党政军智库、社科院智库、民间智库，高校智库的社会影响力如何？

(一)很强　　(二)较强

(三)一般　　(四)较差

十一、您认为与其他类型的智库，如党政军智库、社科院智库、民间智库相比，高校智库的学术影响力如何？

（一）很强　　　　　　　　（二）较强
（三）一般　　　　　　　　（四）较差

十二、您认为应当采取何种措施，进一步提升高校智库的决策影响力？（可多选，您认为还有其他选项，可在下划线上填写）

（一）坚持问题导向，改进研究方法
（二）整合优势资源，提高成果质量
（三）加强政校协同，赋予高校智库更大的决策参与权
（四）畅通成果转化渠道
（五）加大经费投入，配备更多的专职研究人员
（六）加大对智库研究人员的激励力度
其他：________________

十三、您认为应当采取何种措施，进一步提升高校智库的学术影响力？（可多选，您认为还有其他选项，可在下划线上填写）

（一）聘请学术大师担任智库负责人
（二）产出高质量的学术成果，力争在本领域保持学术领先地位
（三）定期举办高端学术会议、高端论坛
（四）创设学术刊物，扩大学术影响
（五）吸纳优秀的中青年学者或访问学者进入智库工作
其他：________________

十四、您认为应当采取何种措施，进一步提升高校智库的社会影响力？（可多选，您认为还有其他选项，可在下划线上填写）

（一）配备专业化的宣传推广人员
（二）鼓励研究人员更多地向社会公众开展政策解读工作
（三）充分利用微信公众号、微博、慕课等新媒体技术，提高社会关注度
（四）加强与宣传媒体的战略合作
（五）以成果发布会等形式，定期展示智库研究成果

其他：________________

十五、您认为在当前高校内部，新型智库与人才培养、一流学科的关联度如何？

(一)很强　　(二)较强

(三)一般　　(四)较弱

十六、您觉得对于高校一流学科建设来说，新型智库的主要作用是什么？(可多选，您认为还有其他选项，可在下划线上填写)

(一)促进学科交叉融合

(二)提升相关学科的社会服务能力

(三)对于学科评估有促进作用

(四)为相关学科教师提供高水平研究平台

其他：________________

十七、您觉得对于高校人才培养来说，新型智库的主要作用是什么？(可多选，您认为还有其他选项，可在下划线上填写)

(一)有利于应用型学科师资培养

(二)促进教研互动，引导教师将智库成果转化为教学成果

(三)吸纳优秀学生参与政策研究，提升理论联系实践能力

(四)能够成为高端的、专业化政策科学人才培养平台

其他：________________

十八、您认为高校智库必须有持续稳定的人、财、物投入，按照“实体化、专业化”的模式运营吗？

(一)非常需要

(二)需要

(三)仅需要少量的资源投入与兼职人员

(四)不需要

十九、您认为应当如何评价高校优秀的决策咨询成果？(可多

选，您认为还有其他选项，可在下划线上填写)

(一)给予物质和精神奖励

(二)认可其学术价值，纳入学术评价体系

(三)应当与研究人员的职称晋升挂钩

(四)决策咨询的学术价值难以认定，因此不应当与高校现行的学术评价与职称晋升挂钩

其他：________________

二十、您认为缺乏实务经验的优秀学者能够成为一流的政策科学家吗？

(一)完全可以

(二)可以，需要经过系统的政策研究培训

(三)其中一些有潜质的可以

(四)不可以，学术研究与政策研究属于不同的研究范式，二者之间很难转化

二十一、在实务部门管理专家与高校智库的合作方式上，您认为哪一种最适合高校智库？

(一)作为理事会或学术委员会成员，仅从学术战略上指导智库工作

(二)挂名研究人员，但不实质性参与研究

(三)挂名研究人员，少量参与研究工作

(四)具体负责某一学术方向的研究工作

(五)退休后专职赴高校智库工作

二十二、根据您观察和了解到的高校智库运行情况，一般来说，高校智库与决策部门之间的关系模式是怎样的？

(一)上下级关系

(二)类似上下级关系

(三)较为松散的平等合作关系

(四)较为紧密的平等合作关系

二十三、根据您观察和了解到的高校智库运行情况，一般来说，高校智库与决策部门之间的合作中独立性情况如何？

(一)具有很强的独立性　　(二)具有一定的独立性

(三)独立性较差　　(四)根本不具备独立性

二十四、针对我国当前智库建设中的问题，2015 中共中央办公厅、国务院办公厅出台的《关于加强中国特色新型智库建设的意见》指出"智库参与决策咨询缺乏制度安排"，对于高校智库来说，您认为当前最缺乏的是哪一类制度安排？（可多选，您认为还有其他选项，可在下划线上填写）

(一)国家立法层面的决策咨询制度

(二)高等教育领域的高校智库管理制度改革

(三)高校内部的学术评价制度改革

(四)高校智库与决策部门之间的对接与协同制度

(五)高校智库内部的管理与运营制度

其他：________________

二十五、"智库参与决策咨询缺乏制度安排"是我国智库建设面临的共性问题，您觉得对于高校智库来说，造成这一问题的原因是什么？（可多选，您认为还有其他选项，可在下划线上填写）

(一)决策部门领导重视不够

(二)高校领导重视不够

(三)高校内部对决策咨询成果评价权重不高

(四)对于智库的考核评价不严，缺乏外部约束

(五)高校智库与决策部门之间缺乏改革共识和制度联动

其他：________________

二十六、我国于 2015 年启动了国家高端智库建设试点工作，武汉大学等六家高校智库入选，您认为这些智库入选的原因是什么？（可多选，您认为还有其他选项，可在下划线上填写）

（一）学科实力雄厚
（二）与决策部门的良好合作关系
（三）畅通的成果转化渠道
（四）一流的研究团队
（五）较高的国际学术影响力
其他：________________

二十七、您认为高校智库与决策部门之间能够建立起制度化的长效合作机制吗？

（一）完全能够　　　（二）能够
（三）有很大难度　　（四）不能

二十八、您认为影响高校智库与决策部门之间合作关系的决定性因素是什么？（可多选，您认为还有其他选项，可在下划线上填写）

（一）领导偏好　　　　　（二）成果质量
（三）高校智库的内生动力　（四）双方的制度联动
（五）是否能够形成双赢的利益格局
其他：________________

二十九、在构建中国特色新型高校智库参与决策咨询的制度体系过程中，您认为应该采取哪一种改革模式？

（一）自上而下　　（二）自下而上
（三）上下结合　　（四）系统改革

三十、在推动建立较为完善的高校智库参与决策咨询制度体系的过程中，您认为，确保这一制度体系顺利实施的关键是什么？（可多选，您认为还有其他选项，可在下划线上填写）

（一）上层领导的高度重视
（二）决策部门与高校领导之间就制度实施具有较大共识
（三）负责制度具体实施人员的执行力

（四）对制度实施效果的考核评价是否严格

（五）制度实施的结果是否能够形成双赢局面

（六）在决策部门与高校内部能否形成有利于制度实施的智库文化

其他：________________